江西财经大学信毅学术文库

科创板券商跟投对IPO定价效率及市场反应的影响研究

杨李娟　著

中国财经出版传媒集团
中国财政经济出版社

图书在版编目（CIP）数据

科创板券商跟投对IPO定价效率及市场反应的影响研究／杨李娟著．--北京：中国财政经济出版社，2023.2

（江西财经大学信毅学术文库）

ISBN 978－7－5223－1892－9

Ⅰ.①科…　Ⅱ.①杨…　Ⅲ.①创业板市场－上市公司－股票－价格－研究－中国　Ⅳ.①F279.246

中国国家版本馆CIP数据核字（2023）第018434号

责任编辑：孙　琛　　　　责任印制：党　辉

封面设计：王　颖　　　　责任校对：胡永立

中国财政经济出版社 出版

URL：http：//www.cfeph.cn

E－mail：cfeph@cfeph.cn

社址：北京市海淀区阜成路甲28号　邮政编码：100142

营销中心电话：010－88191522

天猫网店：中国财政经济出版社旗舰店

网址：https：//zgczjjcbs.tmall.com

北京财经印刷厂印刷　各地新华书店经销

成品尺寸：170mm×230mm　16开　17印张　260 000字

2023年7月第1版　2023年7月北京第1次印刷

定价：68.00元

ISBN 978－7－5223－1892－9

（图书出现印装问题，本社负责调换，电话：010－88190548）

本社质量投诉电话：010－88190744

打击盗版举报热线：010－88191661　QQ：2242791300

总　序

书籍是人类进步的阶梯。通过书籍出版，由语言文字所承载的人类智慧得到较为完好的保存，作者思想得到快速传播，这大大地方便了知识传承与人类学习交流活动。当前，国家和社会对知识创新的高度重视和巨大需求促成了中国学术出版事业的新一轮繁荣。学术能力已成为高校综合服务水平的重要体现，是高校价值追求和价值创造的关键衡量指标。

科学合理的学科专业、引领学术前沿的师资队伍、作为知识载体和传播媒介的优秀作品，是高校作为学术创新主体必备的三大要素。江西财经大学较为合理的学科结构和相对优秀的师资队伍，为学校学术发展与繁荣奠定了坚实的基础。近年来，学校教师教材、学术专著编撰和出版活动相当活跃。

为加强我校学术专著出版管理，锤炼教师学术科研能力，提高学术科研质量和教师整体科研水平，将师资、学科、学术等优势转化为人才培养优势，我校决定分批次出版高质量专著系列；并选取学校“信敏廉毅”校训精神的前尾两字，将该专著系列命名为“信毅学术文库”。在此之前，我校已分批出版“江西财经大学学术文库”和“江西财经大学博士论文文库”。为打造学术品牌，突出江财特色，学校在上述两个文库出版经验的基础上，推出“信毅学术文库”。在复旦大学出版社的大力支持下，“信毅学术文库”已成功出版两期，获得了业界的广泛好评。

“信毅学术文库”每年选取10部学术专著予以资助出版。这些学术专著囊括经济、管理、法律、社会等方面内容，均为关注社会热点论题或有重要研究参考价值的选题。这些专著不仅对专业研究人员开展研究工作具有参考价值，也贴近人们的实际生活，有一定的学术价值和现实指导意义。专著的作者既有学术领域的资深学者，也有初出茅庐的优秀博士。资深学者因其学术涵养深厚，他们的学术观点代表着专业研究领域的理论前沿，对他们专著的出版能够带来较好的学术影响和社会效益。优秀博士作为青年学者，他们学术思维活跃，容易提出新的甚至是有突破性的学术观点，从而成为学术研究或学术争论的焦点，出版他们学术成果的社会效益也不言自明。一般而言，国家级科研基金资助项目具有较强的创新性，该类研究成果常常在国内甚至国际专业研究领域处于领先水平，基于以上考虑，我们在本次出版的专著中也吸纳了国家级科研课题项目研究成果。

“信毅学术文库”将分期分批出版问世，我们将严格质量管理，努力提升学术专著水平，力争将“信毅学术文库”打造成为业内有影响力的高端品牌。

王　乔

2016年11月

前　言

为落实党的十九大报告提出的“提高直接融资比重，促进多层次资本市场健康发展”要求，2019 年 7 月 22 日，第一批科创企业在上海证券交易所科创板正式注册上市，拉开了新股发行制度市场化改革的帷幕。新股发行制度由审核制转变为注册制，赋予了券商新的使命，意味着券商将承担新股质量把关、发行信息实质性审核的重任，使社会各界对券商履职的关注上升到了前所未有的高度。券商作为独立的第三方，具有专业化的知识和信息优势，通过有效的信息收集、筛选和整合，向投资者尤其是处于信息劣势的投资者提供有效信息，从而有助于缓解新股发行过程中发行人和投资者之间的信息不对称问题，降低买卖双方的信息搜寻成本。同时，券商还可以通过规模经济降低发行人的股票发行成本，通过良好的声誉向市场传递出发行价格与真实价格基本一致的信号。然而，中国资本市场尚不成熟，在法律制度对市场参与者约束力度不足的情形下，券商追求自身利益的机会主义行为时有发生。券商为获得较高的承销费用，有较强的动机抬高 IPO 的发行价格，从而造成新股市场 IPO 高发行价、高市盈率、高超募率和股票长期表现走弱，给投资者的利益带来重大损失。

为了规制科创板注册制下券商的机会主义行为，激励券商保荐高质量企业上市，《上海证券交易所科创板股票发行与承销业务指引》明确“科创板试行保荐机构相关子公司跟投制度”，标志着中国正式引入券商跟投制度。科创板券商跟投制度最突出的特点有四个方面：一是跟投具有强制性，保荐承销科创板企业的券商必须跟投其保荐的公司；二是跟投主体明确为保荐机构另类投资子公司，且跟投资金为自有资金；三是跟投规模确定为首发的 2% 至 5%，具体比例按照发行规模分档确定；四是跟投期限锁定为 24 个月。从理论来看，尽管规定了跟投比例的上限，券商仍有一定自主权决定跟投的具体规模，而且跟投要求券商用自有资金投资所保荐的公司，显然会对IPO定价产生影响，同时两年的锁定期也会强化券商对IPO公司长期收益的关注。从实践来看，跟投制度对券商的盈利结构产生了重大影响，跟投收入已经成为与券商保荐收入相近的重要收入来源。笔者根据Wind数据计算，截至2020年12月31日，跟投券商累计跟投浮盈135.56亿元，平均跟投收益率高达122.14%。由于跟投浮盈取决于公司股票价格，那么科创板券商跟投如何影响IPO定价效率及公司股票市场反应？其背后的影响机制是什么？

围绕上述问题，本书基于科创板这一新兴板块，研究券商跟投这一新型制度对科创板公司IPO定价效率及市场反应的影响。总体上来讲，本书遵循"提出问题→理论分析→实证检验→总结展望"的研究思路，以IPO为时间节点，围绕IPO定价效率，共分为8章。第1章为导论，主要提出了研究问题，论述了研究思路、方法、内容以及创新点。第2章为文献综述，分别对科创板、IPO询价定价、IPO定价效率、公司股票市场反应的相关文献进行了梳理与回顾。第3章为概念界定、制度背景与理论基础。第4章为科创板券商跟投对IPO定价效率及市场反应影响的机理分析。第5章、第6章和第7章分别实证检验了IPO前科创板券商跟投对询价阶段投资者报价的影响、IPO时券商跟投对IPO定价效率的影响，以及券商跟投对IPO后股票市场反应的影响。第8章为本书的研究结论和政策建议，并对研究局限和未来方向进行了论述。

通过理论分析和实证检验，并在控制内生性和样本选择等多方面的稳健性检验基础上，本书的主要研究结论如下。

第一，科创板券商跟投比例与询价机构意见分歧负相关。在其他条件一定的情况下，券商跟投比例越高，询价机构意见分歧越小。从统计意义上看，券商跟投比例每提高1个百分点，询价机构意见分歧可以下降0.75个百分点；从经济意义上看，券商跟投行为降低询价机构意见分歧的程度大约为59%。研究结果证实了在询价阶段，券商跟投通过提高上市公司的信息披露程度，以及发挥券商的认证作用，有效缓解了资本市场的信息不对称程度，从而降低了询价机构投资者意见分歧。在使用工具变量、排除询价机构数量对意见分歧的影响、考虑IPO首发时尚未盈利样本、剔除新冠肺炎疫情暴发期间上市样本、增加控制变量等内生性和稳健性检验后，主检验的研究结果仍然显著。进一步检验券商跟投对询价机构意见分歧的经济后果，研究结果表明，券商跟投比例与新股发行价修正程度的估计系数在1%水平上显著负相关，即科创板券商跟投比例越高，新股发行价格越接近询价中值，说明券商跟投降低询价机构意见分歧后，起到了优化询价阶段的新股发行定价的作用。进一步地，在询价定价流程中，除了机构报价环节外，券商跟投行为在其他环节会不会导致券商操纵新股询价定价？本书通过实证检验排除了这种可能性，结果发现，券商跟投比例与新股IPO发行价格区间负相关，券商跟投缩小了询价阶段新股IPO发行价格区间。但研究还发现，券商跟投比例与新股初始估值折扣不显著，与新股IPO发行价操纵程度也不显著；说明询价阶段，IPO发行价格区间的缩小不是券商故意调低发行价格区间，也不是券商操纵发行定价，而是券商跟投降低了询价定价阶段的机会主义行为，使询价定价更为准确。此外，实证检验还发现，券商跟投比例与分析师新股预测不相关，说明跟投并没有引起券商对分析师的新股发行价格预测进行干预；券商跟投比例与网下申购总量和网下超额认购倍数均正相关，说明券商跟投还有利于提振一级市场的活跃度，对新股一级市场发行氛围产生了积极作用。

第二，科创板券商跟投比例与IPO定价效率正相关。在其他条件一定的情况下，券商跟投比例越高，IPO公司市盈率比值越低；由于IPO公司市盈率比值越低代表IPO定价效率越高，研究结果表明，在其他条件一定的情况下，券商跟投比例越高，IPO定价效率越高，即券商跟投优化了公司的IPO定价效率。分别用IPO公司市销率比值、IPO公司市净率比值做IPO公司市盈率比值的稳健性指标，得到的结论与主检验基本一致。在使用工具变量法、对替代性解释“发行人高管及核心员工跟投”“产业资本战略跟投”“创业投资机构持股”的检验，以及剔除IPO首发时尚未盈利样本、剔除新冠肺炎疫情暴发期间上市样本和增加控制变量等一系列的内生性和稳健性检验后，模型结果依然显著。通过温忠麟的中介机制检验模型发现，盈余管理作为IPO定价的核心指标，在券商跟投比例与IPO定价效率之间发挥了部分中介作用。在其他条件一定的情况下，券商跟投比例越高，发行公司IPO前的盈余管理水平越低，IPO定价效率越高。也就是说，券商跟投比例对IPO定价效率的优化作用在很大程度上是通过降低发行公司IPO前的盈余管理程度实现的。这是因为，与一般券商相比，跟投强化了券商在备案辅导期的承销责任，跟投券商更有动力识别发行人的盈余管理行为，更有积极性直接参与发行人公司治理，从而提高了发行人的业绩质量，进而优化了IPO定价效率。进一步检验发现，券商声誉、发行人公司治理水平、投资者情绪，以及外部市场环境都对券商跟投与IPO定价效率之间的关系起到了积极的调节作用。从券商声誉的视角看，无论是以经营业绩度量券商声誉，还是以监管分类等级衡量券商声誉，券商跟投对新股定价效率的优化作用都在券商声誉较高组更为显著；这是因为，声誉高的跟投券商更注重维护自己的声誉，从而强化了券商跟投对新股定价效率的优化作用。从发行人公司治理来看，券商跟投对新股定价效率的优化效应主要在独立董事比例较低组和股权制衡较低组显著，说明跟投券商在公司治理水平较低的公司发挥的治理效应更强。从投资者情绪看，券商跟投对新股定价效率的优化效应主要在投资者情绪较低组显著，即券商跟投会向投资者传递出对公司有利的信号，从而调动了投资者情绪，提高了IPO定价效率。从外部市场环境看，对于产品竞争越激烈的公司，券商跟投与新股定价效率的关系越显著；对于市场化进程较高地区的公司，券商跟投与新股定价效率的关系越显著；即较好的外部市场环境会强化券商跟投对新股定价效率的优化效应。上述研究结果共同表明，科创板券商跟投制度对券商治理功能的发挥起到了积极的作用。

第三，科创板券商跟投与IPO后股票市场反应正相关。在其他条件一定的情况下，券商跟投与IPO后30个交易日、60个交易日和90个交易日的股票市场反应显著正相关，即券商跟投比例越高，新股IPO后短中期股票回报率越高。券商跟投与IPO后120个交易日、150个交易日、180个交易日、210个交易日和250个交易日的股票市场反应正相关，但结果不显著；这一方面可能是由于科创板推行时间尚短导致结果不显著，另一方面可能是目前跟投制度的配套制度不完善制约了券商持续督导功能的发挥。在使用工具变量法、更换因变量为跌破发行价、对替代性解释“发行人高管及核心员工跟投”的检验、对替代性解释“产业资本战略跟投”的检验，以及增加控制变量等内生性和稳健性检验后，主回归模型的结论仍然显著。对券商跟投比例与公司IPO后股票市场反应的经济后果检验发现，科创板券商跟投比例与公司IPO后股价信息含量呈“U”形关系，当跟投比例提高到一定程度时，股价信息含量随之提高；科创板券商跟投比例与

IPO后股票流动性也呈“U”形关系，当跟投比例提高到一定程度时，股票流动性也随之提高；跟投比例对IPO后股价崩盘风险呈线性负相关，跟投比例越高，股价未来崩盘风险越小。研究结果证明了券商跟投比例提高能促进券商发挥持续督导功能，限制券商跟投比例的上限可能制约了跟投券商长期监督辅导作用的发挥。在检验券商跟投金额和地理距离的调节作用发现，券商跟投对新股IPO后股票市场反应的正向效应主要在跟投金额较大组显著，说明券商跟投金额越大，跟投收益与公司股票市场反应的相关性越强，跟投券商的持续监督动力也越强；券商跟投对新股IPO后股票市场反应的正向效应主要在地理距离较近组显著，说明券商与发行人的地理距离越近，券商持续督监督越便捷，持续监督的效果也越好。在检验发行人创新能力的调节作用发现，券商跟投对新股IPO后股票市场反应的正向效应主要在创新能力较高组显著，即公司创新能力越强，越能促进券商跟投对公司上市后股票市场反应的正向效应。

基于研究结论，本书建议：(1) 从监管部门来看，要进一步完善券商跟投制度及相关配套制度，充分发挥制度优势，并从四个方面着力：一是建议对科创板放开最高跟投比例限制，充分发挥跟投制度的治理效果；二是将科创板全面性强制跟投调整为差异化强制跟投，按照申请注册上市的五个标准，放开标准一的强制跟投，仅对标准二、三、四、五以及红筹企业、存在表决权差异安排的企业安排强制跟投；三是进一步完善科创板信息披露制度，确保跟投制度效果的发挥；四是进一步完善科创板外部市场环境。(2) 从券商来看，要强化券商责任认定，充分发挥跟投券商的治理功能。一是督促券商加强内控合规建设，尽可能降低跟投风险对券商经营的影响；二是建立完备的声誉评价与约束机制，充分发挥券商声誉的激励机制和惩罚机制，激励券商合理确定IPO价格，积极发挥持续督导功能，减少机会主义行为；三是强化券商持续督导责任落实，明确券商的持续督导义务，并为券商参与上市公司IPO后的公司治理提供制度保障。(3) 从发行方来看，要引导发行方完善公司治理，提高IPO定价效率，正向促进公司股票市场反应。一是规范企业盈余管理，引导发行方降低盈余管理动机；二是为跟投券商治理效应的发挥提供制度保障，比如赋予券商参与或列席IPO公司“三会”的权利等。(4) 从投资者来看，要加强对机构投资者的报价监管，培育机构投资者价值投资理念，促进询价对象合理报价。

本书对现有研究的边际贡献主要体现在以下四点：一是券商跟投制度起源于韩国，并未在欧美主流国家实行，引入中国科创板的时间尚短，国内外关于科创板券商跟投制度的研究较为缺乏。本书基于科创板券商跟投制度，深入探究券商跟投与IPO定价效率的关系，对科创板券商跟投制度的相关研究做了有益的补充，丰富了科创板制度的理论研究，为科创板制度的推行提供了经验支撑。二是大量文献从信息不对称、券商行为、声誉机制、公司治理、投资者非理性等方面研究影响IPO定价效率的因素，本书从券商跟投的新视角着手，并将询价、IPO定价、IPO后股票市场反应置于一个完整的研究体系，进一步拓展了IPO定价影响因素及经济后果的相关理论，在学术上做出了增量贡献。三是以往研究主要关注声誉对券商机会主义行为的规制作用，本书将跟投制度引入券商机会主义行为的研究领域，并且发现跟投能进一步强化声誉机制的作用，进一步拓展了声誉机制在解决中国新股市场首日抑价和长期走弱问题上的作用；而且不同于券商直投模式，本书的研究还进一步丰富了券商股权投资承销公司的相关研究。四是本书深入研究了内外部环境对券商跟投与公司IPO定价效率关系的调节作用，分别从券商声誉、发行人公司治理、投资者情绪以及外部市场环境来揭示券商跟投与IPO定价效率关系形成的影响机制，为监管部门进一步完善跟投制度及配套制度，提供了系统的经验证据。

受研究能力所限，本书尚属于较为初级的研究成果，仍存在很多缺点与不足之处，希望能在以后进一步的研究中加以改进和完善。

作　者

2022年11月

目　录

1 导　论

1.1 研究背景和意义

1.1.1 研究背景

党的十九大报告提出“深化金融体制改革，增强金融服务实体经济能力，提高直接融资比重，促进多层次资本市场健康发展”。为加快建设多层次资本市场，进一步拓宽科创型企业融资渠道，2019 年 6 月，上海证券交易所正式推出了科创板并试点注册制，拉开了中国新股发行制度改革的重大历史帷幕。新股发行制度由审核制转变为注册制，意味着中国股票市场的发行审核工作逐步市场化，监管部门将不再直接参与新股质量的把关，主要对上市公司进行形式审核，把实质审核的重任交给了保荐机构——券商。也就是说，注册制对券商提出了更高的要求，券商在尽职调查和辅导上市的整个过程是否勤勉尽责，是否切实发挥了对信息披露核查把关的作用，披露的信息是否真实、准确、完整，直接关系到上市公司质量是否可靠，影响着资本市场的稳健发展，甚至决定了注册制能否成为资本市场的一项长期制度。

已有研究表明，券商作为独立的第三方，具有专业化知识和信息的优势，在首次公开发行（IPO）过程中，能够有效缓解发行人和投资者之间的信息不对称（Booth 和 Smith，1986；Titman 和 Trueman，1986）。券商的作用主要体现在：一是从信息不对称角度看，券商作为专业的信息生产者，可以通过高效的信息收集、筛选和整合，向投资者尤其是处于信息劣势的投资者提供有效信息（Ang和Zhang，2006；Chuluun，2015；陈鹏程和周孝华，2015），从而缓解信息不对称问题。二是从声誉角度看，券商为了维护声誉会谨慎筛选高质量的公司进行IPO（Booth，2004；Fang，2005；潘越等，2011）；而发行人也会通过雇佣声誉好的券商作为辅导机构以向市场传递其发行价格与真实价格基本一致的信号（Cooney等，2003；何平等，2014；张学勇和张秋月，2018）。三是从成本角度看，券商既可以通过规模经济降低发行人的股票发行成本，又可以凭借自有的关系资源降低买卖双方的信息搜寻成本（Merton，1989；李曜和宋贺，2016）。

也有研究发现，由于我国资本市场尚不成熟，在法律制度对市场参与者约束力度不足的情形下，券商普遍存在追逐自身利益的机会主义行为（方军雄，2012；俞红海等，2013；黄亮华和谢德仁，2016；柳建华等，2017；邵新建等，2019）。由于券商IPO的承销收入与募集资金成正比，券商有较强的动机抬高IPO的发行价格，以便获取更多的承销费用（俞红海等，2013；宋顺林和唐斯圆，2016；Gao等，2020）；但如果券商抬价被投资者识别，那么投资者将不会购买价格虚高的股票。于是，券商会借助各种财务或者非财务的手段粉饰IPO公司的业绩（汪昌云等，2015；邵新建等，2018），干预投资者判断，进而达到促使投资者购买新股的目的。注册制以信息披露为中心，要求各市场主体归位尽责，通过强化信息披露监管，以信息披露质量的提升来发挥科创板的风险定价功能（孙亮，2015）。而券商的机会主义行为严重影响了上市公司IPO信息披露的质量，不仅给投资者的利益带来损失，也会对注册制的推行产生极为不利的影响。因此，有必要通过制度设计来规制券商的机会主义行为。

为了激励券商保荐高质量企业上市，抑制券商机会主义行为，科创板首次创新推出了强制跟投制度。《上海证券交易所科创板股票发行与承销业务指引》第三章“保荐机构相关子公司跟投”指出，“科创板试行保荐机构相关子公司跟投制度。发行人的保荐机构通过依法设立的另类投资子公司或者实际控制该保荐机构的证券公司依法设立的另类投资子公司参与发行人首次公开发行战略配售，并对获配股份设定限售期”“参与配售的保荐机构相关子公司应当事先与发行人签署配售协议，承诺按照股票发行价格认购发行人首次公开发行股票数量2%至5%的股票，具体比例根据发行人首次公开发行股票的规模分档确定”。跟投制度还要求券商跟投的股份在上市后锁定24个月。跟投制度对券商的盈利结构产生了重大影响。根据Wind数据库统计，截至2020年12月31日，215家科创板上市公司中，券商作为科创板保荐机构共跟投资金111.52亿元，累计跟投浮盈148.75亿元，与券商在科创板的保荐收入相近，平均跟投收益率高达122.13%。可见，跟投收入已成为与承销收入相当的券商主要利润来源之一。而跟投收益和承销收入均与IPO公司定价效率及股票市场反应密切相关，那么科创板券商跟投如何影响IPO公司定价效率及股票市场反应呢？

关于IPO公司定价效率及市场反应，现有文献多数从新股的初始收益和长期市场表现两个方面进行研究。新股初始收益的研究多集中于IPO定价效率（Rock，1986；Chemmanur和Krishnan，2012；俞红海等，2013；汪昌云等，2015），包括IPO抑价产生的原因（Allen和Faulhabar，1989；Cornelli和Golereich，2003；刘煜辉和沈可挺，2011；张剑，2014）和IPO定价效率的影响因素（Ljungqvist等，2006；Gao等，2015；韩鹏和沈春亚，2017；徐维隆等，2020）；新股长期市场表现方面主要探讨新股长期弱势现象（Stoll和Curley，1970；田岚等，2016；方先明和张若璇，2020）及影响因素（徐浩萍等，2009；吕东锴等，2013；Michel等，2014）。综合来看，现有研究关于券商跟投对IPO定价效率及市场反应的研究仍然极为匮乏，且多数文献将新股定价效率和长期市场表现作为两个独立的问题分开研究，也没有与IPO前的询价定价相结合。

基于此，本书以IPO上市当日为时间节点，围绕IPO定价这一核心，研究科创板券商跟投对IPO前询价阶段投资者报价行为、券商跟投对IPO定价效率，以及券商跟投对IPO后股票市场反应等三者关系的影响。本书将整个IPO过程纳入一个系统的分析框架，有助于全面深入地分析券商跟投对新股定价市场的影响机制，探究券商跟投制度在规制券商机会主义行为方面的治理效果。

1.1.2 研究意义

（1）理论意义

本书以科创板IPO企业为研究主体，探究了科创板券商跟投与IPO定价效率及市场反应之间的逻辑关系，不仅有利于拓宽券商行为影响IPO定价效率及市场反应的研究路径和视角，而且有利于填补科创板理论相关的研究缺憾，丰富了券商跟投制度、IPO定价效率、资本市场相关的学术文献。具体来说，本书的理论意义主要体现在如下四个方面。

第一，丰富了券商股权投资保荐公司的相关研究，拓展了资本市场理论。券商跟投制度起源于韩国KOSDAQ股票发行市场，并未在英美等主流国家实施，国际关于该制度的理论研究相当匮乏；国内文献在科创板制度设计、运行机制、制度效果评价等方面有一定研究，但关于券商跟投制度的研究也较为鲜见。因此，本书基于中国科创板券商跟投制度，旨在构建券商跟投对IPO定价效率及市场反应影响的理论框架，丰富了跟投制度理论研究和券商股权投资保荐公司的相关研究，拓展了资本市场理论的运用范畴。

第二，拓宽了IPO定价效率的研究视角，丰富了资产定价相关理论。IPO定价一直是新股市场老大难的问题，券商作为定价的核心，其机会主义行为降低了IPO定价效率。与先前研究主要从券商声誉机制约束券商机会主义行为不同，本书以券商跟投的新视角，探讨跟投制度对券商机会主义的治理效应，拓宽了IPO定价效率的研究视角，为解决IPO定价难题提供了新的思路，丰富了资产定价相关理论。

第三，将跟投制度的治理效应延伸到询价阶段，丰富了询价定价理论。机构投资者报价是新股发行价格确定的基础，现有研究询价阶段机构投资者行为的文献集中于投资者情绪、投资者报价策略、投资者意见分歧等方面，本书研究了券商跟投制度对询价定价的影响，将跟投制度的治理效应拓展到询价定价阶段，丰富了询价定价理论。

第四，厘清了在保荐机构跟投制度下，券商跟投影响IPO定价效率及股票市场反应的影响机制，丰富了信息不对称理论和公司治理理论。券商跟投制度使券商与发行人的利益进行了深度绑定，增强了券商资本约束和连带责任的要求，促进了券商认证功能、声誉机制、治理效应的发挥，有利于降低新股发行市场的信息不对称。通过本书的研究，有助于对券商跟投的治理效应形成系统的认识，进一步丰富了信息不对称理论和公司治理理论。

（2）现实意义

科创板承载着中国资本市场未来的改革方向。本书以券商跟投制度为突破口，聚焦券商行为变化与IPO定价效率及市场反应的关系；并以科创板上市新股的IPO数据进行实证检验，研究科创板券商跟投对IPO定价效率的影响，具有重要的现实意义。

对监管部门来说，本书的研究为监管部门优化科创板制度设计提供了理论依据，有助于完善科创板券商跟投制度，增强券商市场定价机制核心功能的发挥，缓解资本市场的信息不对称程度，促进资本市场运行行稳致远。

对保荐机构——券商来说，本书的研究结论为券商承销科创板企业时提高跟投比例、发挥治理功能提供了依据。进一步地，本书研究表明，券商应在重视声誉机制、强化询价阶段信息披露、加强定价专业能力、发挥持续监督阶段治理功能等方面下大工夫，通过提高询价定价效率、IPO定价效率和长期市场表现，实现券商利益最大化。

对发行人——上市企业来说，本书的研究有助于发行人更加清楚准确理解券商行为及个股表现，降低信息不对称，完善公司治理、提升经营业绩，从而增强资本市场融资能力，推动企业创新。

对投资者来说，本书为投资者理性看待科创板券商跟投制度，正确认识科创板IPO定价效率及股票市场反应，培养价值投资观念，提高询价阶段报价准确性提供了参考。

1.2 研究目标和方法

1.2.1 研究目标

科创板是完善我国多层次资本市场的重要举措，科创板制度运行引起了越来越多学者、政策制定者及投资者的关注。由于科创板推出时间尚短，相关研究还比较缺乏。因此探讨科创板注册制下券商跟投对IPO定价效率及市场反应的影响，无论在制度建设层面，还是在券商能力提升方面都具有非常重要的研究意义和价值。基于此，本书通过理论分析和模型检验，对以下三个问题进行了深入探索。

一是IPO前科创板券商跟投对IPO询价定价的影响。信息不对称理论指出，证券公司作为保荐机构在证券市场发挥“中介认证”功能，最主要的目的就是缓解发行人和投资者之间的信息不对称。从制度设计来看，跟投制度赋予券商投资者的角色，那么，作为“承销商”兼“投资者”的券商能否进一步缓解询价阶段投资者和发行人之间的信息不对称程度呢？询价阶段，券商跟投如何影响作为IPO定价基准的询价机构报价？跟投比例对券商调整新股发行价格产生什么影响？这些是本书首先要解决的问题。

二是IPO时科创板券商跟投对IPO定价效率的影响。科创板券商跟投制度旨在将保荐机构的利益与科创板上市公司的利益捆绑在一起，落实承销责任，加强发行定价管理。已有研究表明，券商普遍存在追求个人私利的机会主义动机（俞红海等，2013；邵新建等，2019；Gao等，2020），券商跟投为券商带来了跟投收益的同时也带来了跟投失败的风险，也就是说跟投行为改变了券商的收益函数，那么，券商跟投能否缓解券商的机会主义动机，提高IPO定价效率？如果可以，券商跟投将通过什么机制影响公司IPO定价效率？券商声誉、发行人特征、投资者情绪和外部市场环境如何调节券商跟投与IPO定价效率的关系？这是本书要解决的第二类关键问题。

三是IPO后科创板券商跟投对股票市场反应的影响。已有研究表明，IPO后新股长期表现趋于弱势（Stoll和Curley，1970；杜俊涛等，2003；王睿等，2017）。券商使用自有资金跟投保荐公司，向市场传递出公司质量“好”的信号，且跟投限定了两年的股份锁定期，促使券商更加关注公司的股票长期表现。那么，券商跟投如何影响公司IPO后的股票市场反应呢？跟投制度能否缓解新股长期走弱的“赢者诅咒”现象？这是本书需要解答的第三类问题。

1.2.2 研究方法

（1）文献研究法

本书系统梳理了有关科创板制度、IPO询价定价、IPO定价效率、公司股票市场反应等相关文献，以及信息不对称理论、委托代理理论、信号理论、声誉理论等与本研究密切相关的理论成果，并对已有文献进行了评述。文献研究法为本书研究过程中文献的搜集、鉴别和整理提供了方法指导，为假设的提出、理论框架建立、研究工具设计提供了方法依据，为本书研究奠定了良好的基础。

（2）演绎推理法

演绎推理法是社会科学领域广泛使用的思维方法。本书利用假说演绎推理法分析科创板券商跟投与 IPO 询价定价、科创板券商跟投与 IPO 定价效率、科创板券商跟投与 IPO 后股票市场反应等三者之间的关系和影响，通过合理的逻辑推理提出研究假设，然后运用数据分析检验假设成立与否。

（3）实证检验法

实证检验法主要是回答“事物实际上是什么”，为规范分析的推动提供经验上的支持或否定。本书遵循“假说提出→研究设计→实证检验→结果分析”的研究路径，对本书的三大主要内容进行实证检验，具体方法包括描述性统计、多元回归模型、工具变量模型、稳健性分析等，从而得出可靠的结论。

1.3 研究思路和框架

1.3.1 研究思路

围绕 IPO 定价这一核心问题，本书分别研究了 IPO 前、IPO 时和 IPO 后三个阶段券商跟投对 IPO 定价效率及市场反应的影响及机理。本书构建如下研究技术路线，主要包括“提出问题→理论分析→实证检验→总结展望”四个逐步推进的部分（见图 1－1）。本书的理论研究部分主要运用归纳、演绎和总结的理论分析方法，实证检验部分主要采用数理统计分析方法，以全面系统检验科创板券商跟投对公司IPO定价效率及市场反应的影响机制。

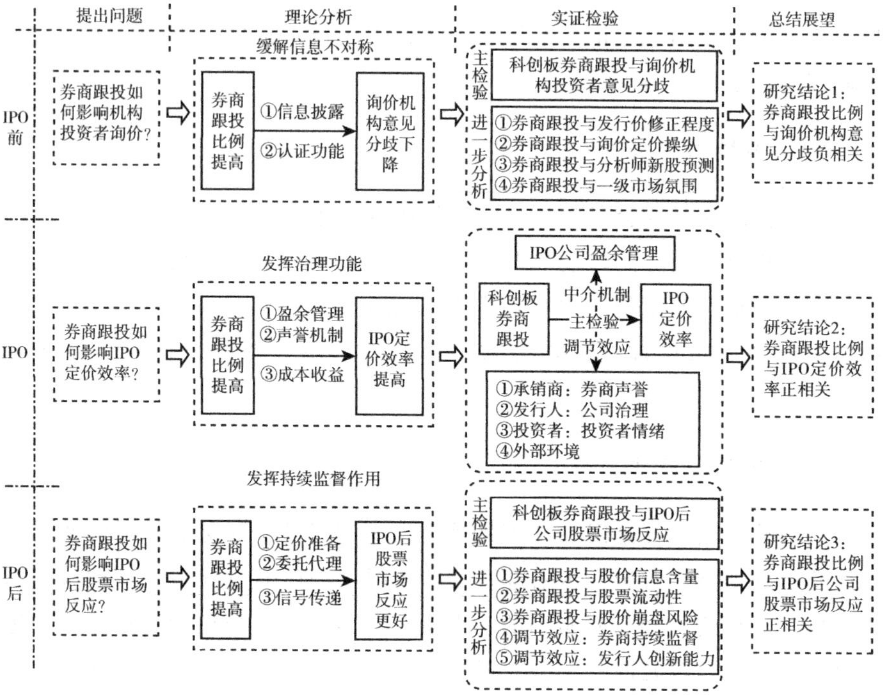

图1-1 研究技术路线

在IPO前，首先提出问题：券商跟投如何影响询价机构投资者报价；然后运用信息不对称理论，从券商强化信息披露和认证功能两个角度分析券商跟投比例与询价机构意见分歧的关系，据此提出理论假设；接着对科创板券商跟投与询价机构意见分歧做实证检验，并进一步检验了券商跟投对询价机构意见分歧的经济后果，以及券商跟投对询价定价操纵、分析师新股发行价预测及一级市场发行氛围的影响；最后得出本部分的研究结论。

在IPO时，首先抛出问题：券商跟投如何影响IPO定价效率；其次从盈余管理、声誉机制和成本收益理论分析券商跟投比例提高如何影响IPO定价效率，论证券商跟投的治理功能；再次对券商跟投与IPO定价效率做实证检验，并分析了IPO公司盈余管理在券商跟投与IPO定价效率之间的中介作用，同时分别从承销商声誉、发行人公司治理、投资者情绪和外部市场环境的视角分析券商跟投与IPO定价效率的调节效应；最后总结本部分的研究结论。

在IPO后，同样遵循“提出问题→理论分析→实证检验→总结展望”的研究思路，首先提出疑问：券商跟投如何影响IPO后股票市场反应？接着从券商发挥持续督导作用的角度阐述券商跟投与IPO后股票市场反应的作用机理；然后，将理论原型嵌入我国科创板市场环境，进行实证检验，并进一步分析券商跟投对IPO后股价信息含量、股票流动性和股价崩盘风险的影响，以及券商持续监督、发行人创新能力在券商跟投与IPO后股票市场反应两者关系的调节作用；最后得出研究结论。

1.3.2 研究框架

本书一共8章，各章的主要内容如下：

第1章，导论。作为研究的开篇，本章旨在展示全书的概貌。首先在阐述研究背景的基础上，引出本书研究的理论意义及现实意义，然后介绍本书的研究目标和采用的主要研究方法，接着系统阐释了研究思路、具体章节安排及研究框架，最后简评本书的创新及贡献。

第2章，文献综述。本章分别对科创板、IPO询价定价、IPO定价效率、公司股票市场反应的相关文献进行了梳理与回顾，并在此基础上，对相关文献做出评述，归纳了现有文献取得的研究成果和尚待解决的问题，为后文的研究提供铺垫。

第3章，概念界定、制度背景与理论基础。本章首先界定了与文章研究相关的主要概念，包括科创板、券商跟投、询价机构意见分歧、IPO定价效率、IPO后股票市场反应等概念。然后，梳理了与研究相关的制度背景，包括我国股票发行制度变迁、我国股票发行定价制度演变，以及科创板券商跟投制度，通过对制度的归纳，为下文分析做制度准备。本章还介绍了与研究主题密切相关的信息不对称理论、委托代理理论、信号理论和声誉理论等，为后文的实证检验提供理论基础。

第4章，科创板券商跟投对IPO定价效率及市场反应影响的机理分析。本章结合信息不对称理论、声誉理论、委托代理理论和信号理论分别阐述了科创板券商跟投对IPO询价定价、IPO定价效率、IPO后股票市场反应的研究机理，旨在从理论上推导出科创板券商跟投对IPO定价效率及市场反应的影响机理和逻辑链条。

第5章，科创板券商跟投与IPO询价定价的实证检验。本章首先基于信息不对称理论，分析券商跟投通过提高信息披露程度和发挥认证功能降低信息不对称程度，提高IPO询价定价效率；接着采用普通最小二乘法实证检验了券商跟投比例与询价机构意见分歧的关系，并进行内生性和稳健性检验；最后进一步检验券商跟投对发行价格修正程度、询价定价操纵、分析师新股预测、一级市场氛围等的影响。

第6章，科创板券商跟投与IPO定价效率的实证检验。本章基于委托代理理论、声誉理论和成本收益理论，分析券商跟投对IPO定价效率的影响机制，提出研究假设；然后以市盈率法衡量IPO定价效率，并以市销率和市净率指标作为稳健性分析，实证检验券商跟投比例对IPO定价效率的正向作用；接着从盈余管理的角度分析科创板券商跟投比例与IPO定价效率的中介机制；最后在控制内生性和稳健性的基础上，进一步从券商声誉、发行人公司治理、投资者情绪以及外部市场环境四个方面检验券商跟投比例与IPO定价效率的调节效用。

第7章，科创板券商跟投与IPO后股价市场反应的实证检验。本章在第4章和第5章研究的基础上，基于券商治理动机提出了科创板券商跟投比例与公司IPO后股票市场反应的研究假设；然后以新股不同期间内的股票长期回报率作为IPO后股票市场反应代理变量，对研究假设进行验证；接着对模型进行稳健性和内生性处理；最后进一步分析券商跟投对IPO后股价信息含量、股票流动性、股价崩盘风险的影响，以及券商持续监督与发行人创新能力对主检验的调节作用。

第8章，研究结论、政策建议与未来展望。基于以上分析，本章针对科创板券商跟投与IPO询价定价、券商跟投与IPO定价效率、券商跟投与IPO后股价市场反应三者之间的关系进行全书总结，分别从监管层、券商、上市公司和投资者四个主体提出切实可操作的政策建议，并对今后的研究方向提出展望。

研究框架如图1-2所示：

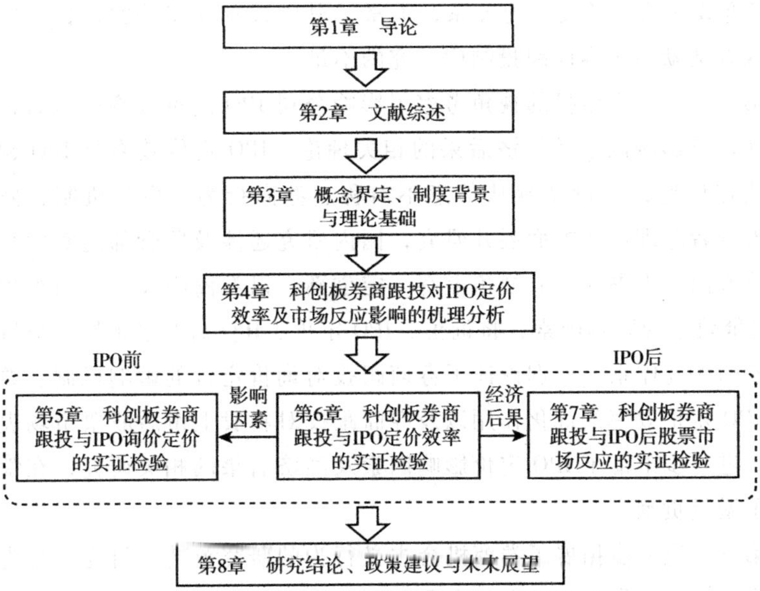

图 1－2 研究框架

1.4 研究创新

中国 A 股市场公司的 IPO 首发抑价和长期市场收益低迷两大异象已被诸多文献证实（徐浩萍和罗炜，2007；刘煜辉和沈可挺，2011；方先明和张若璇，2020），与这些研究不同的是，本书基于科创板这一新兴板块，研究券商跟投这一新型制度对 IPO 定价效率及市场反应的影响。与前人研究相比，本书的边际贡献主要体现在以下四个方面。

第一，对科创板券商跟投制度的理论研究做了有益的补充。券商跟投制度起源于韩国，并未在欧美主流国家实行，国外关于该制度的研究较为缺乏；我国科创板引入跟投制度时间尚短，现有关于科创板制度方面的实证研究集中于科创板制度设计（吕红兵和朱奕奕，2019；李朝芳，2020；吴松强和郑新宇，2020），以及科创板制度运行效果（黄剑等，2020；张宗新和滕俊樑，2020，邱冬阳和曹奥臣 2020），关于科创板券商跟投制度的研究较为鲜见。本书基于科创板券商跟投制度，深入探究券商跟投与

IPO定价效率及市场反应的关系，丰富了科创板制度相关的理论研究，弥补了现有文献关于券商跟投制度研究的不足。

第二，从券商跟投的视角考察了影响公司IPO定价效率的因素，拓展了IPO定价影响因素及经济后果的相关理论。IPO定价效率是IPO领域关注的热点话题，大量文献从信息不对称、券商行为、声誉机制、公司治理、投资者非理性等方面展开研究，国内研究还涉及监管部门对发行价格管制等方面。本书在研究视角上有一定创新，以券商跟投这一新视角研究IPO定价效率的影响因素，将询价、IPO定价、IPO后股票市场反应置于一个完整的研究体系，分别论证了券商跟投对询价定价的影响机制、券商跟投对IPO定价效率的优化作用以及券商跟投对新股上市后股票市场表现的机理，进一步丰富了IPO定价影响因素及经济后果的相关研究，在学术上做出了增量贡献。

第三，进一步拓展了券商机会主义行为的研究范畴，研究结论为注册制的推行提供了借鉴与参考。在我国新股发行制度从行政化的核准制向市场化的注册制过渡的过程中，券商被赋予了资本市场“看门人”的关键作用，如何规制券商的机会主义行为是推进注册制改革的重中之重。以往研究主要关注声誉对券商机会主义行为的规制作用（Kerl和Walter，2008；徐浩萍和罗炜，2007；Su和Bangassa，2011；张学勇和张秋月，2018），本书将跟投制度引入券商机会主义行为的研究领域，并且发现跟投能进一步强化声誉机制的作用，进一步拓展了声誉机制在解决中国新股市场首日抑价和长期走弱问题上的作用；而且不同于券商直投模式，对券商跟投的研究还进一步丰富了券商股权投资保荐公司的相关研究。本书研究发现，跟投制度可以有效缓解券商的机会主义行为，提高IPO定价效率及公司股票市场表现，研究结论为注册制在其他板块的推行提供了借鉴与参考，在研究观点上做出了增量创新。

第四，为监管部门进一步完善券商跟投制度、提高IPO定价效率提供了理论依据。本书深入研究券商声誉、发行人公司治理、投资者情绪和外部市场环境等对券商跟投与公司IPO定价效率关系的调节作用，揭示了市场主体内外部环境对IPO定价效率的影响机制，为监管部门进一步完善跟投制度及外部环境，改善三大市场主体的IPO定价决策，共同提高IPO定价效率，提供了经验证据。

2 文献综述

2.1 科创板相关文献回顾

科创板是“科技创新板”的简称。2018 年 11 月 5 日，习近平总书记在“首届中国国际进口博览会”开幕式上宣布，“在上海证券交易所设立科创板并试点注册制”。随后，科创板进入中国投资者的视野，且受到学术界的广泛关注。针对科创板制度设计及完善、科创板实施效果等，学术界开展了一系列研究。

2.1.1 科创板制度设计和完善

(1) 科创板总体制度的设计研究

围绕科创板制度的设计，许多学者从不同角度各抒己见，为制度的完善和落地实施提供了有益的政策参考。黄登仕和王辉（2019）从制度供给的角度进行分析，认为科创板作为一种制度供给，目前面临着企业科创属性与市场长远发展的矛盾、估值方法不统一带来的定价问题，以及中小投资者利益保护与监管有效性等问题，要解决这些制度上的缺陷，要从四个方面着力：一是上市公司的遴选要兼顾高标准和企业数量，二是确立合理的、科学的估值方法，三是强化信息披露和退市制度，营造良好的投资氛围；四是从战略的高度优化监管体系，引入第三方，加大监管人员违约惩处，提高监管效率。周冰等（2020）则以问题导向，发现科创板在具体运行过程中存在市场定价、信息披露、交易制度等方面的相关风险，例如市场定价上从科创企业自身到承销商，到询价机构、风投，再到二级市场投资者，所有参与定价的整个链条，都存在影响科创板市场化定价的风险点；建议进一步增强市场定价机制功能的发挥，在监管上突出信息披露生态的构建，在长远上优化交易制度和投资者结构，促进科创板行稳致远。

还有学者通过借鉴资本市场其他成熟板块的相关制度，来完善科创板的制度设计。张超（2019）以1962—2012年美国上市公司为样本，构建了科技创新资本指标论证科技创新促进企业发展的证据，实证结果表明，企业科技含量越高，股票的预期收益率越高，科技创新有助于改善公司未来经营绩效，这种改善效果在当期效益不佳的企业更为明显，研究结论为科创板的制度建设和科创板企业持续监管提供了国外经验借鉴。同样地，吴松强和郑新宇（2020）运用比较分析法，梳理了美国NASDAQ、日本JASDAQ和韩国JOSDAQ三个国家科创板的发展过程，分析总结三国在市场分层、交易制度和监管体系等方面的经验，提出我国科创板改革要稳步推行注册制、提供分层差异服务、引入多重做市商制度、建立完善的法律体系和实施优惠政策、严格信息披露监管体系，以及制定严格的退市制度等建议。张博和刘雯（2019）则基于系统性共跳，实证检验沪深两市系统性风险相互激发的效应，结果表明，沪市风险对深市风险的激发效应远大于深市风险对沪市风险的激发效应；我国股市的系统性风险来自沪市；科创板的发展或将对股市的系统性风险有稀释和缓解的作用，将改变股市系统性风险源，提高深市风险对沪市风险的激发效应。也就是说设置科创板对维护我国资本市场稳定、降低市场交叉风险意义非常重大。

（2）科创板信息披露制度研究

信息披露是证券市场持续健康发展的重要基石，对以信息披露为中心的科创板注册制来说，信息披露制度显得尤为重要。由于科创板市场的定价效率依赖于信息披露质量，因此发挥科创板的风险定价功能就要求各市场主体强化信息披露，共同提高信息披露的质量（孙亮，2015）。梁伟亮（2019）研究发现，科创板实施下，信息披露制度面临着平衡上市企业高效融资与强化投资者保护的两难困境，一方面，科创板上市企业追求融资效率体现了企业对金融融资效率的诉求；另一方面，投资者保护则是维护金融公平的体现，如何兼顾效率和公平关系着科创板市场的健康发展。为此，作者提出要在金融效率和金融公平价值理念的指导下，进一步强化合格投资者管理制度，完善投资者适当性制度及投资者教育制度，以促进科创板信息披露制度的健全。

而陈邑早等（2019）对标注册制成熟资本市场的实际经验，对标欧美信息披露制度安排，发现我国科创板信息披露制度还存在四个方面的差距：一是信息披露法规体系不完善，表现为注册制证券监管权的程序性约束缺乏立法跟进、股票注册发行中的信息披露缺乏法律责任严明、投资者的民事诉讼制度缺乏法律保障等；二是信息披露的内容质量不高，突出表现为披露常规性宏观政策风险和行业风险较多，而企业特有的自身风险披露不足，有关制度对风险披露的要求太过分散且不成体系，对风险披露的细节要求较少等；三是信息披露审核监管在违规惩处上力度不高，难以发挥出杀一儆百的震慑效应；四是信息披露的配套不够完善，投资者法律保护制度不健全、私人救济制度待完善、投资者教育制度仍为空白。未来要加强科创板信息披露制度的顶层立法，细化信息披露尤其是风险等关键信息的披露细则，加强投资者教育，以及违规惩罚力度。

陈邑早和王圣媛（2019）还从基本理念与制度实践两方面，剖析了科创板信息披露制度的革新历程，发现科创板注册制的信息披露最大的特点是“兼顾市场化和投资者保护”。因此，要完善改革进程中的信息披露基础制度建设，既要提高信息监管方的独立性，强化风险信息的披露，还要完善私人执行机制的法律救济渠道，以期对我国资本市场注册制改革的稳步推进有所裨益。

（3）科创板其他相关制度完善

在科创板监管制度的完善方面，武长海和刘凯全（2020）从机构投资者功能的角度提出了科创板监管制度的完善路径，由于科创板市场中机构投资者在价格形成、信息披露、市场流动性以及交易稳定方面起着非常重要的作用，因此建立与机构投资者功能适配的监管制度显得极为迫切。基于此，要建立机构投资者准入科创板的新制度安排，细化科创板机构投资者的信用义务规范，搭建科创板机构投资者信用评价体系，加强科创板政府监管、自律监管与法律约束。吕红兵和朱奕奕（2019）则秉承“证券制度改革—发行行为合规—监管高效”的改革逻辑，从科创板注册制各市场参与者入手，提出形成一套“证监会充当市场保护者、交易所实现行业自律、发行人增强市场义务、证券中介机构实施职业化改革”的监管体系，实现政府和市场“职能主义与效率主义的互动”。

在科创板股权激励制度方面，李朝芳（2020）以2019年公告股权激励计划的上海证券交易所上市公司为样本，解析科创板公司特征以及业绩考核制度，发现科创板公司虽然在股权激励制度方面有诸多创新，但缺乏业绩考核制度创新指引，建议构建多元业绩考核体系。

在科创板双重股权结构方面，张群辉（2019）就双重股权结构制度的完善提出了参考建议，发现沿用双重股权结构的科创板，存在着投资者保护不足的问题。尽管科创板在规则制定上已经对特殊股权持有人的资格、比例安排、表决事项、信息披露、特殊股权转让及终止等方面作出了具体的明确限制，但在投资者保护方面仍存弊端，建议引入投资者董事选举权的“日出条款”和特殊表决权退出机制的“日落条款”，以及公益机构进行诉讼救济等制度安排，更好地监督科创板公司经营行为，保护投资者利益。

2.1.2 科创板注册制推行的效果检验

自科创板首批企业上市至今仅一年多时间，有关科创板制度推行的政策效应检验研究仍然较少，只有寥寥几篇文章从科创板与创业板制度对比、科创板企业IPO抑价和科创板企业公司治理等方面开展研究。

（1）科创板与创业板的制度对比

叶小杰和徐可（2020）对比分析了科创板、创业板首批上市的企业的招股说明书，结果发现，与创业板首批上市公司相比，科创板首批上市公司的信息披露内容大幅增多，科创板招股书详细程度也进一步提高，如在风险信息的披露上，科创板企业平均披露23.60个风险信息，比创业板多7个。从原因上看，造成两者披露差异的主要原因是，科创板IPO披露导向在流程和内容方面都发生了改变。而券商仍然保留过去的工作习惯，导致科创板招股书申报稿的质量并没有显著高于创业板，因此强化券商的工作职责及业务水平，提高招股书申报稿的信息含量，是保护投资者的重要方向之一。

黄剑等（2020）则以科创板第一批上市的25家企业为样本，匹配了相似的同行业25家创业板企业，利用ARMA－GARCH模型，探讨科创板和创业板涨跌幅制度对股价波动率的影响。研究结果表明，由于涨跌幅限制幅度及投资者类型的差异，科创板的情绪指数显著高于创业板，表现为科创板日次收益率的波动率显著大于创业板，也就是说相较于创业板，科创板的市场波动率更大。

（2）科创板上市企业IPO抑价

IPO抑价（IPO Underpricing）是指新股发行首日收盘价远高于发行价的现象。针对科创板IPO高抑价的现象，董秀良等（2020）采用随机前沿模型检验了新股定价的合理性，研究发现科创板IPO抑价现象并不明显，首发价格存在下边界特征，即首发价格不仅不存在抑价问题，还存在明显的价值高估。进一步检验发现，造成新股高回报率的深层次原因是二级市场投资者的非理性投机，由于二级市场投资者对科创企业的基本面、科技属性等关注度不足，导致二级市场泡沫较高以及首发新股的高回报现象。

如何抑制科创板IPO高抑价现象？张宗新和滕俊樑（2020）从注册制询价制度改革中找到了答案，他们实证检验发现：注册制询价制度的改革提高了询价对象的门槛，避免了询价机构过度竞争，从而有效降低了科创板IPO高抑价；同时，在新的询价制度下，二级市场投资者择股行为也更加理性，IPO高抑价明显得到改善。此外，注册制新股询价机制的改革效果还由科创板辐射至A股其他板块，提升了整个A股市场的定价效率。周冬华（2020）研究发现，机构投资者参与也能缓解IPO抑价。他以科创板首批上市的51家企业为研究样本，检验了创业投资机构投资者对IPO抑价率的影响，研究结果表明，创业投资机构持股能够降低科创板新股IPO抑价率，尤其是在研发强度较高的科创上市公司和选聘声誉好的事务所的科创上市公司中，这种抑制作用更加明显。然而，邱冬阳和曹奥臣（2020）却得出了相反的结论。他们研究发现，风险投资者持股与科创企业IPO抑价率呈显著的正相关，即风险投资者的参与反而加重了科创板的高抑价。具体来说，风险投资参与总量、退出数量和早期参与风险投资机构数量均对首周IPO抑价存在显著的正向影响，而风险投资机构质量及进入时长对IPO抑价率却没有显著相关性。

(3) 科创板企业公司治理研究

有关科创板企业公司治理的研究相对较少。邱国栋和王思阳 (2020) 以科创板首批上市公司为研究对象，运用平衡面板数据实证分析了21家上市公司实际控制人股权结构对公司价值的影响及其作用机制。实证结果显示，实际控制人所有权占比对公司价值的影响呈正相关关系，控制链对公司价值的影响则呈负相关关系，而两权分离度对公司价值的影响并不是线性关系，而是呈倒"U"形关系。进一步研究发现，当考虑引入智力资本背景调节变量时，实际控制人的专业技术身份和创新意愿会削弱股权结构对公司价值的影响。文章结论为科创板上市规则制定及科创板企业公司治理提供了经验证据。

饶先成 (2020) 则针对科创板企业上市过程中及上市以后专利诉讼屡见不鲜的现象，以科创板拟上市企业的专利风险来源为切入点，提出知识产权管理的规范化和专利权属的契约化有助于化解专利风险；对于存在某种程度的体系化规律的专利风险，可以通过引入专利引证方式、法律化权属识别方式以构建专利风险识别路径；而对于竞争对手提起的专利相关诉讼存在非理性化趋势，可以借助科创板上市委员会的理性化审核予以纠正。

2.2 IPO询价定价的相关文献

IPO询价机制作为新股发行定价中较为关键的一环，在世界各国新股发行中得到了广泛的运用，并且形成了以美式累计投标询价定价机制为核心的询价定价机制。鉴于询价机制运用的广泛性和普遍性，询价制度一直备受IPO领域研究者的关注，主要集中在询价发行机制的设计，以及询价发行机制的配售规则。在询价发行机制的配售规则中，新股分配（数量歧视）和新股定价（价格歧视）是最为重要的两个工具，而在新股定价的参与主体中机构投资者和券商又是最为关键的两大主体。因此，本章系统梳理了近年来国内外有关询价定价的相关文献，主要包括四个部分：一是询价机制设计的理论研究，二是IPO询价阶段新股分配研究，三是机构投资者询价定价研究，四是券商和机构投资者询价定价研究。

2.2.1 询价机制设计理论研究

Benveniste 和 Spindt（1989）、Benveniste 和 Wilhelm（1990）最早提出了累计投标询价机制理论的研究范式，在该理论框架下，由于承销商和发行人存在信息不对称，承销商需要通过询价或者“路演”的方式向机构投资者搜集有关发行人的真实信息，以实现发行定价合理化。但是，如果潜在机构投资者发现真实报价可能面临高价购买股份的困境，即“赢者诅咒”，部分投资者会有意隐藏其需求信息，从而不进行真实报价。为了鼓励投资者真实报价，承销商一方面会在 IPO 过程中实施“数量歧视”，另一方面会提供给报价投资者 IPO 抑价（“价格歧视”）作为信息补偿。正如 Benveniste 和 Spindt（1989）在询价制开创性研究中指出，询价机制的本质是一种信息收集机制，通过机制的设计力求实现最优发行价格，从而提高 IPO 定价效率。标准的询价机制有五个前提假设：第一，承销商和发行人具有利益一致性，都期望股票募集资金最大化；第二，IPO 发行为一价定价，不存在歧视性定价；第三，投资者之间无信息摩擦，可以零成本获取信息；第四，发行人和投资者都是风险中性；第五，二级市场符合有效市场假说，任何投资者都不能利用私人信息获利。然而，资本市场并非完美市场，围绕五个前提假设的放松，后续研究者进一步拓展了询价机制理论，从公开信息的反映程度探讨询价定价是否有效率。

根据 Benveniste 和 Spindt（1989）的理论，询价机制的作用在于发现私人信息，隐含的假设是公开信息已经反映在 IPO 定价上，即询价定价是有信息效率的。Cornelli 和 Goldreich（2003）基于询价报价数据，证明了询价定价是有效率的，他们研究发现承销商将公开信息反映在 IPO 发行价上，是通过询价机构投资者在报价订单中解读公开信息实现的。田业钧和张永林（2013）认为，IPO 发行价较好地体现了询价信息，询价制具有信息揭示能力。然而，也有研究发现，承销商为了得到更多的有利的私人信息，会在一定程度上调高 IPO 发行价格，以保证对投资者的 IPO 抑价，即在询价过程中存在 IPO 定价的“有偏调整”（Benveniste 和 Spindt，1989）。Hanley（1993）对此的解释是承销商的 IPO 定价并没有完全反映公开信息。数据表明，众所周知的公开信息只能解释 35%—50% 的 IPO 抑价（Bradley

和 Jordan，2002），说明询价定价在一定程度上缺乏信息效率。关于 IPO 价格对公开信息调整不足的解释，Edelen 和 Kadlec（2005）从发行者剩余理论进行了解释，他们认为当市场预期较好时，可以预期到市场有正的收益，发行成功能给发行人带来更多的发行者剩余[①]（即发行募集资金量），那么承销商会倾向于保守定价；当市场预期较差时，拟发行企业无法获得较高的发行收益，且发行失败的成本也较低，此时承销商会高定价。即为了保证发行成功，券商会保守定价，一旦发现公众可以承受更高价格，就会进一步提高发行价格。Loughran 和 Ritter（2004）则从行为金融的角度进行了解释：拟发行企业对未来的收入预期会影响其 IPO 定价，当市场收益率为正，拟发行企业对未来会持乐观预期，此时券商没有提高发行价的诉求；反之，当市场收益率为负，拟发行企业对未来的预期较为悲观，券商有强烈的动机提高发行价。Lowry 和 Schwert（2002）则认为，IPO 询价初期，发行人和承销商达成了私下协议，约定新股定价的调整只针对公开信息进行部分调整，导致公开信息并未完全反映在 IPO 定价上，即发行价格“有偏调整”是因为发行人和券商的内部协议理论造成的。

我国关于 IPO 询价机制理论的研究集中在询价定价制度改革是否促进了 IPO 发行定价效率的提升。我国询价制度起步较晚，自 2005 年首次开始实施以来共历经三次改革。杨记军和赵昌文（2006）以 1999—2005 年 A 股市场为研究对象，对比了询价制度引进前后新股的发行定价效率，发现 2005 年询价制度的引入明显降低了 IPO 抑价水平，从整体上提高了定价效率。针对 2009 年第一次询价制度改革，张峥和欧阳珊（2012）研究发现，询价制度改革导致新股发行抑价率下降，一级市场价格发现效率有所提升。刘志远等（2011a）也得到了同样结果，研究发现询价制度第一阶段改革是通过激发询价对象之间的竞争关系而提高新股定价效率的，但改革也引发了机构投资者利用信息优势“择股”并转嫁风险至中小投资者，未来 IPO 询价制度改革不仅要关注询价效果和 IPO 定价效率，还要注重机构投资者和中小投资者的公平问题。关于 2010 年询价制第二阶段改革，谭雪萍和孙自愿（2014）以 2005—2012 年沪深 A 股市场 899 个由累计投标确

① 发行者剩余指的是公司通过 IPO 上市后可获得的剩余价值（发行募集资金量），由于发行者剩余与企业市值正相关，因此股票发行的最终利益在于最大化发行者剩余，这要求承销商要在成功发行和发行收入最大化之间做选择。

定发行价的IPO公司样本，运用随机前沿模型和投资者公平性模型，分析表明，询价制第一阶段改革对新股发行定价的效率提高较为明显，中小机构投资者“择股”的信息优势提高，但风险分担不均现象也较为突出；询价制第二阶段改革后，IPO发行定价效率与第一阶段相比略有下降，这是因为中小投资者参与积极性下降迫使发行人降低定价效率，同时机构投资者“择股”行为的增多也加剧了中小投资者和机构投资者的风险分担不均衡问题。针对第三阶段改革，徐妍和郑冠群（2016）从机构投资者意见分歧与IPO定价效率的关系着手，发现受制于监管部门的“超募”“发行市盈率”“存量股转让”等行政干预，询价机构意见分歧与IPO定价效率的敏感性下降，询价制第三阶段改革在市场化定价方面仍需进一步推进。张宗新和滕俊樑（2020）以科创板询价制改革为基础，研究发现科创板注册制的询价制度改革进一步提高了询价机构的准入门槛，通过提高投资者理性投资、降低投资者竞争达到了改进IPO定价效率的效果，而且注册制询价制度改革的治理效应还辐射到A股市场其他板块。

2.2.2 IPO询价阶段股份分配研究

（1）国外标准询价机制下的股份分配研究

在标准询价机制下，IPO定价是统一定价，那么要保障机构投资者充分披露私人信息的最优询价机制的设计，最终就落脚到最优分配方案的设计上，即是否采取“数量歧视”。Benveniste和Spindt（1989）指出在标准询价制度的五个前提假设下，给报价越高的投资者分配越多的股票，对报价低的投资者不分或者少分股票，有助于提高询价定价的合理性。这是因为只有在股票分配的数量上对有信息含量的投资者给予更多的信息披露回报，才能激励有信息的机构投资者参与IPO申报，减少私人信息隐藏。然而，在实际情况中，信息的获取是需要成本的，最优询价机制的设计需要承销商在降低信息获取成本和提高IPO定价准确度两方面做权衡（Sherman和Titman，2002）。Bennouri和Falconieri（2008）研究发现，IPO股份的最优分配原则取决于信息优势方提供信息的多寡，在不限定询价发行价格歧视和数量歧视，且机构投资者为风险厌恶型的前提下，信息优势方提供的信息越多，承销商向其配售的股份越多；反之，信息优势方提供的信息越少，承销商则向信息劣势方分配更多的股票份额。此外，IPO最优分配机制的设计还与承销商和投资者的关系有关，承销商和机构投资者串谋的情况下，机构投资者掌握的信息与认购的股份成正比，与IPO价格成反比，也就是说机构投资者信息获取越多，则其认购的股份越多，IPO价格也越低；反之，机构投资者获得的信息量越少，其认购的股票也越少，IPO价格越高（Biais 和 Rochet，2002）。

在标准询价机制下，承销商对IPO股份具有自主分配权。许多学者发现，承销商为谋求自身利益，会滥用这种分配权，利用手里的股份分配权与买方客户交换利益。Reuter（2006）和 Nimalendran 等（2007）在研究中发现了“变相支付”的存在，即券商给投资者分配的股份与投资者支付的佣金正相关。此外，承销商为了争取高管未来任职公司的投行业务，甚至会将热销IPO股份直接分配给高管（Liu 和 Ritter，2011）。Hao（2007）研究还发现，承销商存在“搭买”操纵行为，其要求投资者在二级市场购入承销公司股票作为向投资者配售股份的条件。这些研究为承销商滥用股票分配权提供了支持，但也有学者研究发现承销商在询价过程中并未滥用股份分配权。JÖrg（2009）研究承销商的新股配售过程，发现IPO抑价发行时与公司关联的投资者获配比例高；Bubna 和 Nagpurnan（2010）基于印度IPO数据发现，承销商在股份分配上与机构投资者并不存在明显的利益交换。

（2）国内拍卖制下的IPO配售研究

与国外的标准询价机制不同，中国式的询价机制中承销商并没有自主分配股票数量的权利。根据证监会的统一要求，券商必须对所有有效报价的机构投资者采取同比例配售或摇号抽签的方式分配新股，因此从本质看，中国式询价制度是一种“价高者得”的IPO拍卖定价机制（邵新建等，2013）。在拍卖式配售规则下，如何进一步完善配售规则从而实现IPO定价的合理性，研究者们进行了一系列理论研究。

许多学者在“价高者得”的基础上，提出了配售规则的完善机制。彭志胜和宋福铁（2017）研究发现，IPO抑价率与询价对象数量和网下配售比例都呈先降后升的非线性关系，即当询价对象范围增加到某一临界值后，IPO抑价率先降后升，同样，网下配售比例越高，抑价率也先降后升；在此基础上，最优询价机制是将网下配售比例调整为等于乐观投资者的比例，此时IPO抑价率最低。黄顺武等（2020）发现，同比例配售规则无法有效激励投资者真实报价，这是因为在这一规则下，投资者没有动力去改变既定的报价策略；而歧视性配售规则在激励投资者真实报价上则发挥了重要作用，且歧视性配售规则还能阻断投资者和券商之间的利益链条，从而进一步提高IPO定价效率；此外，歧视性配售的权利不一定要赋予承销商。徐光鲁等（2020）和詹欣等（2009）也肯定了自主配售规则引入的重要性，不过他们建议把自主配售权交到承销商手里。徐光鲁等（2020）研究发现，对投资者而言，在二级市场获利使询价机构存在“把信息留在桌子上”的道德风险，因此，为了激励询价机构真实报价，有必要引入承销商“自主配售权”；也就是说，最大化高报价机构投资者申购份额的配售机制有利于减少机构投资者未真实报价带来的损失，这一结论为“价高者得”的配售机制提供了理论支撑。詹欣等（2009）通过构建券商和询价机构的动态博弈模型也得到了相似的结论，研究发现，倘若券商拥有充分的自主配售权，则可以通过剔除极端报价的询价机构来激励机构投资者真实报价，从而促进IPO定价效率提高。

也有研究对“价高者得”的配售规则提出了质疑。姜婷（2014）采用2009年6月至2010年10月中小板市场新股发行数据，对比分析了“价高者得”和“价近者得”两种不同规则下，询价对象报价的异同。研究结果发现，当询价对象预期IPO抑价率较大时，在“价高者得”的机制下，投资者倾向于高报价，而在“价近者得”的规则下，投资者合理报价的概率更高，也就是说相比“价高者得”的配售机制，“价近者得”的配售机制更能提高询价定价的合理性。

2.2.3 机构投资者询价定价研究

由于科创板注册制询价制度取消了个人投资者的询价资格，本书仅梳理有关机构投资者询价定价的相关研究，主要包括机构投资者报价策略、机构投资者意见分歧、机构投资者情绪及异质性三个方面。

（1）机构投资者报价策略研究

国内学者普遍认为，询价改革前期机构投资者倾向于采取压价的报价策略（熊维勤等，2006；张小成等，2009；周孝华等，2013）。张小成等（2009）研究发现，为了规避风险，机构投资者有压低报价的激励。这是因为在“价高者得”的配售机制中，获得配售权的机构投资者的平均报价高于市场上所有投资者的预期价格，为了避免在二级市场面临亏损的风险，机构投资者在询价阶段没有动力如实报价，最优选择是压低报价。由于投资者报价与新股抑价收益负相关，机构投资者在初步询价阶段有有意隐瞒真实需求、刻意压低报价的动机（周孝华等，2013）。在没有券商激励的情况下，机构投资者将会在询价阶段与其他机构投资者串谋共同压价（刘志远等，2011b），从而加深了IPO抑价程度（刘善存等，2013）。而机构投资者抱团压价的倾向受制于询价对象之间的关系网络。郑凯等（2017）研究发现，询价对象个体之间的关联度越高，协同压价的行为越严重，IPO定价也越低，且QFII的参与不仅没有起到缓解询价机构投资抱团压价现象的作用，反而进一步强化了投资者集体压价的行为。

随着询价制度改革的推进，机构投资者报价策略逐渐转为高报价策略。俞红海等（2013）发现第二阶段改革后，询价机构之间不再串谋压低报价，而是为了获得新股配售资格而普遍报高价，导致“三高”问题。胡志强等（2017）研究发现，询价制改革起到了提高报价机构竞争程度的作用，竞争的加剧抑制了机构投资者的合谋压价行为，提高了新股的定价效率。而刘煜辉和沈可挺（2011）则认为，造成IPO高抑价率主要是新股的供给控制，在新股供求关系本来就严重失衡的情况下，投资者对新股在二级市场上的预期值又比较高，新股配售作为稀缺资源自然得到各询价机构的青睐，在询价机构间的动态博弈下，提高报价才能确保“打新”成功（张航和刘艳妮，2009）。尹自永等（2015）基于中小板IPO询价簿记数据，从五个维度全面研究了询价对象的报价行为，研究发现，询价对象具有小公司偏好和非理性竞价行为，即公司规模越小，询价对象的需求越强，越倾向于高报价；询价参与积极性越高，“搭便车”报价也越普遍，同时询价机构投资者之间的串谋程度也越高。但张剑（2014）却认为，提高网下配售比例和取消锁定期的新股发行制度改革显著提高了询价对象的报价审慎程度，造成当前IPO抑价率较高的原因并非新股定价不合理，而是二级市场的炒作程度较高。

(2) 机构投资者意见分歧与新股定价

所谓机构投资者意见分歧，是指投资者对相同股权的估值（或期望收益）存在差异（Morris，1996）。由于公开发行上市前公司没有披露义务，投资者在估值过程中掌握的上市公司相关的信息量是不同的，同时投资者对信息的解读不可能完全一致，且所采用的估值手段也不尽相同，这就造成询价阶段投资者报价出现意见分歧。正是这种意见分歧在新股定价中起到了价格发现的职能。投资者意见分歧对新股定价的影响依赖于新股发行的卖空限制，在卖空机制约束下，悲观投资者的意见不能反馈到新股询价定价上，新股价格只反映了乐观投资者的意见，此时新股定价相对于股票内在价值而言存在抑价或高估（Miller，1977）；机构投资者意见分歧越大，说明询价过程中信息不对称程度越高，未来二级市场的股票抑价也越高。

对投资者意见分歧的度量是学术界的一大难点。Houge 等（2001）使用 IPO 首日交易相关指标作为投资者意见分歧的代理变量，从开盘价差比例、首笔交易时间、大胆抛售比率等方面发现，投资者意见分歧可以解释 IPO 首日抑价和长期表现低迷的原因。陈国进等（2008）以换手率作为意见分歧的间接度量指标，发现投资者意见分歧是加重个股暴跌风险的重要因素。李冬昕等（2014）用询价机构报价差异性作为投资者意见分歧代理变量，研究发现，询价机构报价差异性越大表明机构投资者之间的意见分歧越严重，询价机构报价差异性与新股询价定价正相关，与市盈率和超额募集率也正相关，也就是说投资者意见分歧加剧了新股市场的“三高”问题；此外，投资者意见分歧还与新股首日回报率显著负相关，从意见分歧理论解释了股票长期市场表现走弱现象。徐妍和郑冠群（2016）同样以询价机构报价标准差代表投资者意见分歧，研究发现，在新股询价制度第三阶段改革过程中，由于监管部门的诸多干预，投资者意见分歧与 IPO 定价效率的关系弱化，导致市场化的询价机制失效。

(3) 机构投资者情绪及机构投资者异质性

市场情绪是影响机构投资者估值和报价的重要因素。许多研究者从机构投资者情绪的角度探究了询价机构报价行为。Derrien（2005）指出，询价阶段投资者报价是由知情投资者（或理性投资者）和情绪投资者报价组成，情绪投资者由于难以获得股票真实的内在价值和市场需求信息，在报价估值时相比于知情投资者，更容易受市场噪声影响，从而出现偏预期和非理性的行为，定价过度乐观或过度悲观。宋顺林和唐斯圆（2016）以380家IPO公司机构投资者的详细数据分析，也得到了投资者情绪越高，机构投资者报价越高的结论。邹高峰等（2012）进一步将样本分成询价前和询价后，同样得出IPO抑价在很大程度上受到二级市场投资者情绪的影响。邵新建等（2013）认为，由于新股信息公开的程度有限，在信息不对称制约下，新股相比其他股票对投资者情绪的敏感性更强，这导致新股上市初期股价由散户乐观投资者主导，进一步激发了散户投资者“打新”的热情；陈鹏程和周孝华（2016）也得出了类似的结论。还有学者从媒体角度研究了第三方对市场投资者情绪的引导作用。邵新建等（2015）研究发现，公司在媒体上的正面广告宣传能显著提高投资者对公司的关注度，并在一定程度上有助于调动投资者产生乐观情绪，乐观情绪越强，投资者对股票发行的需求量越大，新股定价也越高；但媒体正面宣传对调动投资者乐观情绪的作用在股票市场上表现为短期性，长期来看，发行前关注度越高的证券，长期股票市场回报率越低。

询价对象的报价是建立在公开信息和私人信息基础之上的（Sherman，2005），投资者的异质性决定了不同投资者对公开信息和私人信息的搜集能力差异，从而对投资者询价报价产生差异化影响。张小成等（2008）运用行为金融理论和博弈论，比较分析了发行人和机构投资者的同质和异质预期对IPO抑价的影响，研究结果表明，当机构投资者与发行人对新股价值意见存在分歧时，IPO抑价与分歧程度呈正相关，且分歧程度只影响了抑价中无意抑价部分。徐光鲁等（2020）从询价机构类别、拟上市企业行业等方面探究了投资者异质性的影响，研究表明，针对不同的询价机构类别，QFII投资者存在明显的高报价行为；在不同行业的发行公司中，询价机构倾向于在医药生物和计算机两个行业中采取高报价。张剑（2014）把机构投资者分为“信息优势”投资者和“信息劣势”投资者两类，发现信息优劣势投资者间的平均报价的差值与IPO首日抑价率正相关，进一步验证了“赢者诅咒”假说。

2.2.4 券商与机构投资者询价定价

(1) 券商与机构投资者参与

在中国的询价制度设计中，券商无法利用新股配售权力与特定投资者形成长期合作关系，导致询价阶段参与拍卖的投资者具有较大不确定性，来参与询价的投资者可能包括许多非理性的、不成熟的投资者，对理性投资者的报价形成了更多噪音，从而影响询价报价效率，这就是“投资者参与不确定性问题”。显而易见，投资者参与的不确定降低了询价阶段的IPO定价效率。

根据询价机制理论，为实现新股募集资金的最大化，承销商要缓解“赢者诅咒”，将投资者有效报价信息充分反映到新股定价中。因此，为了最大限度收集询价阶段的有效报价信息，承销商有动机缓解“机构投资者参与不确定问题”。尽管承销商没有新股分配的权利，但仍可以借助关系网驱动特定投资者参与其承销的IPO报价，并通过跨期回馈的方式补偿关系型投资者的“捧场”(邵新建等，2019)。无论是满足监管部门对询价对象的最低数量要求，还是基于营造热烈的发行氛围、维护承销商声誉的考虑（汪昌云等，2015)，券商都会通过事前沟通、交流，路演等方式吸引关系型投资者“托市”。邵新建等（2019）研究发现，券商和机构投资者在本质上是互惠的关系，券商可以驱动关系型机构投资者主动参与网下询价申购，并引导关系型机构投资者给出与券商估值水平接近的高位报价，以缓解“投资者参与不确定性问题”。进一步研究发现，关系型机构投资者的“捧场”支持有效推动了股票价格，增加了券商的承销收入；作为回报，券商也明显倾向于将新股抑价发行的巨额收益分配给前期捧场的关系型机构投资者，进一步巩固两者之间的关系。

(2) 券商与机构投资者关系

围绕询价机制中券商与机构投资者的关系，现有研究主要从“信息激励”和“利益输送”两个方面展开。从“信息激励”的角度看，在IPO询价过程中，为了降低机构投资者在报价过程中存在的道德风险和逆向选择

(Rock, 1986), 缩小IPO询价结果和股票真实价值之间的差距, 券商可以通过设定股票价格区间、发行折价以及配售量等方式引导投资者真实报价(刘钰善和刘海龙, 2009), 最大限度发挥询价机制的价格发现功能 (Benveniste 和 Spindt, 1989)。同样, 询价对象也会对券商定价产生约束, 进而共同推动新股定价效率的提高。黄瑜琴等 (2013) 认为, 参与询价的有信息投资者的增多, 可以在一定程度上约束券商定价行为, 通过对中国296次IPO发行中近3万条机构投资者报价数据的研究发现, 投资者的有信息程度越高, 券商新股定价超过真实价值的程度就越低, 进而可以有效缓解对IPO上市首日及后续股票市场表现的负向影响。

从"利益输送"的角度看, 承销商与询价对象之间极易导致利益输送的发生。根据承销商偏好理论, 承销商在自主配售中存在三种机会主义行为, 分别是: 搭买 (Laddering), 承销商以投资者在二级市场购买IPO股票, 作为分配股份的条件 (Hao, 2007); "用旋转式诱饵钓鱼" (Spinning), 承销商将热门新股分配给高管, 以期获得公司未来的投行业务 (Liu 和 Ritter, 2011); 侧向支付 (Side - Paymen), 承销商将热销新股分配给机构投资者以换取高额佣金 (Reuter, 2006)。实证发现, 承销商的投机主义行为在我国新股市场普遍存在。孙淑伟等 (2015) 研究发现, 支付高昂佣金的基金公司可以根据承销商的内幕信息进行询价报价, 提高新股获配概率, 特别是高抑价的IPO。彭文平和刘健强 (2015) 也发现, 推荐类机构作为承销商的"托", 会为询价机构少的IPO提供友情报价, 被承销商推荐次数越多的机构投资者, 提供的友情报价也越严重。张晓东 (2020) 研究发现二级市场的佣金威胁到了IPO配售的公平性, 一方面, 基金公司可以凭借与承销商的佣金关系保持IPO配售中的优势地位; 另一方面, 承销商剔除IPO申购的幅度也受到两者佣金水平的影响。

2.3 IPO定价效率的相关文献

IPO定价一直是资本市场的老大难问题, 关于IPO定价效率学者们已开展了丰富的研究。本章将从五个方面进行梳理, 包括IPO抑价及产生的原因、IPO 定价效率的影响因素、券商在 IPO 中的信息中介作用研究、券商声誉与 IPO 定价效率，以及机构投资者对券商 IPO 定价的影响等。

2.3.1 IPO 抑价及产生的原因

学术界把 IPO 首日收盘价和发行价之间的背离现象称作 IPO 抑价率之谜，IPO 抑价说明 IPO 定价效率不高。现有研究主要从一级市场和二级市场两个视角剖析形成 IPO 抑价率之谜的原因。

一些学者认为导致 IPO 抑价主要是一级市场定价偏离内在价值。这一原因的代表性理论是信息不对称理论，由于发行人、承销商和投资者之间存在信息不对称，承销商为了保证发行顺利以及机构投资者有利可图可能有意压低 IPO 发行价格（Cornelli 和 Golereich，2003），导致发行价格低于新股内在价值，最终在二级市场表现为 IPO 抑价（Beatty 和 Ritter，1986；Ritter 和 Welch，2002）。基于信息不对称框架，Baron（1982）从“委托代理”假说、Rock（1986）提出“赢者诅咒”模型、Allen 和 Faulhabar（1989）基于“信号传递理论”对一级市场压价造成 IPO 高抑价率进行解释。Hunt 等（1996）分析了 1975—1984 年 1000 多家 IPO 公司的一级市场定价，将 IPO 价格分为公平价格（最优报价）和故意压价两个部分，研究发现，一级市场发行人和承销商都有明显的压价行为，而二级市场首日高收盘价则是投资者对新股定价偏低的正向反馈。Hanley（1993）研究发现，为了避免因信息披露问题招致的法律诉讼风险，发行人存在提高抑价率的动机，支持了法律诉讼避免假说。

另一些学者从二级市场的角度解释了 IPO 高抑价的现象，认为 IPO“三高”现象主要是二级市场错误定价造成的，而不是一级市场定价被低估（Loughran 和 Ritter，2004）。研究发现，二级市场投资者的非理性情绪是造成 IPO 高抑价的重要原因（Alexander 等，2006），A 股市场上的“噪音交易者”对新股的狂热投机进一步加剧了 IPO 定价泡沫（胡志强和庞一帆，2019），而高质量的会计信息在降低市场情绪对 IPO 首日回报的影响上有显著作用（朱红军等，2013）。这些文献打破了有效市场假说，认为投资者在投资决策的瞬间很可能违背理性投资者的假设。还有学者从二级市场的行政管制角度给出了解释。朱红军和钱友文（2010）从政府管制视角推导出在“准入限制”下政府“创租”，从而形成新股IPO高抑价之谜的“租金分配观”。刘煜辉和沈可挺（2011）研究发现，一级市场抑价并非造成IPO首日收益率高的主要原因，IPO定价低估只能解释新股首日超额收益的12.7%；IPO高抑价率的主要根源是中国股票市场的供给控制。张剑（2014）同样得出我国新股供给管制造成了二级市场的非理性投机行为，是IPO高抑价的主要因素。

2.3.2 IPO定价效率的影响因素

(1) 内部影响因素研究

IPO定价效率一直以来都是IPO市场重点关注的议题，现有文献从研发投入、公司治理、盈余管理和信息披露等内部视角对IPO定价效率进行了研究。

Guo等（2004）研究了研发企业的IPO抑价现象，发现IPO抑价更容易发生在研发型企业；Chen等（2007）以台湾的数据分析证实了这一观点，这是由于高技术企业增值的不确定提高了信息不对称程度（Lowry和Shu，2002）。胡志颖等（2015）针对我国的IPO企业也得到了研发投入与IPO抑价正相关的结论，他认为造成这一现象的原因有两个：一个是我国的机构投资者在评估科技信息方面的专业能力仍然不足，难以有效评估研发投入的效率，导致研发投入的价值无法体现在IPO定价中；另一个是现有的会计准则给予了研发费用资本化处理的选择空间，进一步加剧了IPO企业的信息不对称，使得研发投入引发更高的IPO抑价。韩鹏和沈春亚（2017）则从信息披露层面对研发投入加剧IPO抑价的现象进行了解释，对2009—2012年的创业板IPO公司检验发现，研发信息披露水平和研发市场错误定价对IPO抑价的解释力较强。付雷鸣等（2011）发现，研发投入与IPO抑价的正相关关系并不是短期的，滞后三期的R&D投入水平与IPO抑价仍存在显著正相关。

翁宵暐等（2014）和徐维隆等（2020）则从公司治理的角度分析了IPO定价效率的影响因素。翁宵暐等（2014）基于代理理论和信息不对称理论，研究发现，与其他民营企业相比，家族参与管理的企业的IPO抑价率明显得到了改善，尤其是由家族成员担任 CEO 的企业的定价效率显著高于非家族成员担任 CEO 的企业。徐维隆等（2020）从现金流权和控制权的偏离度进行了研究，结果表明现金流权偏离度与 IPO 抑价率显著负相关，即控制权与现金流权偏离程度的提高，加剧了公司 IPO 定价，从而降低了 IPO 高抑价率，这是因为在现金流权偏离度大的企业，中级股东利用控制权干预 IPO 定价，实现利益侵占的动机越强。

盈余是公司经营的核心指标，也是 IPO 定价的关键因素。现有研究表明，发行人对 IPO 公司的盈余管理进一步加大了资本市场的信息不对称程度和逆向选择风险（Abad 等，2018），导致投资者在定价时偏离公司实际价值，IPO 定价效率下降（高敬忠和杨朝，2020）。盈余管理对 IPO 定价的影响一般表现为高估初始价格，而长期股票收益下降（DuCharme 等，2001；Gao 等，2015）；也有学者发现，市场在一定程度上可以识别到发行人的盈余管理并作出调整，新股发行后长期弱势现象不能归因于发行前的盈余管理（徐浩萍和陈超，2009；陈胜蓝，2010）。

还有学者从信息披露的视角讨论了 IPO 定价效率。郝项超和苏之翔（2014）采用文本分析法分析招股说明书中重大风险信息提示对 IPO 定价效率的影响，研究发现，如果将重大风险信息分为标准风险信息和特有风险信息的话，标准风险信息与 IPO 抑价没有显著关系，特有风险信息在一定程度可以降低 IPO 抑价率，但这种抑制作用仅对主板有效，研究结果表明招股说明书应该多对特有风险信息进行提示，并且需要进一步改善中小板和创业板的信息披露政策。在外部审计对信息披露的影响方面，Dye（1993）研究发现，作为独立的第三方，上市前审计对改善招股说明书的信息质量有较大帮助，也就是说上市前信息审计有助于降低发行人与投资者之间的信息不对称程度（Willenborg，1999），通过减少事前的不确定性降低了 IPO 抑价率。但胡丹和冯巧根（2013）却得出了相反的结论，他们认为上市前审计在新股时发挥了信号作用，从而提高了 IPO 抑价率。

（2）外部影响因素研究

学者们还将研究角度转向影响抑价率的外部因素，如投资者情绪、媒体关注和政府管制等。研究发现，投资者情绪是资产定价的重要因素（韩立岩和伍燕然，2007），投资者情绪造成了一定的价格泡沫（段云龙等，

2015)，对二级市场产生显著影响。市场冷热程度也会对投资者情绪与抑价率的关系产生了影响，在热市场中，投资者情绪对抑价的影响更加强烈(Ljungqvist 等，2006；Cornell 等，2006)。

同时，抑价率还与媒体关注有关，研究发现，上市造势期间媒体新闻报道每增加1篇，IPO抑价率就能下降约0.3%（汪昌云等，2015）；汪昌云等（2015）研究还发现，媒体关注度与首日换手率不相关，媒体对IPO定价效率的提升主要通过信息传导渠道，而不是影响投资者情绪。但熊艳等（2014）却得出了不一致的结论，他们研究发现，媒体报道对IPO定价效率的影响体现在正反两个方面：一方面，通过降低询价阶段的信息不对称，提高机构投资者询价报价质量和一级市场定价效率；另一方面，加剧了二级市场投资者非理性程度，导致二级市场首日换手率增加，IPO定价效率下降。

此外，国内相关研究还从政府管制的角度探讨了IPO抑价率的影响因素。于富生和王成方（2012）国有股权比例越高，IPO抑价越高，随着政府管制的强化，国有股权比例与IPO抑价的正相关关系逐渐转弱，甚至转为负相关。刘生胜等（2019）针对新股发行第三阶段改革，研究结果表明，行政干预提高了一级市场的IPO定价效率，使IPO发行价更加接近公司内在价值的同时，大幅降低了二级市场的交易定价效率。由行政干预带来的一、二级市场定价分歧，为利益输送提供了空间，因此在完善新股发行制度的过程中要坚持市场化导向。

2.3.3 券商在IPO中的信息中介作用

学术界普遍认为，券商在新股发行上市过程中扮演着信息中介的作用。第一，从交易成本的角度来看，券商凭借专业化优势和规模经济的优势可以有效降低新股发行过程中的交易成本（Benston 和 Smith，1976；Merton，1989)，这些交易成本既包括发行人为了发行股票而进行的搜寻、学习、信息处理、掌握法律法规等需要付出的时间和资金成本（Benston 和 Smith，1976)，也包括投资者认购新股需付出的收集、筛选和判断新股相关信息和资料所付出的成本（Chan，1983)。第二，从信息不对称角度看，券商可以发挥认证筛选功能，降低发行人和投资者之间的信息不对称

(Pandes, 2010; Dong 等, 2011)，解决“柠檬市场”问题（Titman 和 Trueman, 1986）。第三，从信息生产角度看，券商作为专业的中介机构能够为处于信息劣势的投资者提供有效信息，并很大程度地缓解逆向选择问题（Ang 和 Zhang, 2006）。

关于券商在我国证券市场是否有效发挥了信息中介作用的意见并不统一。刘江会等（2005）研究发现，我国证券市场上的投资者并不能根据券商声誉等级来有效甄别发行企业的质量，也就是说券商的信息生产功能和“认证中介”职能没有得到有效发挥。郭海星等（2011）指出，在我国证券市场不完善的背景下，券商不能有效发挥第三方信息认证的作用，券商的机会主义行为造成了券商和发行人的利益趋同，导致 IPO 高发行定价和高抑价，即大股东和一级市场对二级市场投资者的利益侵占。邹晓峰和傅强（2013）同样得到我国券商信息中介功能缺失的结论。而何平等（2014）指出，声誉排名高的承销商更能帮助不确定性高的上市公司降低 IPO 抑价程度；陈鹏程和周孝华（2015）研究发现，承销商显著提高了新股发行的定价效率，主要得益于承销商的信息认证中介作用。

2.3.4 券商声誉与 IPO 定价效率

券商声誉不仅记录了券商过去的承销行为，而且代表了券商对自身服务质量的承诺（Carter 和 Manaster, 1990; Michaely 和 Shaw, 1994），因此，券商声誉对 IPO 定价效率的影响得到了学者们的广泛关注。声誉之所以重要是因为，券商在承销新股时通过声誉向市场传递新股价格与发行公司内在价值具有一致性的信号（Booth 和 Smith; 1986）；而且声誉给券商带来的“租金”收入有助于抑制券商抑价发行的动机（Beatty 和 Ritter, 1986），促进券商在 IPO 市场合理定价。如果券商压低发行价格，则会失去潜在的发行公司客户；如果券商故意抬高发行价格，则会失去潜在的市场投资者。张强和张宝（2011）发现，券商声誉与 IPO 发行成本总体呈负相关，券商声誉越高，IPO 发行成本越低；券商声誉降低发行成本的机制主要是通过降低 IPO 间接发行成本实现的，而 IPO 间接发行成本主要是 IPO 公司上市首日的抑价率。

声誉好的券商能够通过发挥认证功能，有效降低发行企业的 IPO 抑价率和公司股票市场长期弱势表现（郭泓和赵震宇，2006；徐浩萍和罗炜，2007；Su 和 Bangassa，2011；许荣等，2013）。国外研究者证实了券商声誉的认证作用。Carter 和 Manaster（1990）实证检验美国的 IPO 数据发现，声誉高的券商估计的 IPO 价格较为精准，可以降低公司上市失败的概率，降低投资者的投机性行为，从而缓解 IPO 高抑价率。Chemmanur 和 Fulghieri（1994）也验证了前人的结论：拟上市公司需要借助券商的声誉向市场传递公司的价值信息，而券商也要凭借发行承销质量进一步提升自身声誉。也就是说，券商声誉的高低是投资者判断 IPO 上市公司质量优劣的重要依据（Kerl 和 Walter，2008）。

这一观点也得到了国内研究者的认同。邵新建等（2013）发现良好的声誉能够缓解新股发行中券商抬高股价的行为，这是因为有高声誉做保障，投资者对新股抑价补偿的要求也会降低。张学勇和张秋月（2018）从声誉损失的角度构建了券商声誉指标，并验证了声誉的认证效果：在同一时期中，相比于未被发现承销过 IPO 造假企业的券商，有 IPO 造假企业承销经历的券商再次承销的公司股票市场表现较差；对于同一券商，相比于承销企业 IPO 造假披露前（声誉受损前），声誉受损后券商所承销公司的股票 IPO 抑价率高、长期回报率低。这是因为，公司上市后如果被发现有造假的行为，保荐人和保荐机构也要承担法律责任（白云霞等，2014），一旦声誉受损，券商的长期利益也会受到损害（潘越等，2011）。进一步地，陈鹏程和周孝华（2015）通过构建两期承销商收益模型，研究券商声誉在不同市场条件下 IPO 的定价机制，结果发现声誉不同的券商在 IPO 定价时的策略不一致，高声誉券商为了保持声誉优势倾向于压低 IPO 定价；而低声誉券商则倾向于采取相对激进的定价策略以实现承销收益最大化。赵岩和孙文琛（2016）探讨了券商声誉在机构投资者与 IPO 抑价关系中的调节作用，研究结果表明，机构投资者持股与 IPO 抑价的负向关系在主承销商声誉越高的企业更为显著，即券商声誉强化了机构投资者持股对 IPO 抑价的抑制作用。

值得注意的是，关于承销商是否能降低 IPO 抑价率，提升公司长期回报率还存在截然相反的经验证据。由于投行对获得下一个承销项目的兴趣远远强于对自身声誉的保护（Cooney 等，2003），20 世纪 90 年代以后新股抑价与投行声誉之间负相关关系发生了改变（Beatty 和 Welch，1996）。

Chua（2014）发现高声誉券商在增加首日收益上有促进作用，但并未缓解公司长期表现低迷的情况。蒋顺才等（2006）认为国外主流研究提出的主承销商声誉是影响IPO抑价率的重要因素的结论在我国并不适用。沈哲和林启洪（2013）也得到承销商声誉假说在我国不存在的证据，他们对2004—2011年1025个IPO样本的检验发现，新股抑价和券商声誉的负相关关系在控制板块和年份的固定效应后明显减弱甚至消失；不同板块之间券商声誉的作用不同，主板市场券商声誉与IPO抑价正相关，中小板和创业板市场券商声誉与IPO抑价负相关，当券商声誉相同时，创业板IPO抑价幅度不及中小板。林雨晨和林洪（2014）发现，我国创业板市场券商声誉与IPO抑价并无显著关系，但新股首日破发的承销商在后续承销股份时，企业的IPO抑价率会显著下降，这种效应可以称为券商声誉的破发补偿效应。

2.3.5 券商、机构投资者与IPO定价效率

根据保荐人制度，券商作为保荐人要对发行企业进行上市辅导，尽职调查，股票发行承销和持续督导，并在法律上对信息真实性负责。由于券商在投资者和上市企业之间扮演了“中介认证”的作用，许多学者从投资者情绪和风险投资者参与的角度考察了券商对IPO定价效率的影响机制。

（1）投资者情绪与IPO定价效率

行为金融理论认为，投资者情绪是影响IPO首日高收益率和上市后长期表现弱势的主要原因之一。Miller（1977）指出，投资者理性的假设并不总是存在，投资者对拟发行企业未来发展存在异质预期，在卖空限制下，悲观投资者被排除在市场之外，股票价格只反映了乐观投资者的预期，乐观投资者情绪造成了股价高估、IPO抑价。Jenkinson和Jones（2009）指出，新股市场存在的供不应求现象导致投资者无法以发行价买入IPO新股，此时乐观投资者会高价买入股票，导致新股市场价格远高于发新价格，从而造成IPO抑价现象。因此，公司倾向于在投资者情绪较高的时期上市。

国内研究也表明，投资者情绪导致了我国IPO市场较高的首日价格

（刘煜辉和沈可挺，2011；Song 等，2014），且投资者情绪导致的首日股价高估在长期内出现反转（韩立岩和伍燕然，2007；江洪波，2007）。宋双杰和曹晖等（2011）从投资者关注的角度研究IPO定价效率，结果发现，以网络搜索量表示的投资者关注对IPO首日收益率的解释效应达23%，对长期股票市场表现的解释度为10%。相关实证结果表明，IPO定价效率不仅受到信息不对称的影响，投资者情绪也是其中一个极为关键的影响因素。进一步地，投资者情绪可以分为个人投资者情绪和机构投资者情绪（Ljungqvist 等，2006），相对而言，机构投资者是更为专业和理性的聪明投资者（Schmeling，2008），个人投资者在购买新股时更容易受情绪驱动，导致更高的IPO首日回报率和更差的股票长期市场表现（Derrien，2005；Dorn，2009；Aissia，2014）。陈鹏程和周孝华（2016）发现，IPO是否破发不是由机构投资者私人信息决定的，而是由个人投资者情绪决定，个人投资者情绪越乐观，IPO破发的概率越低。俞红海等（2015）指出，投资者情绪与IPO首日收益率正相关，与股价长期表现负相关，进一步证明了行为金融理论。

乐观投资者如何影响券商的定价行为呢？Derrien（2005）研究发现，如果券商观测到投资者情绪较为乐观时，会将发行价格调整到公允价值之上，尽管如此，新股上市首日股价仍然会进一步上涨。邵新建等（2013）也发现了承销商的抬价行为，券商利用投资者的乐观情绪抬高发行价，可以超额募集资金，从而实现承销收入最大化；券商在投资者情绪高涨期，会进一步在机构投资者报价的基础上调高发行价格（宋顺林和唐斯圆，2016）。而 Ljungqvist 等（2006）通过建模研究认为，投资者情绪并不具有持久性，券商为了保护机构投资者利益，不会激进抬高发行价格，因此IPO抑价和IPO长期股价弱势共存在资本市场较为普遍。Gao 等（2020）利用中国机构投资者网下报价的数据，结果发现，IPO发行价格取决于机构投资者加权平均报价，与市场出清价格无关，而首日收盘价取决于市场出清价格，与机构投资者报价无关。

（2）风险投资与IPO定价效率

已有研究表明，在信息不对称的情况下，风险投资者具有“筛选功能”，凭借专业的知识（Sahlman，1990）向投资者传递IPO企业质量较好、成长性较高的信息（Barry 等，1990；Brav 和 Gompers，1997）。因此，在探讨券商和 IPO 定价效率之间的关系上，学者们从风险投资者参与的视角得出了许多有意义的结论。研究发现，在新股认购过程中风险投资者向其他投资者“认证”了企业价值的真实性（Lerner，1995），有助于降低企业股价首日高收益和长期走弱的现象（Gompers，2003；Terry 等，2006）。风险投资的市场力量显著提高了风险投资持股企业在二级市场上的关注，从而提高了风险投资者持股企业 IPO 首日的市场反应率。Megginson 和 Weiss（1991）还发现，风险投资者除了“认证”企业价值外，还能吸引声誉良好的券商和审计师参与 IPO，从而降低公司股票抑价率。

国内也有不少研究印证了风险投资参与对公司 IPO 定价效率及股票市场反应的“认证”作用。许昊等（2016）发现，风险投资的进入和参与程度对企业 IPO 绩效有显著的改善作用；联合风险投资也可以有效提升 IPO 绩效。孙建华（2015）利用横截面回归得到，风险投资对受资企业的影响是短期的，风险投资的参与显著改善了企业 IPO 后第一年内的公司业绩，同时也明显降低了 IPO 后第一年内的市场表现；风险投资对受资企业 IPO 后第二年的公司业绩、市场表现都没有显著作用。乔明哲等（2017）指出，风险投资者、创业投资者和一般投资者参与的企业 IPO 抑价水平存在差异，独立风险投资者参与的企业 IPO 抑价率最低，其次为创业投资者，最后为一般投资者。进一步地，张学勇和廖理（2011）研究了不同风险投资背景对 IPO 定价效率的异质性，结果表明，与无外资背景的风险投资支持的公司相比，外资背景风险投资者支持的公司 IPO 抑价率更低、股票市场累计回报率更高；与政府背景风险投资支持的公司相比，民营背景风险投资参与的企业 IPO 市场表现没有差异。如果将风险投资分为券商背景和非券商背景的话，券商背景风险投资对所在公司具有显著的认证效应，其投资的公司股票收益波动率较低，尤其是声誉良好的券商背景的风险投资机构，其认证效应更加显著（张学勇等，2014）。也有学者指出，市场投资者不仅没有给风险投资参与的企业更高估值，反而更可能贬损其市场价值（杨其静等，2015），这是因为中国的风险投资还不成熟，总体上存在“逐名效应”和“逆向选择”，其“监督”和“筛选”的职能并没有得到有效发挥。陈工孟等（2011）对中国香港主板市场和内地中小板后发现，内地风险投资者支持的企业 IPO 抑价率显著高于没有风险投资支持的企业，而美国纳斯达克交易所和纽约证券交易有无风险投资者支持并无显著区别。

风险投资者如何影响券商定价呢？李曜和宋贺（2016）检验了券商、风险投资者和IPO定价效率的关系，研究结果表明，风险投资者与券商之间长期稳定的联盟关系是促进风险投资发挥认证效应的重要因素，与没有风险投资持股，或者有风险投资持股但与券商合作较少的公司相比，存在“风险投资与券商联盟”关系的公司IPO内在折价率更高，市场反应率也更高，即“风险投资与券商联盟”关系提高了券商的定价效率。风险投资与券商联盟可以用承销商偏好理论解释，彭文平和吴华锋（2014）研究发现，券商的佣金偏好对IPO配售有重要影响，券商在配售IPO时倾向于优先配售给为券商带来佣金收入的基金公司，用IPO高抑价与基金公司交换佣金，IPO抑价越高，基金公司输送给券商的佣金越多；而基金公司通过多认购IPO股份获得打新收入；券商和基金公司的利益输送更多发生在大券商和大基金公司之间。黄娟等（2014）并没有发现风险投资在降低抑价率方面的作用，基于创业板公司中有PE/VC背景和没有PE/VC背景的研究发现，风险投资（创业投资）支持的上市公司并没有聘请更好的券商，且风险投资支持的上市公司聘请的保荐机构实力远低于没有风险投资支持的公司；风险投资的实力、持股比例、派驻董监事人数的增加均不能降低IPO抑价率，而风险投资者数量的增多可以降低IPO抑价率；此外，外资背景的风险投资参与会明显提高抑价率。

2.4 公司股票市场反应的相关文献

2.4.1 IPO股票长期表现

(1) 新股长期表现“强势”与“弱势”之争

对于新股上市发行后股票长期表现目前主要存在强势说和弱势说两种观点。强势说认为投资者狂热情绪带来的价格偏差长期内得不到消除，因此股价在长期存在过度反应，IPO长期表现呈现强势特征（杨丹和林茂，2006）。王美今和张松（2000）发现新股上市后并非一直走强，呈现短期走弱、长期走强的特点；郝梅瑞和周观君（2006）也得到类似的结论，他们通过考察1997—2001年上半年沪深A股IPO股票上市3年内的收益情况后发现，中国股票市场的新股上市后两三年的长期超额收益为正，确实呈现出短期弱势、长期强势的特征，且新股长期收益与首日抑价间没有显著的相关关系。Otchere等（2013）研究发现，国外也存在上市公司新股保持长期强势的现象，证券交易所的垄断地位是促使上市公司保持长期强势的重要因素。邹高峰等（2017）研究发现，IPO新股长期表现强于市场和可比公司的重要原因是一级市场过低定价和二级市场反应不足。

多数学者则认为，新股由“赢者”转为长期弱势是全球证券市场的普遍现象。1970年，Stoll和Curley（1970）首次提出新股长期弱势理论，此后新股长期弱势现象在我国也得到了印证（田岚等，2016）。杜俊涛等（2003）证实了我国的新股长期存在的弱势现象，且没有任何一种分类的新股长期表现强于大盘，尤其是初始报酬率高、发行规模大、中签率低、在发行密度高的时候上市的以及属于综合类的新股长期越容易出现弱势现象。王睿等（2017）以2009年7月至2012年5月上市的新股为研究样本，发现新股上市后前三年的表现都弱于市场，尤其是折价发行且首日“破发”的股票长期表现更差。方先明和张若璇（2020）也证明了我国不败新股长期弱势的现象，他们认为中国股票市场确实存在“赢者诅咒”现象，且当公司上市后业绩下滑、投资者情绪较为乐观、投资者结构以中小投资者为主、发行受到定价管制和新股申购无需预缴款时，“赢者诅咒”现象更加明显。

（2）新股长期弱势的影响因素研究

关于新股长期弱势现象，许多学者从公司异质性特征（Michel等，2014；屠立峰等，2017）、投资者情绪及意见分歧（俞红海等，2015；田岚等，2016）、新股高抑价（方先明和张若璇，2020）进行了解释。屠立峰等（2017）对6个行业285家公司IPO后的长期收益进行研究，发现新股长期弱势存在行业异质性，而风险资本促进IPO合理定价的功能依赖于行业异质性；王珍（2008）发现除了采掘业、造纸与印刷业、交通运输与仓储业外，其他行业股票IPO后的长期走势均弱于市场整体水平。卞世博（2020）研究表明，在IPO长期表现方面，招股说明书的负面语调越强，则公司上市后投资者长期持有股票获得超额回报率的可能性越小。

也有学者认为新股长期弱势与投资者情绪有关。投资者在新股刚发行上市的时候表现较为乐观，随着时间推移，过度乐观的投资者陆续卖出股份，新股中长期表现呈现出弱势现象（Ben 和 Kandel，2012）。吕东锴等（2013）研究发现，新股发行上市时受投资者乐观情绪的影响，公司股价容易高估，一段时间过后，虚高的价格逐步回顾股票内在价值，就会出现长期弱势。这一观点也得到了俞红海等（2015）、田岚等（2016）的认同。

方先明和张若璇（2020）则从新股高抑价的角度解释了新股遭遇的“赢者诅咒”。新股长期高抑价发行导致投资者产生“过度外推”的行为偏差，在非理性行为情绪下将不再关注企业的创新性和成长性（徐浩萍等，2017），因此一级市场抑价率越高，新股越容易出现长期走弱的态势；同时“有限关注”（Hirshleifer 和 Teoh，2003）决定了股票上市一段时间后，投资者的注意力会转移到更新发行的股票，曾经备受吹捧的股票则会遭受扼杀，而且是“追涨”越厉害，抛售越厉害。

2.4.2 券商特征与公司股票市场反应

券商特征会对公司股票市场反应产生影响。蒋亚含和李晓慧（2019）按照券商和发行人的规模，将IPO企业分成了四种组合：大券商大企业（强强联合）、小券商大企业、大券商小企业和小券商小企业，研究发现：大券商大企业的强强联合并不是最优组合，IPO企业上市后业绩并非最优，但从长期来看，强强联合的IPO企业长期业绩还是具有明显优势；小券商大企业组合比较容易引发券商和企业合谋，IPO企业上市后业绩水平较差，且操纵性盈余水平高于其他三种组合，未来业绩最易发生变脸；相对于其他三种组合，大券商小企业组合的IPO企业短期和长期业绩都表现最优，这种组合下，券商更有动机发挥价值发现的功能。同时，研究表明，具有券商背景的独立董事也会对企业股票市场反应产生影响。当上市公司聘请的独立董事具有券商背景时，券商的信息优势功能会被市场所认可，此时券商自营机构会加大对聘请券商独立董事的公司的投资力度，并且市场也会给予券商自营机构超额回报，说明券商独立董事对投资者获取上市公司信息造成了影响（何贤杰等，2014）。此外，券商的分级结果也会对证券承销产生重要影响。任泽宇（2020）统计了2010—2019年创业板和主板市场券商分级结果对IPO首日收益率及“一字板”的影响，结果表明，券商分类评级结果对券商的保荐数量和发行市值都有正向引导作用，评级高的券商承销定价更有效，承销规模也更大。

2.4.3 券商直接投资与公司股票市场反应

券商直接投资的实质是私募股权投资，只不过与一般投资相比，投资者是具有保荐承销资格的证券公司。早在20世纪90年代，我国券商就开展了直接投资业务，初衷是想实现“证券业务与实业并重”。但由于资本市场不成熟，券商通过直接投资强化了承销商的机会主义行为，给证券公司带来了极大风险，2001年4月18日，证监会发布《关于对证券公司参与风险投资进行规范的通知》，明确规定“证券公司不得直接或通过参股风险投资公司间接进行风险投资”，券商直接投资业务退出了中国证券市场。2013年中国加入WTO后，为了做大做强本土证券公司，证监会放开了对证券公司参与直接投资的限制。2007年9月初，证监会批准了中信公司、中金公司和中银公司三家“中字号”证券公司进行股权直接投资的试点，券商直接投资业务又重新开展起来。

关于券商直接投资业务对公司股票市场反应的影响，学者们从正反两方面进行了论证。研究发现，一方面，券商开展直投业务具有积极作用，如拓宽了券商收入渠道，完善了市场退出机制；推动了私募股权投资市场的蓬勃发展（田剑英和沈思源，2011）。这是因为券商股权投资在筛选高质量的公司并促使其改善公司治理方面发挥了引导作用，有效降低了IPO过程中的交易成本（Kutsuna等，2007；Hellmann等，2007）。张学勇等（2014）指出，券商直接投资更多发挥了“认证作用”，而非利益冲突，他们研究发现，中国的风险投资总体不能降低IPO抑价率，但将风险投资者分为普通风险投资和有券商背景的风险投资者后发现，有券商背景风险投资持股的上市公司IPO抑价率显著较低，证明了券商的认证效应。张亦春和洪图（2012）研究发现，券商的认证效应主要通过券商声誉实现的，券商声誉与私募股权投资是影响创业板 IPO 市盈率与超募率的两个潜在重要因素。

另一方面，券商直接投资业务数倍甚至数十倍的高收益也引起了社会公众对券商独立性的关注。方军雄（2012）以 2009—2011 年 A 股市场的 IPO 企业为研究样本，结果发现，券商股权投资在一定程度上损害了承销商的独立性，进而导致 IPO 市场融资效率的下降，具体表现为：与其他公司相比，券商股权投资的公司在 IPO 前的盈余管理程度较高，承销费用较高，上市后公司的会计业绩下降幅度也较高。林华（2006）研究发现，券商直接投资不仅对公司的短期股价表现产生负面影响，对公司长期业绩改善也造成了负面影响，这是因为，市场对上市公司和券商相互持股是持悲观预期的，券商直接投资并未改善上市公司的整体业绩。胡娜等（2014）研究发现，券商直接投资影响公司股票市场反应的一大路径是通过分析师实现的，对有券商直接投资的公司评级和盈利预测时，直接投资券商分析师表现出“超级乐观”倾向。

2.5　文献评述

通过对国内外相关文献的梳理发现，关于 IPO 前询价定价、IPO 定价效率、IPO 后股票长期市场表现，以及券商与 IPO 定价效率及市场反应的相关研究都取得了丰硕的成绩，科创板相关的研究也有实质性进展；但在以下四个方面仍有进一步拓展的空间。

第一，现有文献关于科创板的研究集中在从理论探讨科创板的制度设计（吕红兵和朱奕奕，2019；李朝芳，2020；吴松强和郑新宇，2020），以及实证检验科创板注册制推行后的效果（黄剑等，2020；张宗新和滕俊樑，2020，邱冬阳和曹奥臣 2020），研究的焦点在于注册制。而科创板除了注册制的创新外，还有其他配套制度的创新，如首次在中国实施保荐机构及其全资子公司强制跟投制度，这一制度是否促进了券商保荐企业质量的提高，是否达到了监管部门制定制度的初衷目标，强制跟投制度还存在哪些改进和完善的地方？这些问题目前还没有研究涉及。因此，亟须根据科创板市场券商跟投的数据考察跟投制度是否发挥了治理作用，为监管部门进一步完善制度设计提供经验支持。

第二，尽管已有研究注意到券商在IPO定价方面存在机会主义动机，但现有从券商角度约束机会主义行为的文献主要是借助声誉机制发挥券商的治理效用（Kerl和Walter，2008；徐浩萍和罗炜，2007；Su和Bangassa，2011；张学勇和张秋月，2018），从制度设计方面约束券商行为的研究仍然较少。从实践看，仅靠声誉机制并不能解决中国不败新股长期走弱的老大难问题，承销商声誉假说在我国也并不完全适用（蒋顺才等，2006；沈哲和林启洪，2013；Chua，2014），亟须从制度设计等方面进一步约束券商的机会主义动机。因此，有必要研究科创板券商跟投行为对IPO定价效率的影响机制，将券商IPO定价的机会主义行为约束的研究从券商声誉机制拓展到跟投制度层面，以拓展券商机会主义行为相关研究。

第三，在关于券商股权投资保荐公司的研究中，多数文献研究认为券商直投模式会加剧利益冲突（林华，2006），因为券商直接投资损害了券商独立性（方军雄，2012）；也有研究表明券商直投在筛选高质量的公司并促使其改善公司治理方面发挥了引导作用（Hellmann等，2007；田剑英和沈思源，2011），发挥了认证作用（张学勇等，2014）。券商跟投虽然也属于券商股权投资保荐公司的范畴，但其投资模式与直投不同，对IPO定价效率及市场反应的影响也不同于券商直投。然而，目前尚未有研究对券商跟投模式进行研究，有待下一步完善。

第四，综合现有研究，关于券商行为与IPO定价效率的文献要么只考虑一级市场询价阶段券商行为对IPO定价的影响，要么只考虑二级市场券商行为与IPO上市首日收益率与IPO后长期股票市场反应的关系。鲜有文献将IPO前询价定价、IPO定价效率以及IPO后股价长期表现纳入一个系统的分析框架，直接探究考察券商行为对IPO定价效率及市场反应的影响机制。而承销商行为不仅影响了一级市场定价，也对二级市场交易造成影响，有必要从全流程综合研究券商作为承销商在整个IPO过程中是否存在机会主义行为。

3　概念界定、制度背景与理论基础

3.1　基本概念的界定

3.1.1　科创板的界定

科创板是“科技创新板”的简称。2018年11月5日，国家主席习近平在“首届中国国际进口博览会”开幕式上宣布，“将在上海证券交易所设立科创板并试点注册制”，拉开了资本市场重大改革的历史大幕。随着科创板正式进入投资者视野，科创板各项制度安排也紧锣密鼓地出台：2019年1月30日，证监会发布《关于在上海证券交易所设立科创板并试点注册制的实施意见》；3月1日，证监会正式发布《科创板首次公开发行股票注册管理办法（试行）》和《科创板上市公司持续监管办法（试行）》；3月2日，证监会、上交所正式发布并从即日起开始实施科创板“2+6”制度规则，内容包括证监会制定发布的两项部门规章和上交所制定发布的6项配套业务规则；3月18日，上交所科创板股票发行上市审核信息披露系统上线，并正式受理审核科创板股票发行上市申请文件。4月16日，上海证券交易所制定了《上海证券交易所科创板股票发行与承销业务指引》。这一系列制度和系统的推出，为科创板注册制的实施奠定了制度基础和操作指南。6月13日，科创板在上海证券交易所正式开板。2019年7月22日，第一批25家公司正式上市交易，标志着科创板试点注册制正式落地，有力促进了多层次资本市场的形成。

根据 Wind 数据库统计，截至 2020 年 12 月 31 日，科创板企业共有 215 家企业成功注册上市，总市值达 3.56 万亿元，占全部 A 股总市值的比重为 4.09%。从上市交易情况看，科创板公司股票市场反应较好，215 家企业上市首日平均发行价为 35.46 元，平均收盘价为 81.85 元，涨跌幅 160.31%、换手率 74.06%；上市后 30 日，总市值变化不大，仍为 3.56 万亿元，平均收盘价略有下降，为 78.67 元；平均换手率大幅下降，为 7.92%。从承销商来看，215 家科创板企业中有 178 家是由一家证券公司独立承销，其余 37 家为两家及以上券商联合承销；其中独立承销券商中，承销数量最多的为中信建投证券股份有限公司，共承销 19 家科创板企业，其次为中信证券股份有限公司（17 家）、华泰联合证券有限责任公司（14 家）、中国国际金融股份有限公司（12 家）和国泰君安证券股份有限公司（10 家）；此外，有 39 家证券公司仅保荐承销 1 家科创板企业。

证监会指出，科创板"试点企业应当是符合国家战略、掌握核心技术、市场认可度高，属于互联网、大数据、云计算、人工智能、软件和集成电路、高端装备制造、生物医药等高新技术产业和战略性新兴产业，且达到相当规模的创新企业"[①]。也就是说，科创板上市企业必须符合两个特点：一是行业属于科技型行业，如软件、集成电路、人工智能、大数据、云计算、生物科技等与国家创新和科技发展紧密相关的行业，尤其是集成电路、人工智能、生物医药、航空航天、新能源汽车等国家重点支持的创新领域。二是企业在行业中有一定影响力。尽管科创板上市企业不要求连续盈利，但在科创板上市的企业必须具备较高的技术壁垒，拥有过硬的技术实力，在行业领域有一定地位及影响力，占据一席之地。

与资本市场传统板块不同，科创板的服务对象主要是科技创新企业；从上市企业的行业主题分布可见一斑。据 Wind 数据统计，截至 2020 年 12 月 31 日，215 家科创板上市企业主要分布在 8 个主题（见图 3-1）。其中，79 家企业属于新一代信息技术产业，占所有上市企业的比重达 36.74%；

① 引自 2018 年 3 月 22 日证监会发布的《关于开展创新企业境内发行股票或存托凭证试点若干意见》。

其次为生物产业，包含46家上市企业，占比21.40%；再次为高端装备制造产业，为36家，占比16.74%。在成功注册上市的企业中，新能源产业、新能源汽车与相关服务业均在5家以内，说明这些主题的科技创新型企业规模仍然较小，发展还不够成熟，难以达到上市融资的条件。

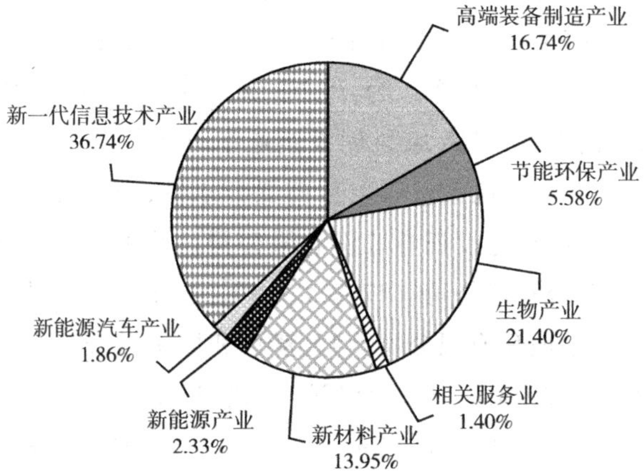

图3－1　科创板上市公司主题分布

从主题分布明细看（见表3－1），科创板上市企业共分布在30个主题明细行业，其中，数量最多的前五个科创主题明细行业分别为电子核心产业（35家，占比16.28%）、生物医药产业（27家，占比12.56%）、智能制造装备产业（27家，占比12.56%）、新兴软件和新型信息技术服务（26家，占比12.09%）、生物医学工程产业（15家，占比6.98%）；前五大明细行业合计130家，占全部成功注册上市企业的比重高达60.47%，表明我国科技创新型企业行业分布较为集中。

表3－1　科创板上市公司主题分布明细

科创主题	科创主题明细	公司家数（家）	占比（%）
高端装备制造产业	轨道交通装备产业	3	1.40
	海洋工程装备产业	1	0.47
	航空装备产业	2	0.93
	卫星及应用产业	3	1.40
	智能制造装备产业	27	12.56

续表

科创主题	科创主题明细	公司家数（家）	占比（%）
节能环保产业	高效节能产业	2	0.93
	先进环保产业	10	4.65
生物产业	其他生物业	2	0.93
	生物农业及相关产业	1	0.47
	生物医学工程产业	15	6.98
	生物医药产业	27	12.56
	生物质能产业	1	0.47
相关服务业	其他相关服务	1	0.47
	新技术与创新创业服务	2	0.93
新材料产业	高性能纤维及制品和复合材料	2	0.93
	前沿新材料	6	2.79
	先进钢铁材料	2	0.93
	先进石化化工新材料	12	5.58
	先进无机非金属材料	3	1.40
	先进有色金属材料	5	2.33
新能源产业	太阳能产业	4	1.86
	智能电网产业	1	0.47
新能源汽车产业	新能源汽车相关服务	1	0.47
	新能源汽车相关设施制造	1	0.47
	新能源汽车装置、配件制造	2	0.93
新一代信息技术产业	电子核心产业	35	16.28
	互联网与云计算、大数据服务	4	1.86
	人工智能	1	0.47
	下一代信息网络产业	13	6.05
	新兴软件和新型信息技术服务	26	12.09
	海洋工程装备产业	1	0.47
	航空装备产业	2	0.93
	卫星及应用产业	3	1.40

注：根据 Wind 数据库的数据整理而得。

与其他板块不同，科创板对企业上市的标准作了较大修改。根据《上海证券交易所科创板股票发行上市审核规则（2020 年修订）》第二十二条规定，除红筹企业和存在表决权差异安排的企业外，科创板企业共有五种上市标准[①]，只要满足其中之一即可申请注册上市。五个上市标准各有侧重，标准一突出对企业盈利能力的要求，标准二重点关注企业的研发投入，标准三关注的是企业近年来的现金流量，标准四注重企业市场份额和规模，标准五主要考察企业的行业前景和核心技术。从上市标准分布看，215家科创板企业中，除了3家红筹企业和1家存在表决权差异安排的企业外，211家一般企业主要采用上市标准一注册发行，合计182家，占比高达84.65%；其次为上市标准四，共15家，占比为6.98%；只有6家企业采用上市标准二、1家企业采用上市标准三，7家企业采用上市标准五。科创板注册公司申请上市标准分布如表3-2所示。绝大多数选择标准一注册上市，是因为标准一比较容易达到，在市值方面的要求是最低的；而选择标准三的企业最少，说明我国科技创新型企业的现金流量较少，融资约束严重，这也从侧面证明开通科创板，拓宽科技创新型企业的融资渠道尤为必要。

表3-2　　科创板成功注册上市公司的上市标准分布

上市标准	标准核心内容	市值要求	公司家数（家）	占比（%）
上市标准一	企业盈利能力	10亿元	182	84.65
上市标准二	研发投入占比	15亿元	6	2.79
上市标准三	近三年现金流量	20亿元	1	0.47
上市标准四	市值和规模	30亿元	15	6.98
上市标准五	行业前景与核心技术	40亿元	7	3.26
其他标准[②]			4	1.86
合计			215	100

注：根据Wind数据库的数据整理而得。

① 五个上市标准分别为：(1) 预计市值不低于人民币10亿元，最近两年净利润均为正且累计净利润不低于人民币5000万元，或者预计市值不低于人民币10亿元，最近一年净利润为正且营业收入不低于人民币1亿元；(2) 预计市值不低于人民币15亿元，最近一年营业收入不低于人民币2亿元，且最近三年累计研发投入占最近三年累计营业收入的比例不低于15%；(3) 预计市值不低于人民币20亿元，最近一年营业收入不低于人民币3亿元，且最近三年经营活动产生的现金流量净额累计不低于人民币1亿元；(4) 预计市值不低于人民币30亿元，且最近一年营业收入不低于人民币3亿元；(5) 预计市值不低于人民币40亿元，主要业务或产品需经国家有关部门批准，市场空间大，目前已取得阶段性成果。医药行业企业需至少有一项核心产品获准开展二期临床试验，其他符合科创板定位的企业需具备明显的技术优势并满足相应条件。

② 红筹企业和存在表决权差异安排的企业都有两个上市标准，分别为：预计市值不低于人民币100亿元；预计市值不低于人民币50亿元，且最近一年营业收入不低于人民币5亿元。

3.1.2 券商跟投的界定

“券商跟投”指的是保荐机构相关子公司股权投资承销公司的行为。券商跟投是一个新概念，《证券发行与承销管理办法（2018 年修订）》第十六条明确规定，首次公开发行股票网下配售时，发行人和主承销商不得向下列对象配售股票，其中明确包括“主承销商及其持股比例 5% 以上的股东，主承销商的董事、监事、高级管理人员和其他员工；主承销商及其持股比例 5% 以上的股东、董事、监事、高级管理人员能够直接或间接实施控制、共同控制或施加重大影响的公司，以及该公司控股股东、控股子公司和控股股东控制的其他子公司”。也就是说，在科创板制度推行前，主承销商（券商）是不能与参与发行人首次公开发行战略配售的。直至 2019 年《上海证券交易所科创板股票发行与承销业务指引》首次明确，“科创板试行保荐机构相关子公司跟投制度”后，券商跟投制度才在我国科创板开始试行。因此，学术界对券商跟投并没有统一的定义，但都基于《上海证券交易所科创板股票发行与承销业务指引》，将“发行人的保荐机构通过依法设立的另类投资子公司或者实际控制该保荐机构的证券公司依法设立的另类投资子公司参与发行人首次公开发行战略配售”的行为统称为“券商跟投”。

尽管券商跟投与券商直投都是承销商股权投资保荐公司，但两者是不同的概念。券商直投类似于私募股权投资或风险投资，特点是券商投资于其保荐的非上市公司，投资买价为公司评估价，上市之后退出股权。直投的收益主要来源于公司上市前的评估价与上市后的市场价之间的价差。据《中国经济时报》报道[①]，券商一般都以 5—8 倍甚至更低的市盈率进行直投，而创业板 218 家企业发行市盈率平均高达 68 倍，因此在短时间内产生 10 倍以上的暴利。因此，多数文献认为，券商直投模式会加剧利益冲突，这是因为承销商为了在 IPO 后股权退出获取巨大收益，会在承销时为发行人掩盖问题，进行虚假陈述，包装上市公司业绩，抬高发行价格，从而损害投资者利益（林华，2006；方军雄，2012；胡娜

① 2011 年 6 月 21 日，题目为《放大创业板风险四问 “保荐 + 直投”模式》。

等，2014）。而本书研究的券商跟投与直投最大的区别是券商投资于其保荐的上市公司，投资买价为发行价，抬高发行价反而会增加其投资成本，而且对获配股份设定了限售期，在一定程度上激励券商勤勉尽责、诚实守信。

由于科创板券商跟投属于强制跟投，任何承销科创板企业的券商都必须跟投所承销的上市公司。因此，本书以券商跟投的比例作为券商跟投的代理变量。科创板上市公司会在其发布的《网下初步配售结果及网上中签结果公告》中公布证券公司作为保荐机构（承销商）参与初始战略配售的发行数量，以及本次新股发行的总发行量，本书以保荐机构（承销商）在本次发行最终战略配售数量占发行总量的比例，作为券商跟投比例的度量。

3.1.3 询价机构意见分歧的界定

由于询价机构获取新股发行公司相关信息的能力不同，对相同信息的解读也存在差异，因此，学术界把询价机构投资者在对同一股权进行估值时存在的差异，定义为询价机构意见分歧（Morris，1996）。机构投资者意见分歧越大，说明询价过程中信息不对称程度越高，询价定价的效率也越低。

现有文献一般使用分析师对新股发行价预测值的标准差来衡量意见分歧（Diether 等，2002；Yu，2011），由于目前针对科创板新股发行价进行预测的分析师较少[①]，因此，本书借鉴李冬昕等（2014）的做法，手工整理科创板每家企业 IPO 询价阶段时全部机构投资者的报价信息，计算每支新股的全部询价机构的报价差异代表询价机构报价意见分歧，即询价机构投资者对股票 i 所有报价的标准差 σ_i。询价机构的报价，是特定时点投资者对特定价格的估计，可以直接反映出机构投资者的实际期望和真实意见，利用该指标分析和论证相关投资意见分歧，更具说服力。

① 2019 年 7 月 22 日至 2020 年 12 月 31 日，期间共有 215 家企业正式登陆科创板，其中只有 147 家企业有分析师出具了发行价预测分析，占比不足 70%。此外，这 147 家企业中有超过 50% 的企业覆盖的分析师只有 1 人，新股发行价预测分析师的人数太少，无法反映报价的差异性。

3.1.4 IPO定价效率的界定

IPO定价效率既受制于新股发行估值，又影响着股票后续市场表现，一直是资本市场领域关注的重点。目前衡量IPO定价效率的方法目前主要有三种：第一种是IPO抑价率，用二级市场的新股定价（收盘价）与一级市场的发行估值（发行价）二者的偏离度衡量；第二种是随机前沿模型，用一级市场的新股发行估值（发行价）与股票相关信息所决定内在价值之间的偏离度衡量；第三种是市盈率法，用一级市场的新股发行估值（发行价）与同行业可比公司的二级市场平均定价之间的偏离度衡量。

（1）IPO抑价率

IPO抑价是指新股上市交易首日收盘价高于其发行价的现象。Stoll和Curley（1970）最早用IPO抑价率衡量IPO定价效率，他们开启了IPO定价效率研究的先河，并证实了IPO抑价在证券市场的普遍存在。无论是西方发达资本市场还是新兴金融市场，新股IPO高抑价率现象都普遍存在。Rock（1986）采用IPO抑价率指标衡量IPO定价效率，得出资本市场越成熟，IPO抑价率越低的结论。同样，Barry（1989）发现，1983—1992年法国IPO市场的平均抑价率为4.2%，低于1981—1991年马来西亚平均IPO抑价率76.1个百分点。一般来说，学术界采用IPO首日收盘价与IPO发行价的差值除以IPO发行价来计算IPO抑价率（汪昌云等，2015），新股收盘价与新股发行价越接近，表示IPO定价效率越高；反之，则表示IPO定价效率越低。根据这个公式计算的IPO定价偏离度既包括正向偏离，也包括负向偏离，因此，也有学者采用IPO抑价率的平方作为IPO定价效率的代理指标（陆瑶和袁敏峰，2014；高敬忠和杨朝，2020）。

（2）随机前沿模型（SFA）

随机前沿模型最早是用于测度工厂生产中的技术效率，随后被Hunt等（1996）、Koop和Li（2001）等引入经济金融领域并用于衡量IPO定价效率。目前学术界用随机前沿模型衡量IPO定价效率，主要有两种方法。一种是直接用随机前沿模型计算EFF值作为IPO定价效率代理变量，EFF值越大，说明实际发行价越接近理论发行价，定价效率越高。如陈训波和贺炎林（2012）分别用IPO抑价率和EFF值度量IPO定价效率，发现IPO抑价率在行业之间的差异较为显著，而EFF值在行业之间的差异不显著。另一种是仍然是用IPO抑价率作为IPO定价效率的代理指标，所不同的是在模型构造时采用随机前沿模型进行分析，而不是用普通最小二乘模型（OLS）。如Chen等（2007）用随机前沿模型分析台湾IPO上市公司，发现台湾地区新股一级市场发行价显著低于有效前沿定价的现象；罗琦和伍敬侗（2017）也采用双边随机前沿模型分析2012—2015年创业板138只新股，发现一级市场存在定价偏高的现象，主要是投资者关注增加加剧了发行价高于内在价值的程度，从而导致定价效率下降。

（3）市盈率法

与IPO抑价率以收盘价作为定价基准不同，市盈率法是通过选择配对样本的方式来确定比较基准，用IPO新股发行价与配对样本的市场价的比值作为IPO定价效率指标。最常用的是用IPO新股发行市盈率与配对样本在IPO当日的市盈率进行比较，以此衡量IPO定价效率，因此这个方法也俗称市盈率法。在选择比较基准上，既可以用配对公司IPO当日市盈率，也可以用IPO当日同行业平均市盈率。在估值标准上，除了市盈率，也可以采用包括市销率、市净率等指标在内的其他相对估值标准。如俞红海等（2013）运用市盈率法研究了询价制度改革以来新股市场的“三高”现象，发现机构投资者的过度竞争是造成IPO定价过高的主要原因。

在上述三种方法中，IPO抑价率运用最普遍，但IPO抑价率以收盘价作为基准的前提是二级市场有效，而我国资本市场尚不成熟，运用IPO抑价率作为IPO定价效率指标存在一定缺陷，可能会把二级市场的股价高估误判为一级市场定价低估，或者把二级市场的定价无效误判为一级市场的定价无效。另外，IPO抑价率并没有考虑到投资者情绪，而现有研究已普遍证明投资者情绪是影响IPO定价效率的重要因素（Purnanandam和Swaminathan，2004；Chemmanur和Krishnan，2012）。随机前沿模型在使用中较为复杂，尤其是在衡量新股内在价值时既要考虑到与发行人经营状况直接相关的内部因素，也要考虑到发行市场环境、定价方法等多项外部因素，容易发生漏损，导致定价基准不科学。综合来看，市盈率法既考虑二级市场的投资者情绪以及资本市场不完全有效的情况，计算又相对简单，因此本书采用市盈率法衡量 IPO 定价效率。

3.1.5 IPO 后股票市场反应的界定

IPO 后股票市场反应指的是公司股票成功发行上市后二级市场的股票价格变化。梳理现有文献发现，学术界衡量 IPO 后股票市场反应的主要方法是使用“日历时间”和“事件时间”研究。其中，日历时间组合法主要指的是 Fama 和 French（1993）的三因素模型，根据资本资产定价模型，使用市场溢价因子及规模因子和账面市值比因子，对因子进行回归得到股票平均收益率。事件研究法包括 CAR 和 BHAR 模型，尽管两种模型下新股的股票市场反应会存在一定差异，但是总体结果基本一致。由于 BHAR 模型充分考虑了投资者的现实投资策略，并在学术界广受欢迎和认可，本书也采用 BHAR 模型衡量公司股票市场反应。

参考张学勇和张叶青（2016）的做法，本书定义新股不同期间内的股票长期回报率作为其股票市场反应的代理指标，用事件期内公司股票累计原始收益率与市场累计收益率之间的差值作为股票长期回报率。本书将分别从新股上市后 30 个交易日、60 个交易日、90 个交易日、120 个交易日、150 个交易日、180 个交易日、210 个交易日和 250 个交易日来度量新股上市后短期、中期和长期的股票市场反应。

3.2 制度背景

3.2.1 我国股票发行制度的变迁

为了拓宽企业融资渠道，1990 年我国相继成立了沪深证券交易所，随后在全国建立了统一的股票发行审核制度。随着市场化进程的不断推进，新股发行审核制度几经变化，成为证券市场制度中变迁幅度最大、频度最高的一项制度，从 1993 年至今，短短 28 年就经历了审批制、核准制和注册制三个阶段。其中，审批制又可分为“额度管理”和“指标管理”两个部分，核准制则包含“通道制”和“保荐制”两个阶段。中国证券市场发行制度变迁如图3－2所示。

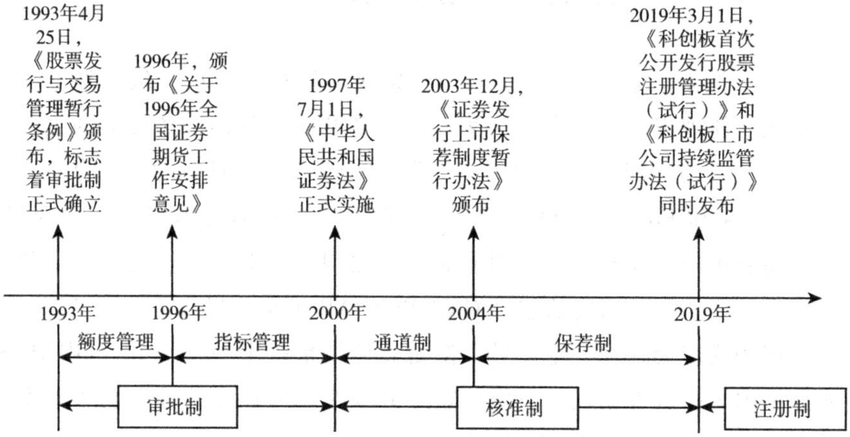

图3－2　中国证券市场发行制度变迁

（1）审批制（1993—2000年）

①“额度管理”阶段（1993—1995年）

1993年4月25日，国务院颁布了《股票发行与交易管理暂行条例》，标志着审批制的正式确立。这一阶段股票发行的特点主要是“额度管理”，即由国务院证券监督管理机构确定股票发行的总规模（额度或指标），经国务院批准后，再分配到各省、自治区、直辖市、计划单列市和国家有关部委。“额度管理”审批制是一种自上而下的额度批准制度，由国家层面统一确定发行规模，省级层面主要负责推选企业，行政化指导色彩较为浓厚。由于额度是以股票面值计算的，且股票一般是溢价发行，所有造成实际筹资计划远大于计划额度的现象。据统计，“额度管理”阶段共200多家企业发行股票，计划额度是105亿元，但实际筹资则高达400多亿元，溢价将近4倍。

②“指标管理”阶段（1996—2000年）

1996年，国务院证券委员会公布了《关于1996年全国证券期货工作安排意见》，推行“总量控制、限报家数”的指标管理办法，标志着审批制由“额度管理”阶段进入“指标管理”阶段。“指标管理”与“额度管理”最大的不同是国家不仅下达股票发行的规模，还对股票发行家数进行了限制。“指标管理”审批制推行了一年后，证监会又下发了《关于做好1997年股票发行工作的通知》，将单纯由地方政府推荐预选企业的模式改为由地方推荐和证监会事前审核结合的推荐方式，中央对股票发行的行政化指导进一步加强。

(2) 核准制（2000—2019年）

1999年7月1日《中华人民共和国证券法》正式实施，确立了核准制的法律地位。与审批制最大的不同是，核准制改变了强烈的行政干预方式，旨在强化市场的作用。由于在整个发行审核过程中，证券公司对公司的信息披露起着关键作用，因此，审核制对中介机构的履职有较高的要求。

①“通道制”阶段（2001—2004年）

2001年3月17日，证监会取消股票发行审批制，正式实施股票发行核准制下的“通道制”，意味着股票发行审核机制由计划机制转变为市场机制。从概念上看，“通道制”指的是证监会根据具有主承销资格的券商的综合实力，给予其相应的发行股票的通道数量的发行制度。一般来说，大型券商最多有8个通道，小型券商只有2个通道。在具体运作过程中，每家券商根据自己拥有的通道数量在市场上遴选拟上市的公司，协助发行公司改制、上市辅导及制作申报材料，并对这些推荐的公司逐一排队，按顺序向证监会推荐上市，待证监会接受申请，发审委过会通过后，再由券商配合开展股票发行工作。“通道制”最明显的特点是“自行排队，限报家数”，券商只有在推荐企业成功上市后才能推荐新的企业，即“发行一家，递增一家”。与审批制相比，核准通道制改变了原先由政府行政机制选取上市企业的做法，把推荐上市的权利交给了专业能力较强的主承销商，提高了市场机制对股票发行的影响力度，是我国股票发行制度历史上的一次重要改革和重大进步，加快了我国资本市场市场化改革的进程。

②“保荐制”阶段（2004—2019年）

由于核准“通道制”受制于通道的数量，既不利于券商之间有效竞争，也不利于市场化的推进；而且在这一制度下，券商推荐上市主要关注发行公司是否符合上市规则的要求，过于强调合规性则忽视了上市公司的发展潜力、资金配置效率等关乎上市公司质量的重要方面，因此，“通道制”推行四年后就被取消了。

2003年12月，证监会颁布了《证券发行上市保荐制度暂行办法》，于2004年2月1日起执行，标志着核准“保荐制”在我国的正式落地。保荐制度是指具有推荐资格的保荐人（券商）对拟发行公司进行推荐和辅导，核实发行公司信息披露的真实性、准确性和完整性，并对发行人的信息披露质量做担保的制度。与“通道制”相比，“保荐制”最引人注目的地方是建立了保荐机构和保荐人的责任追究机制，即保荐人必须在辅导企业上市过程中做好尽职调查和持续督导，并对上市公司的不规范行为承担责任，这在一定程度上制约了保荐人与发行人合谋的行为，有利于维护资本市场的公平。由于保荐制度还要求保荐人对上市公司的持续督导期限为发行上市全过程、上市后两个会计年度，因此，保荐人在推荐上市的过程中不仅要考虑上市公司的合规性，也要关注上市公司长远的发展，降低了保荐人的逆向选择与道德风险。

（3）注册制（2019年至今）

股票发行“注册制”是指发行人按照法律规定的程序由保荐机构向证监会提交发行相关的各类文件，监管机构对文件进行形式性审核，在一定期限内未提出异议，证券发行注册申请即可生效的一种市场化的发行审核制度。注册制最早起源于美国，在我国起步较晚，现阶段仍属于试点期间。与审核制相比，注册制最为突出的特点主要有四个。

一是降低了证券发行门槛，拓宽了企业融资渠道。具体体现为：将公开发行股票应当“具有持续盈利能力”的要求改为“具有持续经营能力”，取消了债券发行对公司净资产数额要求的规定。

二是精简了证券发行流程，提高了证券发行效率。“在明确规定国务院证券监督管理机构，或者国务院授权的部门作为法定的注册机关的基础上，取消了发行审核委员会制度，并明确证券交易所等机构可以按照规定对证券发行的申请进行审核。”以科创板为例，科创板开市一年以来，企业从申请被受理到注册生效平均用时仅5个月；而核准制发行上市至少也要1年，许多企业则长达3—5年。

三是强化了证券发行中的信息披露，对券商提出了更高要求。注册制的核心是信息披露，发行人能否做到诚实守信、证券服务机构能否勤勉尽责，关系着注册制改革的基石问题，这点在注册制实施的相关法律法规及规范性文件中体现得尤为明显。可以说，注册制改革多次明确要求券商勤勉尽责、恪尽职守，竭尽全力扮演好资本市场“看门人”的角色。

四是将价值判断的指挥棒交给市场，监管部门从裁判员转向后勤员。在注册制的逻辑下，监管机构只负责对注册文件进行形式上的审查，不对证券投资价值做出任何判断。也就是说，选择什么企业、投资什么企业都是市场自己的选择，政府仅仅通过注册的方式将有关信息尽可能地向投资者公开，提高信息的透明度，为投资者决策提供参考。

核准制与注册制的流程比较如图 3－3 所示。

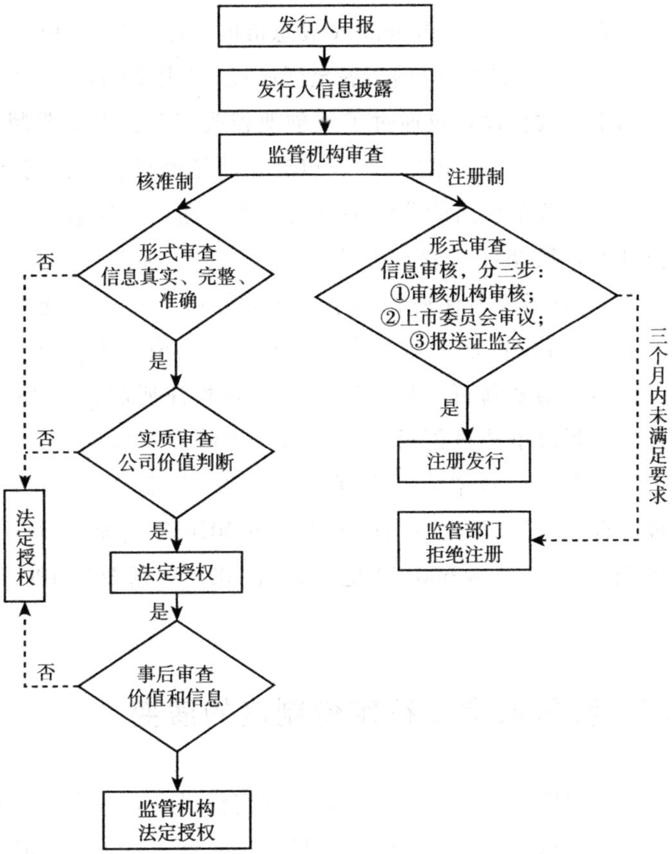

图 3－3　核准制与注册制的流程比较

按注册制的推行节奏，注册制首先在科创板试点推行。2019 年 3 月 1 日，证监会发布了《科创板首次公开发行股票注册管理办法（试行）》和《科创板上市公司持续监管办法（试行）》，标志着注册制正式在上交所落地实施。2019 年 7 月 22 日，第一批 25 家公司在科创板正式上市交易，意味着我国多层次资本市场建设取得了质的飞跃。2019 年 12 月 28 日颁布的新《中华人民共和国证券法》在科创板先行试点的基础上，规定了“公开发行证券，必须符合法律、行政法规规定的条件，并依法报经国务院证券监督管理机构或者国务院授权的部门注册”，正式以法律文件确定了注册制改革的法律地位。科创板注册制推行以来，资本市场的证券发行供给数量激增，截至 2020 年 12 月 31 日，科创板企业共有 215 家企业成功注册上市，总市值达 3.56 万亿元，占全部 A 股总市值的比重为 4.09%。

2020 年，注册制的试点范围拓展至创业板。4 月 27 日，中央全面深化改革委员会第十三次会议审议通过了《创业板改革并试点注册制总体实施方案》，标志着创业板注册制改革正式启动。这是继科创板注册制推行后，中国新股发行市场改革迈出的非常关键的一步。随后，证监会公布了《创业板首次公开发行股票注册管理办法（试行）》《创业板首发注册办法》《创业板上市公司证券发行注册管理办法（试行）》《创业板再融资注册办法》《创业板首发注册办法》等规章制度和操作指南，为创业板注册制的推行打下了坚实的制度基石。8 月 24 日，创业板注册制首批 18 家企业上市，标志着注册制改革从科创板“试验田”迈向了“深水区”。创业板试点注册制后，证券发行效率大幅提高，至 2020 年 12 月 31 日，短短四个月，创业板就有 63 家企业成功注册上市，占 2020 年创业板 IPO 企业数量的 60%，合计融资金额达 660.29 亿元，占 2020 年创业板 IPO 融资金额的 74.5%。

3.2.2 我国股票发行定价制度的演变

与股票发行制度一样，中国的股票发行定价机制是一个不断摸索前进的过程，也是一个从行政化逐步转向市场化、由低市场化逐步转向高市场化的过程。伴随着股票发行制度的变迁，新股发行定价制度也主要历经了三个阶段。

(1) 行政审批制下的定价制度（1993—2000年）

由于行政审批下，新股的发行上市由国务院证券委统一分配“额度”、制定“指标”，与之对应的，这一阶段的定价机制也是由国务院证券委统一施行的市盈率定价。1993—1995年，国务院证券委对新股发行的数量和发行市盈率均作了规定，由于发行市盈率是固定的，新股被低估的现象普遍存在，新股抑价率较高。随后，监管部门意识到固定市盈率的弊端，1996—1998年，新股定价制度进入相对固定市盈率阶段，即国务院证券委放松了对市盈率的管制，允许市盈率在13倍至16倍之间浮动，新股价格就等于每股税后利润乘以相对固定市盈率。1999年，新股发行方式由行政审批制逐步过渡到核准制，新股的定价方式也随之进入累计投标定价阶段（1999—2000年）。累计投标定价是一种市场化程度较高的定价方式，监管者不设定市盈率限制，而是通过向机构询价的方式，在底价限制的基础上不设定发行价格上限。累计投标定价的本意是减少新股获利程度，抑制“打新”氛围，实现一二级市场协调发展，但从实际效果看并未达到预期目标，IPO抑价率不降反升，新股价格严重偏离其内在价值。

这一时期，我国股票认购的方式也经历了内部认购、认购证认购、储蓄存款挂钩认购和上网认购四种方式。一是内部认购。在我国证券市场成立的初期，股票曾短暂地采用过内部认购的方式，即能购买新股的人员仅限于公司内部人员，如经理、厂长、供销主任等。由于这种方式严重违背了证券交易市场的公平公开原则，内部认购很快被取认购证摇号认购的方式取而代之。二是认购证认购。认购证认购实质是指投资者预先无限量购买股票认购证，然后再对认购证进行抽签摇号的方式，这种方式主要是解决资本市场上投资者极高热情的“打新”需求与股票供应数量较少之间的矛盾。尽管监管的初衷是好的，但是由于当时投资者认购情绪太高，监管不到位的情况下不可避免地出现了大量舞弊行为，认购证认购的方式也退出了历史舞台。三是储蓄存款挂钩认购。这种方式是在认购证认购的基础上与银行储蓄存款相挂钩，也就是说投资者购买认购证的数量是由其银行定期储蓄存款余额决定的，存款越多，购买认购证的数量也越高，被摇号抽到的概率也越大。与储蓄存款挂钩的认购方式在一定程度上降低了认购证寻租带来的损失，同时降低了股票发行的总社会成本，但这种方式要求前期投入大量资金且有较长的认购锁定期，不利于资金量偏少的投资者，违背了公平原则。四是上网认购。这种方式是由主承销商作为唯一的卖方，投资者作为买方在规定时间内通过证券交易系统委托买入新股的方式，要求提前在主承销商的收款账户中全额存入申购款，主承销商验资和审核后根据股票发行量及申购总量计算配售比例，进行股票配售，余款返还投资者。这种认购方式既解决了新股发行中认购成本高的问题，也缓解了认购发行占用资金较长的问题，因此在资本市场存续了较长时间。

（2）核准制下的定价制度（2001—2019 年）

①过渡时期的新股定价制度（2001—2004 年）

与行政审批制不同的是，核准制弱化了行政部门在发行股票过程中的职能，进一步强化了券商的作用，赋予了券商推荐股票发行的权利和义务。在“通道制”阶段，IPO 定价采取的是市盈率定价方式，即允许股票发行市盈率在 10% 的区间内浮动。尽管“通道制”阶段的定价方式保留了较为浓厚的行政干预色彩，但从实际运行看，区间市盈率定价的方式在稳定资本市场方面起到了重要作用。这一时期，股票发行方式主要有两种：一种是上网竞价发行。上网竞价发行是指券商作为唯一的新股卖方，按照发行人制定的价格作为发行底价，将股票通过证券交易所的系统售卖给投资者，投资者在系统内按照规定的时间竞价申购，发行人和券商按照价格优先确定发行价并发行新股。这种方式引入了市场的价格发现机制，但由于竞价过程容易寻租，时常导致发行人和券商利益受损。另一种是按市值配售发行。按市值配售发行把股票发行分成了两部分，一部分比例的新股由投资者上网竞价，另一部分比例的新股向二级市场投资者配售。由于市场配售发行无需提前缴纳申购款，缓解了大量资金淤积在一级市场的问题，有利于一级二级市场价差的平衡。

②询价定价制度（2005—2019 年）

随着《证券发行上市保荐制度暂行办法》和《中国证监会股票发行审核委员会暂行办法》两个办法的颁布，核准制进入“保荐制”阶段。这一阶段的 IPO 定价方式为询价制。所谓询价制指的是新股首次公开发行时，发行价格以券商向询价对象询价的方式确定。询价制起源于欧美，但中国的询价制度不同于欧美国家的标准询价制[①]，具有明显的中国特色：一是券商对新股缺乏自主支配权；二是券商的定价自由权受到限制；三是在询价制基础上，一部分股份通过网下询价发行，还有一部分股份则根据询价确定的价格在网上公开发行。

根据中国证监会颁布的《关于首次公开发行股票试行询价制度若干问题的通知》及配套文件《股票发行审核标准备忘录第号一对首次公开发行股票询价对象条件和行为的监管要求》，新股询价制自 2005 年 1 月 1 日起实施。中国的询价制分为初步询价和累计投标询价两阶段，初步询价主要是确定股票发行价格区间，累计投标询价是在价格区间内确定最终的发行价格。具体询价流程为：首先，发行人和券商向有询价资格的对象提供拟上市公司价值研究报告；其次，询价对象根据价值研究报告及有关信息，在初步询价阶段提供购买价格及申购数量，券商据此确定新股发行定价区间；再次，券商进行路演推介和累计投标询价，在初步询价确定的价格区间范围内制定最终的发行价和发行市盈率；最后，券商按照相关制度规定在网下配售和网上发行新股。为了提高新股发行价格的合理性，证券监管部门不遗余力地改进和完善询价制度，询价制度自落地以来历经了 IPO 定价“窗口指导”、市场化和“隐性管制”三个阶段。

第一阶段：IPO 定价窗口指导阶段（2005 年 1 月至 2009 年 5 月）

这一阶段最突出的特点是券商对 IPO 的定价要接受证监会的“窗口指导”，新股发行的市盈率一般不超过 30 倍（尹自永，2016），也不能高于“四个报价值”，即询价对象报价的均值、中位数，以及基金报价的均值和中位数（严小洋，2008）。从定价流程来看，主板和中小板的定价方式不同，主板 IPO 定价要经过初步询价确定价格区间和累计投标询价确定发行价格两个步骤，而中小板块 IPO 只需要初步询价确定价格区间，发行价可以由券商在价格区间内直接确定。从配售机制看，券商对网下配售的股份没有自主配售权，而是一律采取有效报价订单[②]等比例分配，这样导致机

① 根据 Benveniste 和 Sprindt（1984），标准的询价制具有以下特征：一是承销商具有定价自由权；二是承销商具有股份分配权；三是承销商可以自由挑选机构投资者参与询价；四是 IPO 股份全部经由网下询价发售；五是所有首发股份都可在上市首日交易，没有锁定期限制。

② 报价在发行价及以上的订单为有效报价订单。

构获得的新股配售份额和报价订单的信息含量不相关，形成“低报高买”或“高报不买”的现象。此外，为了促进询价对象审慎报价，证监会对网下配售的股份限定了三个月的锁定期，并且对网下配售的机构投资者即询价对象进行了资格限制，只有公募基金、社保基金、证券公司、信托公司、财务公司、保险公司和合格境外投资者（QFII）等七类投资者才有资格参与询价。

第二阶段：IPO定价市场化时期（2009年6月至2012年4月）

2009年6月10日，证监会颁布《关于进一步改革和完善新股发行体制的指导意见》（以下简称《指导意见1》），标志着询价机制迈进市场化阶段。《指导意见1》进一步完善了询价机制和申购约束机制，主要有三个变化：第一，废除了“窗口指导价”，要求“淡化行政指导，形成进一步市场化的价格形成机制”，把定价自主权交给了券商和发行人。第二，增加了申购报价约束，要求询价对象的询价报价与申购报价内在逻辑要有一致性，进一步促进了询价对象审慎报价。第三，提高了中小投资者申购积极性，一方面，要求机构投资者的申购方式只能网上申购和网下申购二选其一；另一方面，规定网上申购账户的申购数量“原则上不超过本次网上发行股数的千分之一”，同时规定“单个投资者只能使用一个合格账户申购新股”。

延续上述改革措施，2010年11月1日，证监会落地实施关于深化新股发行体制改革的指导意见》（以下简称《指导意见2》），以及《关于修改〈证券发行与承销管理办法〉的决定》，进一步推进询价机制改革。《指导意见2》从网下配售方式、询价对象范围、询价定价信息披露、回拨和中止发行机制等四个方面，进行了优化。在网下配售方面，废除了原有的有效报价订单同比例配售规定，配售方法改为：发行人及券商根据实际情况自行设定每笔申购报单的最低申购量，根据每笔申购量设定最终可获得配售的机构数量，再对发行价格以上的有效报价进行配售。如果出现超额申购，则根据申购对象最后一次录入初步询价数据的时间进行排序，依次配号，摇号抽签决定获得网下发行的配售对象。在询价对象范围方面，允许主承销商“自主推荐一定数量的具有较高定价能力和长期投资取向的机构投资者，参与网下询价配售”，拓展了询价对象范围。在询价定价信息披露方面，要求“发行人及其主承销商须披露参与询价的机构的具体报价情况”，以及“在推介路演阶段向询价对象提供的对发行人股票的估值”，进一步提高了询价定价信息的透明度。在回拨和中止发行机制方面，规定“网上申购不足时可向网下回拨，反之则不可；当网下申购不足时，可中止发行”。另外，如果发行股票在4亿股以下的上市公司的有效报价询价对象不足20家，或者发行股票在4亿股以上的上市公司有效询价对象不足50家，则中止发行。

第三阶段：IPO定价隐性管制期（2012年5月至今）

IPO市场化时期，股价频现“三高”和“破发”现象，“业绩变脸”也时有发生，炒新打新非常严重。鉴于此，2012年5月，证监会推出《关于进一步深化新股发行体制改革的指导意见》（以下简称《指导意见3》），进一步改革了新股定价、询价报价等机制。具体改革内容主要包括：在新股定价方面，仿照欧美的无约束报价机制，允许“发行人向特定询价对象以非公开方式进行初步沟通，征询价格意向，预估发行价格区间”，同时对发行市盈率进行约束，要求预估发行定价市盈率高于同行业上市公司平均水平的，发行人要在招股说明书中补充风险因素，并提示投资者引起关注；发行定价市盈率高于同行业平均水平25%的，要启动“25%市盈率规则”①。在询价报价方面，进一步扩展了询价对象范围，将询价对象由机构投资者拓展至包含投资经验比较丰富的个人投资者；提高询价对象配售股票的比例，建立网上网下回拨机制②；引入旧股转让制度，在不影响控股股东地位的情况下，允许持股满3年的股东将旧股转让给询价对象，以便

① 25%市盈率规则指的是：“根据询价结果确定的发行价格市盈率高于同行业上市公司平均市盈率25%的（采用其他方法定价的比照执行），发行人应召开董事会，结合适合本公司的其他定价方法，分析讨论发行定价的合理性因素和风险性因素，进一步分析预计募集资金的使用对公司主业的贡献和对业绩的影响，尤其是公司绝对和相对业绩指标波动的风险因素，相关信息应补充披露。董事会应就最终定价进行确认，独立董事应对董事会讨论的充分性发表意见。发行人需在董事会召开后两日内刊登公告，披露询价对象报价情况、董事会决议及独立董事的意见。中国证监会综合考虑补充披露信息等相关情况后，可要求发行人及承销商重新询价，或要求未提供盈利预测的发行人补充提供经会计师事务所审核的盈利预测报告并公告，并在盈利预测公告后重新询价。”

② 《关于进一步深化新股发行体制改革的指导意见》第二条第一款规定“向询价对象配售股份的比例原则上不低于本次公开发行与转让股份（以下称为本次发售股份）的50%；网下中签率高于网上中签率的2至4倍时，发行人和承销商应将本次发售股份中的10%从网下向网上回拨；超过4倍时应将本次发售股份中的20%从网下向网上回拨。”

制衡询价对象乱报价的行为。在新股炒作方面，进一步增加可上市流通的股份，加强对新股炒作的监督和管理。

在新股“破发”与首日暴涨并存的情况下，2012 年 11 月 2 日，由于浙江世宝（002703）首日涨幅破 600%，IPO 随之暂停。2013 年 11 月，证监会发布《关于进一步推进新股发行体制改革的意见》（以下简称《指导意见 4》），新股发行重启。《指导意见 4》对承销商报价、询价对象约束、新股配售等重要方面进行了重大调整和大跨度改革，主要体现在以下四个方面：第一，加强对询价对象的报价约束，一是引入最高报价剔除机制，即发行人和券商必须对询价报价中最高的比例进行剔除，该比例不得低于 10%，且被剔除的询价对象也不能参与网下配售。二是将网下配售的比例提高至新股发行总量的 60% 以上，比之前提高了 10 个百分点。三是灵活调整网上网下回拨比例，该规定主要是促进询价机构合理报价，如果询价机构刻意压低 IPO 报价，那么网上申购热情就会高涨，这时加大网下向网上的回拨比例，将减少网下配售的份额及收益；如果询价机构恶意抬高报价，则加大网下配售比例，网下配售风险随之增加。第二，在新股定价方面，取消了“25% 市盈率规则”，仅要求新股定价市盈率高于同行业平均水平时，发行方要向投资者进行风险提示；同时，给予券商更大的定价自由权，券商可以不通过询价机制直接确定 IPO 的发行价格。第三，调整了网下发行的股份分配方案，引入标准询价制度中的承销商自主配售机制，给予了券商充分的股票分配权；对网上发行新股的分配方案也进行了调整，设置了申购门槛，只有持有一定数量的非限售股份的投资者才具有“打新”的资格。此外，还对有效询价对象的数量进行了限制①。第四，在信息披露方面，《指导意见 4》进一步强调“强化新股发行的过程监管、行为监管和事后问责”“强化发行监管与稽查执法的联动机制”，对违规上市和“业绩变脸”的情形加大了处罚力度。

---

① 《关于进一步推进新股发行体制改革的意见》对删除高报价定单后的有效询价对象家数做出了限制，要求“公开发行股票数量在 4 亿股以下的，提供有效报价的投资者应不少于 10 家，但不得多于 20 家；公开发行股票数量在 4 亿股以上的，提供有效报价的投资者应不少于 20 家，但不得多于 40 家。网下发行股票筹资总额超过 200 亿的，提供有效报价的投资者可适当增加，但不得多于 60 家”。

（3）注册制下的定价制度（2019年至今）

①科创板IPO定价制度

公开发行股票并在科创板上市的股份公司发行股票，按照《证券发行与承销管理办法》《上海证券交易所科创板股票发行与承销实施办法》（以下简称《实施办法》）等有关规定，应通过询价的方式确定发行价格。也就是说科创板IPO定价采用询价定价机制。与核准制询价定价相比，科创板在询价定价机制方面主要有以下几点创新。

第一，定价市场化，取消价格限制。科创板IPO定价机制完全取消了券商直接定价，采用全面市场化的询价方式，询价流程与目前A股基本一致，有两种选择，既可以通过初步询价确定发行价格；也可以先通过初步询价确定发行价格区间，再通过累计投标询价确定具体发行价格。这一改革进一步强化了市场主体的定价责任，提高了定价效率和定价合理性。同时，科创板还取消了主板、中小板和创业板的23倍市盈率上限。取消发行定价上限，是科创板发行与承销制度最大的突破，相当于把定价的权力完全交给市场，由发行人、主承销商、机构投资者通过市场化询价博弈确定，有利于推动定价的市场化进程。

第二，询价对象仅限于机构投资者。由于科创板风险较高，对投资者的投资能力及风险承受能力要求也比较高，因此，与主板、中小板所不同，科创板将有经验的个人投资者从询价对象范围剔除，仅保留了机构投资者的询价资格。这些机构投资者与先前一致，主要包括证券、基金、保险、信托、财务公司等，还包括合格境外投资者和私募基金管理人。相比个人投资者，机构投资者的专业性更强，投资经验更丰富，对拟上市公司的价值判断也更加准确，这一制度优化进一步提高了新股定价的合理性。

第三，删除高报价，限定报价价差。科创板IPO定价对询价报价有明确约束，询价结束后，“券商根据询价结果首先剔除不符合条件的报价机构和关联机构，删除无效报价，然后再剔除报价最高的10%的报价机构，计算得出剩余有效报价的中位数、加权平均数，以及公募基金、社保产品报价的中位数、加权平均数，最终确定发行价格。如果券商确定的发行价格高于上述四个数值，券商必须在招股说明书中明确提示相关风险或延期发行”。根据报价剔除规则，机构投资者要获得网下申购权利报价既不能低于发行价，也不能报价太高。为了避免价格波动太大，科创板还规定“最高价与最低价相差不得超过最低价的20%”。此外，为了抑制机构投资者“抱团”报价，科创板还对报价次数进行了限制。2020年10月，《关于进一步促进网下投资者审慎参与科创板初步询价报价的通知》明确规定，同一次科创板IPO发行网下机构投资者最多只能提交2次询价报价，报价提交后原则上不得修改，确需修改的，应在第2次提交的页面上注明“报价修改理由”。

第四，调整网下配售、优配和回拨比例，增加机构投资者中签概率。科创板增加了网下机构投资者的配售数量占比，《实施办法》规定，“科创板网下发行比例不低于公开发行证券总数的70%”，与先前相比，将网下初始发行比例调高了10%。同时，科创板将优先配售对象的配售份额从不低于40%提高至不低于50%，进一步强化了中长期投资者的价格发挥功能。此外，科创板还对网下向网上回拨的比例进行了调整。根据科创板发行承销实施办法，“首次公开发行股票，网上投资者有效申购倍数超过50倍且不超过100倍的，应当从网下向网上回拨，回拨比例为本次公开发行股票数量的5%；网上投资者有效申购倍数超过100倍的，回拨比例为本次公开发行股票数量的10%；回拨后无限售期的网下发行数量原则上不超过本次公开发行股票数量的80%”。而核准制下创业板IPO网下配售中，上述比例依次为20%、40%、10%。网下配售、优配和回拨比例的变化，根本宗旨是提高网下配售机构投资者的新股配售比例，有利于发挥机构投资者合理定价的积极作用。

第五，引入超额配售选择权和战略配售机制。科创板取消《证券发行与承销管理办法》中只有首次公开发行股票数量在4亿股以上的企业方可运用超额配售选择权（即“绿鞋机制”）的限制，允许发行人和承销商普遍实施“绿鞋机制”。所谓“绿鞋机制”就是指券商可以采用超额配售选择权，多发行不超过首次发行股票总量15%的股票数量，根据发行后的股价变化，对市场上的新股数量进行调节，以促进新股上市后的价格稳定。同时，科创板还引入战略投资者参与配售，将发行人引入战略投资者所满足的条件调整为“首次公开发行股票数量在1亿股以上的，战略投资者获得配售的股票总量原则上不得超过本次公开发行股票数量的30%”，“不足1亿股的，战略投资者获得配售的股票总量原则上不得超过本次公开发行股票数量的20%”，并对战略投资者持股时长设定了不少于12个月的锁定期。

第六，强化券商在定价中的核心作用。为了增强券商的资本约束，强化其履职担当，《实施办法》要求券商强制跟投其所承销的股份，并对跟投比例及跟投期限作出了一定限制。关于券商跟投制度，下一部分将详细介绍，此处不再赘述。同时，《实施办法》还明确券商在组织询价对象询价前，要出具投资价值研究报告，出具的新股价格必须综合考虑股票的收益和风险特征，这一规定不仅有助于引导券商平衡投资者和发行人的利益，也有助于引导券商进一步提高专业能力和定价能力。此外，科创板还赋予了主承销商托管发行人股东持有的首发前股份、自主选择询价对象、培养长期优质客户的权力和职责。表3-3列示了科创板注册制与核准制下IPO询价制度的对比及变化历程。

表3-3　　国内IPO询价制度演变历程

阶段划分	核准制					科创板注册制
	窗口指导期	市场化定价时期		隐性管制期		
时间	2005年1月至2009年5月	2009年6月至2010年10月	2010年11月至2012年4月	2012年5月至2013年11月	2014年12月至2019年7月	2019年7月至今
定价流程	主板：初步询价+累计投标；中小板：初步询价	主板：初步询价+累计投标；中小板、创业板：初步询价	主板：初步询价+累计投标；中小板、创业板：初步询价	主板：初步询价+累计投标；中小板、创业板：初步询价	主板：初步询价+累计投标；中小板、创业板：初步询价。发行量不超过2000万股直接定价	取消直接定价，全面询价，可采用初步询价或者初步询价+累计投标
定价约束	发行市盈率不超过30倍和4个报价值	无约束	无约束	25%市盈率红线	取消市盈率红线，发行市盈率全部降至20倍左右	取消23倍市盈率上限
报价约束	无约束	询价报价与申购报价要有一致性，网上网下只能二选其一	询价报价与申购报价要有一致性，网上网下只能二选其一	询价报价与申购报价要有一致性，网上网下只能二选其一	引入最高报价剔除机制，删除占比不低于10%	删除10%的最高报价，限定报价价差不超过20%

续表

阶段划分	核准制					科创板注册制
	窗口指导期	市场化定价时期		隐性管制期		
配售方式	有效报价订单等比例分配	有效报价订单等比例分配	有效报价订单等抽签分配	有效报价订单等比例分配	承销商自主分配；限定公募、社保的最低分配比例	同左，引入超额配售选择权和战略配售机制
锁定期	3个月	3个月	3个月	无锁定期	无锁定期	无锁定期
网下发行量	发行规模在4亿股以内，占比20%；在4亿股及以上，占比不超过50%	发行规模在4亿股以内，占比20%；在4亿股及以上，占比不超过50%	发行规模在4亿股以内，占比20%；在4亿股及以上，占比不超过50%，但网上申购不足可网下回拨	占比不低于50%；满足一定条件网下向网上回拨；老股可转让	占比不低于60%，灵活调整网上网下回拨比例	占比不低于70%；网上网下回拨比例也进行了调整
网下配售对象（询价对象）	公募基金、社保基金、证券公司、信托公司、财务公司、保险公司和合格境外投资者（QFII）等七类投资者	七类机构投资者	七类机构投资者，对询价对象数量有最低限制，不满足则中止发行	七类机构投资者，经验丰富的个人投资者也可参与	七类机构投资者和经验丰富的个人投资者，有效询价对象数量有最高和最低限制	询价对象仅限七类机构投资者，将个人投资者排除在外

资料来源：根据证监会、证券交易所相关文件整理。

②创业板注册制IPO定价制度

2020年6月12日，证监会颁布《创业板首次公开发行股票注册管理办法（试行）》《创业板首次公开发行证券发行与承销特别规定》，同时深交所修订并发布《深圳证券交易所创业板股票上市规则（2020年修订）》等一系列规则，对创业板注册制的IPO定价在基本延续科创板IPO的基础上，作出了部分改革，具体体现在三个方面。

第一，完善询价定价机制，充分发挥机构投资者的定价能力。询价定价是IPO定价过程中非常关键的一环。创业板注册制在IPO定价方面建立以专业机构投资者为参与主体的询价定价机制，询价对象包括7类专业机构投资者，分别是：证券公司、基金公司、信托公司、保险公司、财务公司、私募基金管理人和合格境外投资者（QFII）。与科创板询价对象一致，创业板的询价对象将个人机构投资者从网下配售市场剔除，不再参与询价定价。与科创板所不同的是，为了提高发行效率，降低中小企业发行成本，原有的直接定价方式仍然保留。此外，为了提高机构投资者参与定价的积极性，充分发挥机构投资者的价格发现功能，证监会对网下配售比例作出了调整。一是对网下初始发行比例提高了10个百分点。2020年6月12日发布的《创业板首次公开发行证券发行与承销特别规定》，要求“首次公开发行证券采用询价方式的，公开发行后总股本不超过4亿股（份）的，网下初始发行比例不低于本次公开发行证券数量的70%；超过4亿股（份）或者发行人尚未盈利的，上述比例将为80%”，而2018年《证券发行与承销管理办法》中关于两者的比例分别是60%和70%。二是进一步提高中长期资金的优先配售比例，旨在进一步发挥中长期投资者的定价作用。优先配售对象配售份额由核准制的40%提高至科创板注册制的50%，再到创业板注册制的70%，比例不断提高，显示了监管层鼓励中长期投资者报价有效性的决心。三是提升回拨后网下投资者的配售比例。根据深交所的实施细则，“创业板网下发行初始比例为70%—80%，回拨比例最高为20%，网下配售比例为50%—60%”，相较原来提升5—6倍，进一步提高了网下申购的中签率。

第二，设置限售期，促进机构投资者审慎报价。《创业板IPO发行承销细则》规定，发行人和券商对网下配售的限售方式可以采用摇号限售或者比例限售的方式，两种方式发行的证券的锁定期都不应低于6个月。其中，摇号限售方式是通过摇号抽取10%的网下配售对象，要求中签账户承诺获配证券进行锁定；而比例配售方式则要求所有网下投资者承诺10%的获配证券进行锁定。

第三，沿用科创板券商跟投制度，但只有高价发行类企业要求强制跟投。创业板注册制继续沿用科创板中有关承销商跟投的制度，所不同的是，科创板要求所有承销商必须跟投保荐承销的证券，创业板只强制要求承销商跟投“定价高于四值孰低”企业，即“对于发行定价超过网下投资者有效报价的中位数和加权平均数，以及五类中长线资金（公募产品、社保基金、养老基金、企业年金基金和保险资金）有效报价的中位数和加权平均数四个值孰低值的企业，实施券商强制跟投机制”。

3.2.3 科创板券商跟投制度

为了保证券商保荐企业的质量，科创板创新推出了强制跟投制度。实际上，跟投制度并非我国首创，跟投制度最早起源于韩国创业板市场（KOSDAQ）。为了解决韩国股票市场上大规模新股破发和暴跌问题，遏制KOSDAQ市场出现的阶段性“退市潮”①，2013年2月，韩国证券交易所在KOSDAQ市场实施保荐机构跟投制度，并先后于2014年6月、2016年12月、2017年6月和2018年4月对跟投制度进行了优化。对韩国跟投制度的梳理发现，韩国KOSDAQ市场券商跟投制度按照不同的保荐对象，分为三个方面：第一，在保荐韩国本土公司上市时，券商需以发行价格跟投总发行股份的3%（最高不超过10亿韩元），并且锁定期为3个月。第二，在保荐外国公司上市时，券商需以发行价格跟投总发行股份的5%，并承诺自发行日起持有一年。当股票发行上市满6个月后，券商可每月卖出一定数量的股份，但每月卖出的比例不得超过最初持有股份的5%。第三，在保荐由韩国三板市场（KONEX）转板至KOSDAQ市场上市的项目时，券商需以发行价格跟投总发行股份的5%（最高不超过25亿韩元），并自股份上市之日起持有6个月后方可出售。综上，韩国券商跟投制度的跟投比例在3%—5%，锁定期在3个月以上。

为了确保跟投制度更好地发挥，韩国证券交易所还配套出台了IPO发行承销方面的其他规定，一是要求券商向散户配售的比例不低于20%，从实际操作看，券商一般按最低要求配置股份给散户，机构投资者的配售比一般都达到了80%；二是要求券商上市辅导期限为上市后三年，至少每半年定期披露一次上市公司的经营分析报告；三是要求券商披露与发行人之间的交叉持股情况。

从实施效果来看，韩国券商跟投制度取得了积极的成效，一是在一定程度抑制了IPO过高定价。由于跟投将券商与投资者的利益相捆绑，抑制了券商在新股定价时迎合发行人抬高定价的动机，有助于保障IPO价格的

① 2009年至2012年，韩国KOSDAQ市场累计退市公司数量达到239家，高于IPO企业数量208家。

合理性。二是有效缓解了IPO破发现象。数据显示，2016—2018年，KOSDAQ市场新股上市3个月、6个月、12个月后的平均破发比例都略低于韩国主板市场，其中上市6个月后新股破发率为43%，比主板KOSPI市场低12个百分点。三是提高了KOSDAQ市场的投资热情和健康发展。2013年以来，KOSDAQ市场当年IPO数量逐年递增，2015年更是IPO“黄金年”。四是提升了上市公司质量。券商跟投制度实施后，券商在挑选上市公司时更加谨慎，基本做到了严格把关，上市公司质量也大幅提高。

我国的券商跟投制度在制度设计、监管初衷等方面与韩国基本一致，但是在具体的细则上有很大区别。综合来看，科创板券商跟投制度有以下三方面的特征。

(1) 跟投主体明确为保荐机构另类投资子公司

《上海证券交易所科创板股票发行与承销业务指引》（以下简称《业务指引》）第三章第十五条规定，“科创板试行保荐机构相关子公司跟投制度。发行人的保荐机构通过依法设立的另类投资子公司或者实际控制该保荐机构的证券公司依法设立的另类投资子公司参与发行人首次公开发行战略配售，并对获配股份设定限售期”。也就是说，“跟投”的主体明确为保荐机构母公司依法设立的另类投资子公司，这一选择综合考虑了跟投的合规性、操作性和包容性。一是合规性。《业务指引》规定券商跟投的资金必须为自有资金，在保荐机构母公司依法设立的三类子公司中，只有另类投资子公司投资的资金来源完全为自有资金，以其为实施主体符合相关要求。二是操作性。据统计，目前境内共98家保荐机构，其中59家已设立另类投资子公司，其他绝大部分保荐机构已申请设立另类投资子公司。三是包容性。考虑到极个别保荐机构因特殊原因无法以另类投资子公司形式跟投的情形，政策允许其通过中国证监会和上交所认可的其他方式跟投，同时遵守相关规定和监管要求。此外，对联合保荐的情形，《业务指引》也作出了相应规定，“参与联合保荐的保荐机构应当按照本指引规定分别实施保荐机构相关子公司跟投，并披露具体安排”。

(2) 跟投规模确定为首发的2%至5%

《业务指引》第十八条指出，“参与配售的保荐机构相关子公司应当事先与发行人签署配售协议，承诺按照股票发行价格认购发行人首次公开发行股票数量2%至5%的股票，具体比例根据发行人首次公开发行股票的规模分档确定：①发行规模不足10亿元的，跟投比例为5%，但不超过人民币4000万元；②发行规模10亿元以上、不足20亿元的，跟投比例为4%，但不超过人民币6000万元；③发行规模20亿元以上、不足50亿元的，跟投比例为3%，但不超过人民币1亿元；④发行规模50亿元以上的，跟投比例为2%，但不超过人民币10亿元”。

券商跟投的具体比例在2%至5%的区间内按发行规模分档确定，并规定单个项目的跟投金额上限，既避免了跟投比例“一刀切”，又减轻了券商跟投大型IPO项目的资金压力，具有较强的合理性。根据市场反馈看，即使是2%的最低跟投比例，也要消耗券商较多的资本金，因此实施强制跟投制度后，有利于进一步发挥券商筛选上市公司的能力，严格把关IPO质量，缓解了监管层压力；同时，券商的收益与新股价格的变化相关，跟投制度还在一定程度上缓解了IPO过高定价的行为。从实际情况看，科创板IPO发行价格有较大程度的下降。

（3）跟投期限锁定为24个月

《业务指引》规定，跟投股份的锁定期为发行人首次公开发行并上市之日起24个月。锁定期的制定主要出于两点考虑：一是基于券商职责的考虑。券商是以战略投资者的身份参与跟投，其还承担了把关审核的重要责任，因此券商跟投的锁定期要长于战略投资者的12个月；从责任看，券商对发行公司的责任低于实际控制人，因此券商跟投的锁定期要短于实际控制人的36个月。二是基于平滑市场冲击的考虑。券商强制跟投与投资者投资相比属于被动投资，且占用了券商的部分资金，预计在限售期结束后券商会抛售股份。在这种情况下，将限售期定为上市当年及其后一个或两个完整会计年度，则会造成集中抛售现象，给二级市场带来较大冲击；而锁定期计算从发行人IPO当日开始，则可以平衡股份减持带来的市场波动。

（4）跟投制度强化了券商的内部控制

一是强化券商信息披露。《业务指引》第二十一条指出，“发行人和主承销商应当在招股意向书和初步询价公告中披露向参与配售的保荐机构相关子公司配售的股票总量、认购数量、占本次发行股票数量的比例以及持有期限等信息”；“保荐机构相关子公司未按照本指引及其作出的承诺实施跟投的，发行人应当中止本次发行，并及时进行披露”。

二是要求券商内部设立“防火墙”。《业务指引》要求，“参与配售的保荐机构相关子公司应当开立专用证券账户存放获配股票，并与其自营、资管等其他业务的证券有效隔离、分别管理、分别记账，不得与其他业务进行混合操作”。

三是强化券商独立性。“保荐机构不得向发行人、发行人控股股东及其关联方收取除按照行业规范履行保荐承销职责相关费用以外的其他费用”（第二十三条）；“也不得利用获配股份取得的股东地位影响发行人正常生产经营，不得在获配股份限售期内谋求发行人控制权”（第二十四条）。

3.3 理论基础

3.3.1 信息不对称理论

信息不对称指的是在交易过程中，一部分参与者信息比较丰富，处于信息优势地位；而另一部分参与者信息匮乏，处于劣势地位的现象（Ljungqvist 等，2006）。信息不对称理论是由三位美国经济学家——约瑟夫·斯蒂格利茨（Joseph E. Stiglitz）、乔治·阿克尔洛夫（George A. Akerlof）、迈克尔·斯宾塞（Andrew Michael Spence）提出的。该理论认为，由于各方参与者的信息存在差异，信息丰富的参与者会利用信息优势对信息劣势的参与者进行利益侵占，导致逆向选择、道德风险等问题的产生，对社会公平和市场资源的配置效率构成了重大挑战。信息不对称理论是现代信息经济学的核心内容，一开始用于解释旧车市场“劣车驱逐良车”的现象，随后在资本市场领域得到了广泛的运用。

已有研究表明，IPO 过程中的信息不对称是影响 IPO 定价效率的重要因素（Fernando 等，2004；朱红军和钱友文，2010；浦军等，2010；宋双杰，2011；Loughran 和 Mcdonald，2013）。从新股 IPO 及市场反应的视角看，资本市场存在三大参与主体，分别是发行人、券商和各类投资者。根据信息不对称理论，三类投资之间存在着信息不对称，导致IPO抑价和股票长期表现低迷。具体表现为四种情形，如图3－4所示。

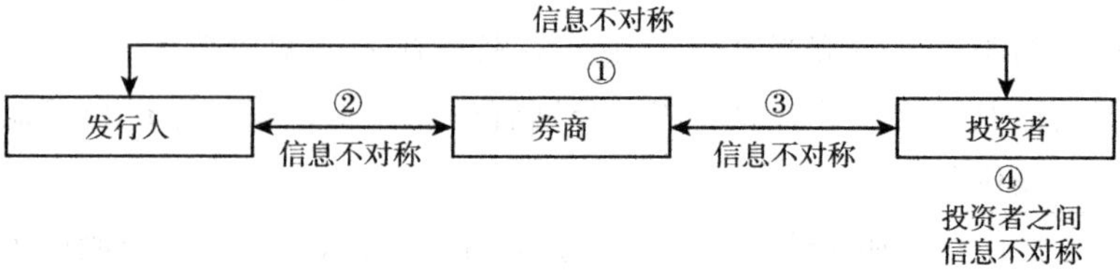

图3－4　资本市场信息不对称情形

第一种是发行人和投资者之间存在信息不对称。相对于投资者而言，发行人在公司生产经营、财务状况等公司自有信息方面具有明显优势，为了缓解这一信息摩擦带来的不利影响，需要中介机构对发行人的质量进行认证，而券商就成为缓解发行人和投资者之间信息不对称的媒介。券商作为信息中介，一方面，需要利用自己的专业优势，对发行人进行尽职调查，并通过招股说明书等形式将发行人的总体信息、经营状况、财务状况、股份发行计划、风险点等重要信息向投资者公布，缓解投资者与发行公司之间的信息不对称，并获得相应的承销报酬；另一方面，券商在保荐上市的过程中还要通过询价、路演等方式加强与投资者沟通，掌握市场需求情况，并反馈给发行人，以便合理确定发行价格，确保股份成功发行上市。

第二种是发行人和券商之间存在信息不对称。券商比发行人更加了解市场信息，对IPO上市的相关要求更加熟悉和专业，凭借券商的专业水平可以提高公司成功发行上市的概率，因此抑价发行可以算作投资者向券商让渡发行收益的一种方式。张学勇等（2020）研究发现，与首次发行成功的IPO企业相比，重返IPO的企业在IPO抑价率、超募比例、首日换手率等方面显著低于首次申请IPO，而重返IPO企业的长期股票市场表现明显优于首次申请IPO；重返IPO企业的股票市场反应之所以表现更好主要源于重返IPO企业更换了声誉更高的承销商，发挥了券商缓解信息不对称的程度。

第三种是券商与投资者之间存在信息不对称，可以用承销商信息收集理论来解释。与投资者相比，券商对公司内部的真实情况有绝对的信息优势，为了吸引投资者投资，券商倾向于有意采取低定价的策略，首先吸引少数潜在投资者踊跃认购所承销的新股，再带动其他投资者认购 IPO 股份。这种有意采取的低价定价策略也称作“有意抑价”。Tore（2006）指出，在市场参与者信息不对称的背景下，由于投资者对公司股票内在价值存在事前不确定，加之投资者意见存在分歧，导致新股可能被无意地错误定价，产生“无意抑价”。与“无意抑价”不同的是，“有意抑价”是新股定价中的人为因素造成的。张小成等（2008）运用博弈论研究发现，新股市场的发行定价包含了“无意抑价”和“有意抑价”两部分，在投资者意见不存在分歧的情况下，IPO 抑价是由券商的“有意抑价”造成的，而当市场存在投资者意见分歧时，IPO 抑价中既有券商“有意抑价”部分，也有投资者“无意抑价”部分。Gouldey（2006）也发现，在 IPO 上市过程中，承销商出于效用最大化和防止发行失败的目的存在“有意抑价”的行为。

第四种是投资者之间存在信息不对称。“赢者诅咒”理论主要用来解释投资者之间的信息不对称。Rock（1986）认为，市场上的投资者有知情投资者和非知情投资者两类，知情投资者也叫情绪投资者，他们对 IPO 发行持乐观态度，在积极认购新股时将非知情投资者挤出了 IPO 市场。处于信息优势的知情投资者只会认购价值被低估的股票，处于信息劣势的非知情投资者则无法分清股票被高估还是低估。在确定了发行价格，但需求量未知的情况下，如果 IPO 定价低于知情投资者的预期价格，在不透明的配售规则下，知情投资者将加大申购力度并获得更多的股份配售；反之，如果 IPO 定价高于知情投资者的预期价格，只有非知情投资者获得 IPO 的配售资格，这种现象称之为“赢者诅咒”或“中签者诅咒”。一旦非知情投资者意识到股价高估，则会立即退出市场。因此，券商为了吸引非知情投资者参与一级市场认购，会对 IPO 股份进行折价发行。方先明和张若璇（2020）基于“赢者诅咒”理论，通过构建不败新股的“赢者”变量，分析新股长期弱势的“诅咒”现象，发现一级市场抑价发行、二级市场股价长期弱势的“赢者诅咒”现象在我国资本市场普遍存在，且“赢者诅咒”现象从一级市场向二级市场传导的过程中不断被强化，一级市场“赢者”越突出，二级市场受“诅咒”就越严重。

3.3.2 委托代理理论

委托代理理论是制度经济学契约理论的核心内容。早在20世纪30年代，美国经济学家伯利（Berle）和米恩斯（Means）就提出了委托代理理论，他们发现，公司所有者兼具经营者存在很大的弊端，倡导将所有权和经营权分离，通过建立委托代理关系，将经营权让渡。随后，詹森（Jenson）和麦克林（Meckling）进一步发展了该理论，并从代理关系和代理成本的角度解释了委托人和代理人之间的“逆向选择”与“道德风险”。Baron（1982）进一步将委托代理理论引入资本市场，他认为委托代理理论主要研究一个或多个市场主体通过契约的形式雇佣或指定另一些主体为其服务并支付相应报酬的理论。

在新股发行上市过程中，由于券商对市场发行环境和制度较为熟悉，发行人不得不依赖券商丰富的市场经验和广泛的客户基础对新股进行定价和配售。因此，在这一关系中，发行人就是委托人，券商就是代理人，券商接受发行人委托，利用自身对市场供需关系的信息优势及专业化的估值能力，为发行人在一级市场定价和配售。但是发行人期望提高定价以募集较多的资金，券商则为了保证发行顺利倾向于压低价格，公司内在价值不确定程度越高，信息不对称程度就越高，券商提供的价值就越大，承担的风险也越高，相应地IPO抑价率也越高（Baron，1982）；发行人与承销商之间的信息不对称导致了委托代理冲突（Beatty和Ritter，1986）；如果发行人和券商之间信息完全一致，则不存在IPO抑价，也就是说IPO抑价实质上是发行人给予券商的信息报酬。但是，Muscaerlla和Vetsuypens（1959）对38家券商自行承销自家股份的研究发现，即使发行人和券商为同一机构，也存在抑价发行现象，而且抑价程度较高。研究结论对委托代理理论解释抑价发行提出了否定意见。

如何缓解券商与发行人之间的委托代理问题呢？一方面，发行人可以强化监督效应。Ljungqvist和Wilhelm（2002）研究发现，发行人对券商的监督可以有效降低IPO抑价率，从委托代理的角度解释了IPO抑价率的成因；进一步地，如果券商反复多次参加新股发行，其在新股定价时的优势更大（Ljungqvist等，2006）。魏志华等（2018）利用委托代理理论解释了

IPO 补税与 IPO 抑价率之间的正向关系，他们研究发现，IPO 补税公司的抑价率更高并不是券商承销费激励较弱，而是因为公司管理层在监督和约束券商行为上没有发挥出有效的作用；当信息透明度低时（如中小板、创业板），IPO 补税与 IPO 抑价的正相关关系更为明显。另一方面，有学者提出只有重构一个“强大的委托人”才能走出券商与发行人之间的委托代理桎梏。刘志云和史欣媛（2017）指出，我国证券市场存在畸形的委托代理关系，导致券商等在新股发行中频频违规，要缓解委托代理问题，从制度根源上要重构一个强大的委托人。鉴于我国投资者以散户为主、上市公司内部治理不够完善，以证监会为委托人的“委托—代理”关系既能够保证不帮助发行人过会，也能产生监督中介机构的内在激励，重构以证监会为委托人的新型委托代理关系，有助于券商更好地发挥“看门人”的重要作用。

3.3.3 信号理论

信号理论是基于信息不对称理论发展起来的，1973 年，迈克尔·斯宾塞（Michael Spence）最早提出了信号理论。他认为，高质量卖主会通过高价或其他低成本的方式向市场传递出产品质量高的信号，使买主愿意支付一份额外的款项；即只要交易的边际成本对高质量卖主来说是低的，买主就能根据卖主发出的信号判断产品质量的好坏。Allen 和 Faulhaber（1989）基于发行人和投资者之间的信息不对称，首次将信号理论用于解释新股市场的 IPO 抑价和长期股票走弱的现象。

信号理论认为，拟发行企业和投资者之间存在信息不对称，但 IPO 抑价并非信息不对称理论所指出的信息搜集成本，而是揭示 IPO 公司质量优劣的“信号”，发行人通过抑价向投资者传递出公司质量“好”的特征（Welch，1989；Allen 和 Faulhaber，1989）。Welch（1989）指出，发行市场上既存在优质企业，也存在劣质企业，但理性投资者由于对企业信息不了解，并不能有效区分优质企业和劣质企业，他们在认购新股时会按照发行均价“一视同仁”，造成优质企业被低估、劣质企业被高估。为此，优质企业需要通过某种难以被劣质企业模仿的手段向投资者传递自身优质的信号，以便将自己和劣质公司区分开来。在这种情况下，压价发行便成为优质企业惯用的策略，因为企业上市后一段时间，优质企业和劣质企业就能被投资者准确识别，优质企业在新股市场抑价发行的损失可以在股票上市一段时间后通过二级市场高价再融资获得补偿，而劣质企业尽管在一级市场发行可以通过抑价把自己包装成优质企业，却不能通过二次发行获得高收益来补偿抑价发行的成本，因此抑价发行难以被劣质企业模仿。从这个角度看，只有优质企业才有能力利用IPO抑价向市场传递公司价值的信号（Grinblatt和Hwang，1989；Jegadeesh等，1993）。

信号理论主要包括三方面的内容：一是拟上市企业比投资者掌握了更多有关IPO公司的信息，为了引起投资者的关注，IPO抑价成为拟上市企业传递公司价值的信号（Allen和Faulhaber，1989）；二是拟上市企业通过聘请声誉较好的券商，向投资者传递出公司低风险的信号（Carter和Manaster，1998）；三是拟上市企业为了防止机构投资者介入公司运营，通过IPO抑价发行认购较高的股份以维持对公司的绝对控制权（Brennan和Franks，1997）。徐浩萍等（2009）通过信号理论解释了国有企业IPO抑价率高于非国有企业的原因，他们认为，国有企业IPO时政府有动机在IPO前向投资者传递政策态度信号，降低发行价格就是信号传递的一大主要方式。因为国有企业融资渠道较宽，政府选择将国有企业部分私有化而上市，其除了经济方面的目的外，还有其他方面的考虑，政府比非国有企业更有耐心，并不打算在新股发行中一次性获得全部收益，而是更多地考虑长期收益，因而更可能采取抑价发行，而且这种发行方式难以被非国有企业模仿。

3.3.4 声誉理论

标准的声誉模型是由Kreps等提出的，旨在解释经济学中有限重复博弈中的合作行为。Kreps和Wilson（1982）指出，声誉能够增加承诺的力度，在没有外部激励的情况下，声誉效应能够为参与人提供一种隐性激励以保证履行其短期承诺，可以在一定程度激励代理人尽可能做到最好。也就是说声誉是各市场参与者之间在重复多次博弈后，对彼此形成的长期稳定的一致性预期（Fombrun和Shanley，1990）。目前学术界对声誉理论的研究主要包括声誉交易理论、声誉信息理论和声誉的第三方治理机制三个方面（皮天雷，2009）。声誉交易理论认为，声誉作为一项重要的无形资产（Kreps，1990），具有独特性和稀缺性，是能够为企业带来价值提升的战略资源。声誉信息理论把声誉的形成视为一种信号传递活动，它综合报告了过去交易的相关信息，并将现阶段的机会主义行为与下一阶段的低声誉水平相联系。因此，企业良好的声誉向利益相关者释放出了积极信号，有助于参与者对交易对象形成稳定预期（Weigelt 和 Camerer，1988），并给予企业正向反馈（Castro 等，2006；Deephouse，1997）。声誉的第三方治理机制研究主张，有效声誉的形成还需要第三方治理机制的辅助（Grief，1989；Milgrom 等，1990）。如沈洪涛等（2011）研究发现，企业社会责任表现有助于企业声誉的提升，社会责任报告强化了企业社会责任与声誉之间的正向促进作用。

对承销商而言，在证券承销过程中，为了获取高额的承销收入券商存在机会主义行为，此时券商声誉能够提升券商生产和认证信息的可信度，避免机会主义行为（Booth 和 Smith，1986；Carter 和 Manaster，1990；Michaely 和 Shaw，1994）。作为信息中介的券商主要通过声誉机制对 IPO 公司进行质量认证和声誉背书（郭泓和赵震宇，2006；Su 和 Bangassa，2011；许荣等，2013），为了平衡投资者和发行人的利益关系，券商一般会对 IPO 股份折价发行，承销商的声誉越高，折价发行的动机越弱，券商收取的承销费用也越多（Booth 和 Smith，1986；张学勇和张秋月，2018）。券商声誉为发行公司提供了鉴证和信息生产的作用（Chemmanur 和 Fulghieri，1994），当 IPO 市场的信息不对称增加时，声誉好的券商更能缓解信息不对称，同时，信息不对称的增加也需要券商投入更多的成本以准确分析判断发行人的质量。许荣等（2013）研究表明，相比主板来说，创业板信息不对称程度更高，因此券商声誉功能在创业板发挥得更加显著，有效降低了创业板市场的 IPO 折价率及波动性。券商声誉不仅缓解了信息不对称，为券商带来更高的承销收入，同时也给发行人带来了更高的筹资净额。

4 科创板券商跟投对 IPO 定价效率及市场反应影响的机理分析

作为资本市场的“看门人”，券商的主要职责之一是从一级市场筛选出符合国家政策方向、具备增长潜力的企业到二级市场融资，并确定新股上市的发行价格。但是很多学者指出，在我国证券市场不完善的背景下，券商不能有效发挥第三方信息中介的作用（邹晓峰和傅强，2013）。刘江会等（2005）研究发现，我国证券市场上的投资者并不能根据券商声誉来有效甄别发行企业的质量，也就是说券商的信息生产功能和“认证中介”职能没有得到有效发挥。与欧美成熟资本市场不同，由于我国新股发行市场供不应求，降低了券商压价发行的动力，券商和发行人都存在抬高发行价格的机会主义动机。郭海星等（2011）研究发现，券商的机会主义行为造成了券商和发行人的利益趋同，导致 IPO 高发行定价和高抑价，即大股东和一级市场对二级市场投资者的利益侵占。那么，在中国科创板 IPO 市场，如何缓解券商的机会主义行为，有效发挥券商第三方信息中介的作用呢？本书认为，券商跟投制度可能为解决上述问题提供了新的思路。券商跟投如何影响新股定价及公司股票市场反应？这需要进行深入的分析。

首先，从信息不对称理论看，券商跟投通过资本上的约束，在新股定价上强化了券商履职担责，对券商加强信息生产、提高信息披露质量具有较强的激励作用，有助于缓解投资者和发行人之间的信息不对称程度。在券商跟投的情况下，作为“承销商”的券商要确保股票发行上市，作为战略配售“投资者”的券商，还要关注 IPO 定价是否真正接近公司内在价值。在利益的驱动下，券商将更加积极地进行信息披露，信息披露水平的提高，增加了投资者所掌握的信息量，缓解了投资者和发行人的信息不对称程度。参与询价的投资者所掌握的信息越充分，询价机构报价越准确，以询价机构投资者报价为基础的IPO定价也越准确。其次，从声誉理论看，券商跟投强化了声誉资本的激励作用和损失成本。一方面，券商跟投强化了券商对声誉的重视程度，在跟投情况下，券商声誉不仅可以提高新股成功发行的概率，增强市场对发行企业的认可程度，为发行人带来融资便利；同时，由券商声誉带动的新股在二级市场的良好表现又能给投资者和券商带来丰厚的投资收益，跟投比例越高，券商声誉带来的经济效益越好。另一方面，在科创板注册制下，券商跟投使券商的利益与公司价值更加一致，如果其认证是虚假的，一旦这一虚假行为被市场识别，那么不仅会带来声誉损失，还会带来投资损失，跟投比例越高，声誉的惩罚后果越严重。再次，从委托代理理论看，跟投使券商增加了一个“投资者”的角色，其利益与投资者更加趋于一致，在定价阶段券商与发行人的利益不一致进一步强化了券商的监督治理功能。为了最大限度地降低风险提高收益，跟投券商在备案辅导期的承销责任得以强化，跟投券商更有动力和能力进行事前严格的筛选，并在入股之后提供公司治理和公司战略等方面的专业帮助，降低发行人的盈余管理，进而改善公司的质量（Booth 和 Smith，1986）。券商跟投的比例越高，券商收益与IPO公司质量的关联度越高，券商越有动力强化监督责任，加强定价和配售过程管理，履行承销责任。最后，从信号功能看，券商跟投向投资者传递出公司质量“好”的信号，有助于吸引投资者投资保荐公司，提高公司长期股票市场反应，而且券商跟投24个月的锁定期也向市场传递出券商在IPO定价时会考虑长期利益，会更关注承销公司的真实价值，这一信号也对股票市场产生了正面影响。

基于上述理论分析，本书认为，与一般券商相比，在证券发行承销过程中，券商跟投行为通过资本上的约束，有助于激励跟投券商降低证券发行市场信息不对称程度，促进券商声誉资本激励和惩罚效应的发挥，强化券商监督治理的责任，并向市场传递出优质公司的信号，从而对科创板公司IPO定价效率及股票市场带来正面影响。展开来看，本书将以IPO定价为核心，从三个方面对本书的研究机理进行阐述。首先，探究券商跟投与IPO定价关系的影响因素，从IPO前的询价定价环节入手，分析券商跟投对IPO询价阶段机构投资者意见分歧的影响。其次，通过理论推导和实证检验，券商跟投对IPO定价效率的具体影响及其中介机制。最后，进一步探究券商跟投对IPO定价的经济后果，从IPO后股票市场反应考察跟投券商发挥的作用。简而言之，就是对券商跟投与IPO定价的影响因素、作用机制、经济后果三个方面进行系统的研究，将IPO定价的整个环节纳入研究范畴，综合考虑券商跟投对IPO定价效率及市场反应的影响。图4－1对本书的研究机理内容进行了简略的概括。

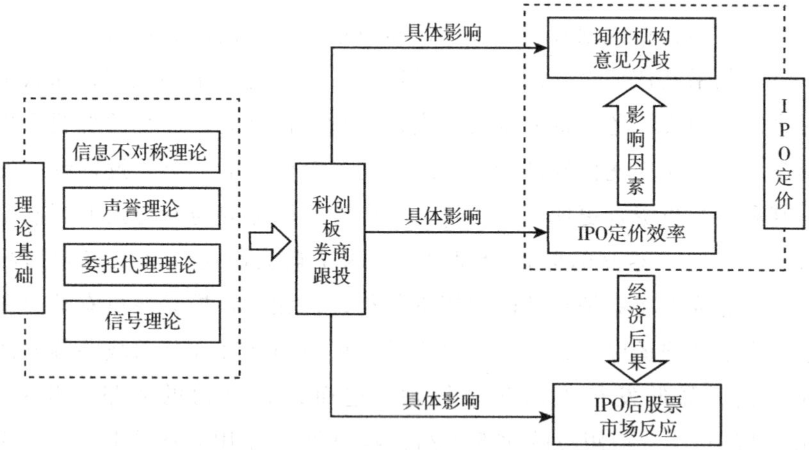

图4－1　研究机理的简略分析

4.1　科创板券商跟投与IPO询价定价的机理分析

根据信息不对称理论，在证券发行上市过程中，发行人和投资者之间存在着严重的信息不对称。发行人作为公司信息的生产者和提供者，处于信息的绝对优势地位；而投资者对公司的生产经营、财务状况、盈利能力、发展前景等公司的重要信息了解不深入，处于明显的信息劣势地位。尽管已有明确的制度规范要求发行人向投资者提供信息披露，一方面，发行人受自身特定的认识角度和利益立场的制约，难以完全按照投资者的需要披露公司的相关信息，导致信息披露的针对性不强；另一方面，投资者信息接收能力存在差异，由于大多数投资者都不是专业人员，在接收、分析和使用发行人披露的专业信息时，存在心理图式和路径依赖，并不能充分理解和运用发行人披露的专业信息，影响了投资决策的效率。为此，为了缓解投资者和发行人之间的信息摩擦带来的不利影响，需要专业的中介机构对发行人的质量进行认证，而券商就成为降低发行人和投资者之间信息不对称的重要中介机构。券商一方面可以凭借专业能力充分挖掘发行人的信息，向投资者披露最需要和最重要的信息；另一方面，券商还可以将不同公司的专业信息转化成投资者普遍能理解的信息，使投资者通过阅读招股说明书就能对公司概貌、主要风险点、盈利水平和发展能力等有关公司质量的信息有较为详细、直观的认识和判断，提高了投资决策效率。因此，从信息不对称角度看，券商可以发挥认证筛选功能，向市场传递IPO价格与内在投资价值一致的信息（Booth 和 Smith，1986），降低投资者和发行人的信息不对称程度，解决"柠檬市场"问题（Titman 和 Trueman，1986）。从信息生产的角度看，券商可以为处于信息劣势的投资者提供有效信息，从而缓解逆向选择问题（Ang 和 Zhang，2006）。

在询价阶段，一级市场普遍存在着投资者和发行人之间的信息不对称。发行人在公司的财务状况、经营计划、行业前景和发展环境方面有着较为客观的认识和预期，处于绝对的信息优势地位；相比而言，投资者则处于信息的劣势地位。根据信息不对称理论的观点，为缓解询价阶段发行人和投资者的信息不对称问题，券商在资本市场中扮演了"认证中介"的作用，根据券商提供的招股说明书、投资价值分析报告、路演推介等信息参与发行公司的询价报价。也就是说，在询价定价阶段，作为总协调人的券商生产信息的多寡以及认证作用的强弱，对投资者报价会产生极为重要的影响。

从理论上看，由于机构投资者报价的基础信息都是券商统一提供的，而且机构投资者专业能力较强，机构之间的报价不会存在较大的意见分歧。然而，从我国的实际情况看，询价机构投资者报价却存在较大的差异性（李冬昕等，2014）。究其原因，一方面，投资者信息不对称增加了询价机构获取发行公司信息的成本，有的机构处于信息优势，有的机构处于信息劣势，机构投资者信息差异造成了报价的差异；另一方面，投资者的个体差异造成面对同样的信息，机构投资者对信息的解读不一致，从而造成意见分歧。

基于询价阶段机构投资者意见分歧产生的原因，本书认为，科创板券商跟投可以从两方面降低询价机构报价分歧。

第一，券商跟投有助于强化券商在询价阶段的信息披露动机，降低报价机构的信息不对称程度。在没有券商跟投的情况下，券商关注的重点是承销收入。在券商跟投的情况下，券商关注的重点发生了改变，由于兼具“保荐人”和“投资者”双重身份，券商不仅要关注“保荐人”所关注的承销收入，还要关注“投资者”所关注的投资价值。也就是说，跟投提高了券商对IPO定价准确性的关注度，因为只有定价准确，才能实现券商包括承销收入和跟投收益在内的综合收入最大化。对券商来说，准确定价除了进一步提高自身的专业能力外，充分发挥询价机构的价格发现功能也是非常重要的。为此，券商跟投后，在利益的驱动下，券商将更加积极地进行信息披露。信息披露水平的提高，增加了投资者所掌握的信息量，有助于缓解投资者和发行人的信息不对称程度。参与询价的投资者所掌握的信息越充分，询价报价越接近公司实际价值，询价机构的报价差异越小。

第二，券商跟投强化了券商的“认证作用”，提高了询价机构对发行公司价值判断的一致性，缓解了询价机构理解信息的个体差异。鉴证功能假说认为，券商股权投资对公司IPO具有明显的鉴证功能和信息溢出效应（Kutsuna等，2007；Hellmann等，2007），通过发挥认证功能，可以有效地降低发行企业的发行抑价率（Kirkulak和Davis，2005；Corwin和Schultz，2005）。从本质上看，券商承销保荐上市公司就是对上市公司质量进行认证，投资者基于对券商的信任以及券商的声誉，判断券商确定的发行价格区间是否公允。券商越能得到投资者认可，询价投资者报价就越接近发行价格区间的中值，投资者意见分歧越小。券商用真金白银投资承销公司，等同于向市场传递了看好承销公司的信号，跟投比例越高，这一信号作用越强，越能得到机构投资者的价值认同。因此，券商跟投的“认证作用”传递给参与询价的机构投资者，提高了询价机构对发行公司价值判断的一致性，降低了询价机构意见分歧。

基于此，本书将在第五部分以询价阶段机构报价为中心，深入分析券商跟投对IPO询价各个环节的影响。首先，通过理论推导提出券商跟投与询价机构意见分歧关系的主检验，在实证检验主回归模型和内生性、稳健性测试后，得出主要结论；其次，分析券商跟投降低询价机构意见分歧的经济后果；再次检验询价定价中确定发行价格区间、确定发行价格两个环节券商跟投的影响；最后进一步考察分析师预测和一级发行市场氛围的影响。科创板券商跟投与IPO询价定价的简要机理分析如图4-2所示。

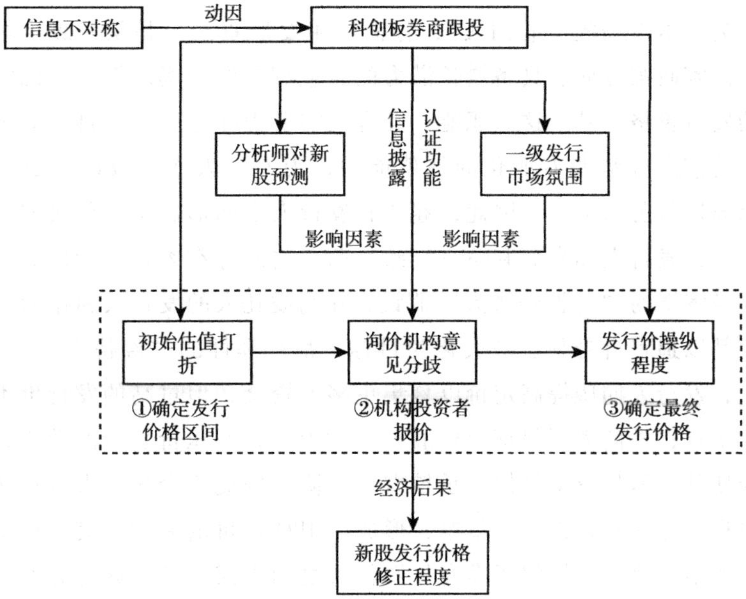

图4-2 科创板券商跟投与IPO询价定价的简要机理分析

4.2 科创板券商跟投与IPO定价效率的机理分析

从声誉理论来看，券商的“认证”作用要得到投资者信任必须满足两个基本条件：一是券商的声誉资本会对券商未来的收益产生重要影响，声誉越高，未来收益越高。二是券商的声誉资本是不可逆的，一旦券商有欺骗行为导致声誉受损，就无法补救，导致其在证券发行市场中的市场份额下降。券商声誉一旦受损，投资者就会质疑券商的认证功能，传导至资本市场引起新股价格下降，直接威胁到券商未来的市场份额和长期收益（Beatty和Ritter，1986；Chua，2014；戴亦一等，2014；陈运森和宋顺林，

2017)。因此，只要券商声誉投资带来的收益净现金流大于欺骗带来的短期收益，券商就没有动力去欺诈投资者，而且会尽可能地准确确定发行价格。因此，从投资者的角度看，声誉是券商"认证功能"发挥的基础，也是券商作为第三方向投资者传递有关发行企业内部信息的前提。

作为资本市场的"看门人"，券商的主要职责之一是从一级市场筛选出符合国家政策方向、具备增长潜力的企业到二级市场融资，并确定新股上市的发行价格。基于这一职能，发行人需要委托券商利用自身对市场供需关系的信息优势及专业化的估值能力，为发行人在一级市场定价和配售，保荐发行公司上市。因此，券商和发行人之间形成了一种典型的委托代理关系，发行人和券商利益不一致，两者之间存在委托代理冲突。根据新古典经济学的"理性经济人"假设，作为委托人的发行人和作为代理人的券商都以追求自身利益最大化为目标，都是理性的"经济人"。在发行定价上，发行人期望提高定价以募集更多的资金，但过高的发行价不利于未来再融资；券商需要保证IPO股份成功上市，有压价发行的动机，但压价又会使基于募集资金规模的承销费用下降，因此不会压得太低；两者在博弈过程中寻找各自占优的策略，形成了IPO定价的利益冲突。正是这种利益上的不一致，才缓解了券商与发行人之间串谋，导致券商对IPO股票的发行定价能够被投资者和市场认可。因此，从发行人的角度看，利益不一致是券商积极发挥IPO公司治理功能的根本动力，也是制衡券商与发行人合谋和券商机会主义行为的重要因素。

梳理现有文献发现，在我国不成熟的市场环境下，券商普遍存在追求个人私利的机会主义动机（俞红海等，2013；黄亮华和谢德仁，2016；宋顺林和唐斯圆，2016；柳建华等，2017；邵新建等，2019；Gao等，2020）；作为理性经济人的券商很可能为了追求承销收入的最大化，与发行企业合谋抬高新股发行价格（徐浩萍和罗炜，2007），从而对新股IPO定价效率产生负面影响。郭海星等（2011）研究发现，承销商的机会主义行为促进了承销商和发行人的利益趋同，导致IPO定价偏离内在价值。本书认为，科创板券商跟投可以有效发挥监督治理功能，降低承销商的机会主义行为，从而提高IPO定价效率。

第一，券商跟投有助于降低发行人的盈余管理，提高发行公司质量。券商作为联系投资者和发行人的重要中介组织，在识别和影响IPO公司的盈余管理上具有重要作用。券商可能会为了短期利益去纵容甚至协助发行公司进行管理；但是券商的这种机会主义行为可能给自身带来未来市场份额下降（Hanley和Hoberg，2012）、收费水平降低（Fang，2005）及法律风险（Charme等，2004）等负面影响。跟投促使券商利益与投资者更加趋于一致，进一步强化了券商的监督治理功能。为了最大限度地降低风险提高收益，跟投券商在备案辅导期的承销责任得以强化，跟投券商更有动力和能力进行事前严格的筛选，并在入股之后提供公司治理和公司战略等方面的专业帮助，降低发行人的盈余管理，进而改善公司的质量（Booth和Smith，1986）。券商跟投的比例越高，券商收益与IPO公司质量的关联度越高，券商越有动力强化监督责任，降低IPO公司上市前的盈余管理水平，提高新股定价效率。

第二，券商跟投有助于强化声誉的作用，提高新股定价效率。根据声誉理论的观点，券商声誉是证明券商价值认证质量的先决条件，券商将自己的声誉资本抵押给拟发行公司（Carter和Manaster，1990），通过声誉的认证功能为投资者判断公司质量好坏提供依据（Kerl和Walter，2008）。Carter和Manaster（1990）实证检验美国的IPO数据证明了这一观点，他们研究发现，声誉高的券商估计的IPO价格较为精准。邵新建等（2013）基于中国的数据也发现，良好的声誉能够缓解券商抬高新股发行价格的行为。在跟投情况下，券商声誉可以提高新股成功发行的概率，增强市场对发行企业的认可程度，为发行人带来融资便利；同时，由券商声誉带动的新股在二级市场的良好表现又能给投资者和券商带来丰厚的投资收益，跟投比例越高，券商声誉带来的经济效益越好。当然，声誉也会给券商带来“租金”。声誉一旦受损，投资者就会质疑券商的认证功能，传导至资本市场引起新股价格下降，直接威胁到券商未来的市场份额和长期收益（Beatty和Ritter，1986；Chua，2014；戴亦一等，2014；陈运森和宋顺林，2017）。在科创板跟投制度下，如果券商进行欺骗，一旦这一欺骗行为被市场识别，那么不仅会带来声誉损失，还会带来跟投损失，跟投比例越高，声誉的惩罚后果越严重。因此从声誉机制来看，跟投能强化券商维护声誉的意识，提高声誉正向认证功能的发挥，降低声誉惩罚机制的后果，从而提高券商的新股定价效率。

第三，跟投行为改变了券商的收益效用函数，提高了券商定价的准确性。理性经济人假说认为，券商作为经济决策的主体，以追求自身收益最大化为目标，在市场中存在攫取私利的机会主义行为。科创板引入跟投制度后，券商的收益函数发生了改变，在原来的承销收入上增加了跟投带来的收益，成本上除了声誉损失还有投资失败带来的损失。在新的效用函数下，假定券商仍然追求利益最大化，那么跟投行为将会提高券商的IPO定价效率，使新股发行价格更接近公司内在价值。这是因为，如果跟投券商抬高发行价格，在提高短期承销收入的同时也提高了跟投成本，当新股价格回归价值后，跟投损失越大；如果跟投券商压低发行价格，那么将直接损失承销收入，而且不利于未来与发行人和投资者合作。因此，从成本收益理论看，跟投情况下，券商自身利益最大化时最优的定价策略是提高IPO定价效率。

基于此，本书将在第六部分从具体影响、作用机制以及调节机制三个方面系统地研究科创板券商跟投与IPO定价效率的关系。首先，通过理论推导提出券商跟投与IPO定价效率关系的主检验，对主回归模型进行实证检验和结果分析，同时进行内生性、稳健性测试；其次，深入探究券商跟投提高IPO定价效率的中介机制；最后，分别从券商、发行人、投资者和外部环境的角度考察券商跟投与IPO定价效率关系的调节效应。科创板券商跟投与IPO定价效率的简要机理分析如图4－3所示。

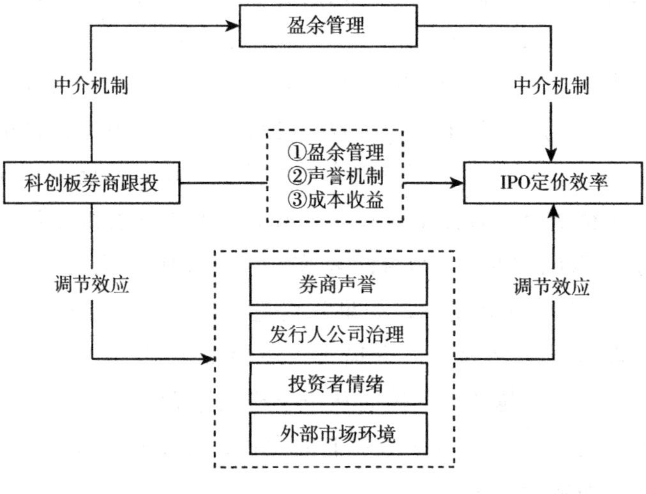

图4－3 科创板券商跟投与IPO定价效率的简要机理分析

4.3 科创板券商跟投与IPO后股票市场反应的机理分析

根据《上海证券交易所科创板股票上市规则》，首次公开发行股票并在科创板上市的，持续督导期间为股票上市当年剩余时间以及其后3个完整会计年度。因此，券商在IPO后对公司股票市场反应仍能产生重要影响。本书认为，科创板券商跟投制度主要从三个方面影响公司股票市场反应。

第一，券商跟投有助于合理定价，从而缓解IPO股票长期弱势。根据价值规律，价格总是围绕价值上下波动，最终会回归价值。随着时间的推移，新股价格也会逐步回归价值，如果IPO定价高估，则新股价格回归价值后，公司股票市场反应走弱；如果IPO定价低估，则IPO后公司股票市场反应会逐步走强；如果IPO定价合理，新股成色褪去后，公司股票市场反应也会较好。根据投资者“有限关注”理论（Hirshleifer和Teoh，2003），由于投资者的关注力是有限的，随着时间推移，投资者会将注意力转向其他新股，市场也会逐渐被知情投资者主导，上市初期受“追捧”越厉害的股票被“抛售”也越严重。由于券商跟投提高了IPO定价效率，跟投股票本身定价比较合理，价值含量就高，即使新股成色褪去，未来表现也不可能太差。

第二，券商跟投有助于强化券商对IPO公司的持续督导。首先，从委托代理关系看，券商跟投上市公司之后，券商成为公司股东，与公司管理层之间存在新的委托代理关系，为保障其投资利益，跟投券商有强烈的动机监督公司管理层勤勉尽责，降低公司的不确定性并有效提升公司价值（Diamond，1989）。与其他投资者相比，跟投券商拥有更多关于企业内在价值的信息，由于券商的中介认证作用，这些信息很容易被市场认可，并对公司后续股票价格产生正面影响。其次，从锁定期限制看，科创板券商跟投后自上市日起有24个月的锁定期。锁定期内券商不能抛售或转让所跟投的股份，这也促使券商在推荐上市及后续辅导过程中会更加关注企业中长期利益，积极发挥持续督导作用。总体来看，跟投比例越高，券商的持续督导作用能发挥越好，越有利于提高IPO后公司股票市场价值，保障券商自身的跟投收益。

第三，券商跟投向投资者传递了利好信号，有助于正向促进IPO后的股票市场反应。信号理论认为，传递利好信息会导致正的市场反应，而传递利空信息导致负的市场反应。券商使用自有资金跟投保荐公司，这一行为有效地向市场传递了关于IPO公司质量的信号（Puri和Manju，1999），有助于吸引投资者投资保荐公司，提高公司长期股票市场反应。券商跟投比例越高，所付出的跟投资金越多，向市场传递出IPO公司质量好的信号越强，越有利于公司IPO后的股票市场反应。此外，券商跟投还强化了投资者关注和监管关注，在外部监督加强的情况下，券商的机会主义行为更容易被市场发现，从这个意义看，券商跟投降低券商机会主义动机的利好信息也会传递到二级市场，对IPO公司股票市场表现产生正向影响。

基于此，本书将在第7章从具体影响、经济后果以及调节效应三个方面系统地研究科创板券商跟投与IPO后股票市场反应的关系。首先，通过理论推导提出券商跟投与IPO后股票市场反应关系的主检验，对主回归模型进行实证检验和结果分析，同时进行内生性、稳健性测试；其次，深入探究券商跟投与IPO股票市场反应的经济后果；最后分别从券商持续监督和发行人创新能力两方面考察券商跟投与IPO后股票市场反应之间的调节效应。科创板券商跟投与IPO后股票市场反应的简要机理分析如图4-4所示。

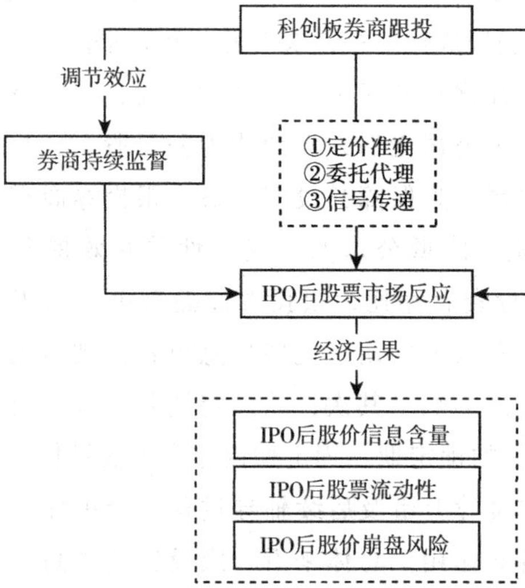

图4-4　科创板券商跟投与IPO后股票市场反应的简要机理分析

5 科创板券商跟投与 IPO 询价定价的实证检验

5.1 理论分析与研究假设

新股发行一级市场普遍存在着投资者和发行人之间的信息不对称。根据信息不对称理论，发行人在公司的财务状况、经营计划、行业前景和发展环境方面有着较为客观的认识和预期，处于绝对的信息优势地位；投资者只能通过券商提供的招股说明书、投资价值分析报告、路演推介等信息参与发行公司的询价报价，处于信息的劣势地位。因此，一级市场的信息不对称是影响资产定价的重要因素（Ritter 和 Welch，2007）。信息不对称理论认为，为解决信息不对称的问题，券商在资本市场中扮演了“认证中介”的作用，发行人通过雇佣券商，向市场传递 IPO 价格与内在投资价值一致的信息（Booth 和 Smith，1986）。凭借专业的研究能力，券商从一级市场筛选出符合国家政策方向、具备增长潜力的企业到二级市场融资，发挥资本市场“看门人”的作用。在询价定价阶段，作为总协调人，券商需要调动机构投资者积极参与询价，并督促投资者的询价报价尽可能真实地反映公司内在价值。

从理论上看，初步询价过程中机构投资者根据券商提供的有关发行人的公开信息进行报价，投资者报价理应接近公司的内在价值，不会存在较大分歧。但从实际看，我国机构投资者报价却存在较大的差异性（李冬昕等，2014），Miller（1997）将这一现象归为意见分歧理论，并运用该理论解释 IPO 市场不败新股长期走弱的“赢者诅咒”现象；Gouldey（2006）进一步将意见分歧理论引入询价机构报价的研究中。询价机构报价是基于自身获取的信息进行判断后给出的报价，在 IPO 之前，公司信息不需要对外公布，也没有公开交易的历史数据，外部投资者很难对公司股价进行准确估值；而且在投资者内部，由于专业能力存在差异，非知情投资者也面临被知情投资者挤出市场的逆向选择风险（Rock，1986）。

从原因来看，询价机构意见分歧主要是投资者信息不对称和投资者个体差异造成的，信息不对称增加了询价机构获取发行公司信息的成本，有的机构处于信息优势，有的机构处于信息劣势，机构投资者信息差异造成了报价的差异；同时，面对同样的信息，机构投资者对信息解读的差异也会造成意见分歧。从经济后果看，投资者意见分歧越大，股价被高估的可能性越大（Hong和Stein，2007）；报价分歧与IPO定价效率正相关，询价机构报价意见分歧越小，IPO定价效率越高，IPO抑价率越低（俞红海等，2015；徐妍和郑冠群，2016）；询价机构报价的离散程度越大，IPO市场"三高"问题越严重，股票长期回报率也越低（李冬昕等，2014）。因此，投资者意见分歧与新股询价定价负相关，降低机构报价过程中的意见分歧程度，是提高询价定价效率的重要途径之一。

如何降低机构投资者在询价报价阶段的意见分歧程度？本书认为，科创板券商跟投可以从两方面降低询价机构报价分歧，从而提高询价定价效率。

一方面，券商跟投有助于强化券商在询价阶段的信息披露动机，降低报价机构的信息不对称程度。跟投制度改变了发行人、投资者和券商之间原有的利益关系，使券商同时具备"保荐人"和"投资者"双重身份，促进了券商利益与投资者的利益协同。在没有券商跟投的情况下，券商关注的重点是定价被市场接受，股票能够成功上市。而在券商跟投的情况下，作为"承销商"的券商要确保股票发行上市，作为战略配售"投资者"的券商，还要关注IPO定价是否真正接近公司内在价值。在利益的驱动下，券商将更加积极地进行信息披露。

具体来说，券商跟投促使证券机构进一步强化询价各个阶段[①]的信息

---

① 科创板询价阶段的五个流程具体指的是：（1）材料申报与注册，即券商作为保荐人将招股说明书等文件向上海证券交易所进行申报注册，证券交易所对申报材料进行合规审查。（2）市场调研，券商基于实地调研及与潜在投资者交流沟通，撰写投资价值分析报告，作为询价机构的报价参考材料。（3）路演推介，券商组织路演活动，向投资者推介所承销公司，吸引投资者参与询价。（4）初步询价，券商组织机构投资者在网下进行初步询价，并确定询价有效报价范围和发行价格。（5）证券发行，根据询价确定的发行价格在网上和网下配售发行。

披露水平，在材料申报注册环节，券商跟投促使保荐人增强招股说明书的信息含量，增加股票发行及股票估值的相关信息披露；在市场调研环节，跟投促使券商加强与潜在投资者沟通，出具高质量的投资价值报告，详细披露新股的估值方法、估值依据；在路演推介阶段，券商通过增加路演次数、在路演时披露跟投比例等向投资者传递出公司价值的利好信息，吸引更多投资者参与报价；在初步询价阶段会进一步提高询价的公平公正，激励投资者准确报价。信息披露水平的提高，增加了投资者所掌握的信息量，缓解了投资者和发行人的信息不对称程度。参与询价的投资者所掌握的信息越充分，询价报价越接近公司实际价值，询价机构的报价差异越小。且券商跟投比例越高，券商真实、准确、完整披露信息的动机越强，越能缓解投资者的信息不对称，提高投资者的报价准确度，降低询价机构的意见分歧。

另一方面，券商跟投强化了券商的“认证作用”，提高了询价机构对发行公司价值判断的一致性。首先，根据鉴证功能假说，券商股权投资对公司IPO具有明显的鉴证功能和信息溢出效应（Kutsuna 等，2007；Hellmann 等，2007），通过发挥认证功能，可以有效地降低发行企业的发行抑价率（Kirkulak 和 Davis，2005；Corwin 和 Schultz，2005）。在跟投制度下，同时作为保荐人和股权投资者的券商，既能发挥保荐人的认证功能，也能发挥股权投资者的认证效应，因此跟投制度下，科创板券商是比其他板块券商更好的“认证者”。其次，根据信号理论，券商行为有助于向市场传递出有关公司运营的信号，券商使用自有资金投资保荐公司的行为有效地向市场传递了关于IPO公司质量较好的信号（Puri 和 Manju，1999），且跟投比例越高，向市场传递信号的认证作用越强。最后，保荐制度以保荐人的信誉为担保并对信息披露的真实性承担连带责任，投资者可以相信发行人的信息披露和证券价值。在以信息披露为中心的科创板改革与注册制试点下，跟投的券商将面临更为严格的监管压力，来自交易所的反复问询以及科创板投资者的高度关注，都将进一步强化券商尽职辅导职责，更好地当好“保荐人”，正确引导投资者预期，发挥稳定市场的作用。因此，券商跟投的“认证作用”传递给参与询价的机构投资者，提高了询价机构对发行公司价值判断的一致性，降低了询价机构意见分歧。

综上所述，基于信息不对称理论，在强制跟投制度下，跟投比例越高，券商在询价阶段降低信息不对称的动机越强，认证功能也越能有效发挥，强化了询价机构的报价意见一致性。因此，本章提出如下研究假设：

H1：在其他条件一定的情况下，科创板券商跟投比例与询价机构意见分歧负相关。

5.2 研究设计

5.2.1 变量设计

（1）因变量——询价机构意见分歧（Diffo）

现有文献一般使用分析师对新股发行价预测值的标准差来衡量意见分歧（Diether等，2002；Yu，2011），由于目前针对科创板新股发行价进行预测的分析师较少[①]，因此，本书借鉴李冬昕等（2014）的做法，手工整理科创板每家企业IPO询价阶段时全部机构投资者的报价信息，计算每支新股的全部询价机构的报价差异代表询价机构报价意见分歧，即询价机构投资者对股票i所有报价的标准差σ_i。询价机构的报价，不仅是投资者意见的直观反映，而且是特定时点对特定价格的估计，减少了环境和突发事件对投资者的影响，可以直接反映出机构投资者的实际期望和估值，利用该指标分析和论证相关投资意见分歧，更具说服力。

（2）自变量——券商跟投比例（Scfi）

根据科创板上市公司发布的网下初步配售结果及网上中签结果公告，获取证券公司作为保荐机构（承销商）参与初始战略配售的发行数量，计算保荐机构（承销商）在本次发行最终战略配售数量占发行总量的比例，作为自变量券商跟投比例的度量。

① 2019年7月22日至2020年12月31日共有215家企业正式登陆科创板，其中只有147家企业有分析师出具了发行价预测分析，占比不足70%。此外，这147家企业中有超过50%的企业覆盖的分析师只有1人，新股发行价预测分析师的人数太少，无法反映报价的差异性。

(3) 控制变量

现有关于IPO发行的文献表明公司财务特征、股权结构特征、发行特征、发行价格宽度等变量会影响新股询价定价及询价机构意见分歧。董秀良等（2020）研究发现科创板企业研发能力越强，发行价格就越高。此外，还发现科创板企业新股发行规模与发行价格偏离显著负相关。黄顺武和王春明（2020）发现新股募集资金规模与承销商进行询价定价调整程度显著负相关，审计师所属机构是否是四大会计师事务所与承销商在询价报价基础上的调整幅度显著正相关。周冬华（2020）发现会计师事务所声誉与科创板企业IPO抑价率显著正相关，公司第一大股东持股比例与科创板企业IPO抑价率显著负相关。基于此，本书参考 Diether 等（2002）、Yu（2011）、李冬昕等（2014）的做法，在回归模型中控制了企业规模（Lnsize）、企业资产负债率（Lev）、第一大股东持股比例（Top）、上市是否盈利情况（Unprofit）、企业成立年限（Lnage）、会计师事务所声誉（BIG4）、研发支出（Rdpro）、募集资金总额（Lntafr）、初始估值范围（Band）、行业特征和年份特征。本书回归模型中相关变量的名称及说明如表5-1所示。

表5-1　模型变量设计与说明

变量类型	变量名称	变量符号	变量说明
因变量	询价机构意见分歧	Diffo	等于全部询价机构投资者申报价格的标准差 σ_i
自变量	券商跟投比例	Scfi	表示为证券承销商作为初始战略投资者获得发行方的战略配售数量占发行总数量的比例
控制变量	企业规模	Lnsize	根据财务报告得到，对公司上市前期末总资产取自然对数
	企业资产负债率	Lev	上市前公司的负债与总资产的比值
	第一大股东持股比例	Top	上市前公司第一大股东持股比例
	上市是否盈利情况	Unprofit	哑变量，公司申请上市时是否尚未盈利，如果申请上市时业绩仍为亏损则计为1，否则为0
	企业成立年限	Lnage	公司上市前成立年限的自然对数
	会计师事务所声誉	BIG4	哑变量，如果公司上市前聘请的会计师事务所审计机构是国际四大会计师事务所则计为1，否则为0
	研发支出	Rdpro	公司上市前研发费用支出占公司营业收入的比例

续表

变量类型	变量名称	变量符号	变量说明
控制变量	募集资金总额	Lntafr	对公司发行时募集资金总额取自然对数
	初始估值范围	Band	等于（初始估值范围上限－范围下限）÷范围中点
	行业特征	Industry	行业效应，根据证监会行业分类标准设置虚拟变量矩阵
	年份特征	Year	年份效应，从每年1月1日至12月31的完整会计年度，设置为虚拟变量矩阵

注：表格内容根据相关文献资料整理而得。

5.2.2 研究样本选择和数据来源

本书以2019年7月22日至2020年12月31日科创板上市公司作为研究样本，在此期间共有215家企业成功登陆科创板。科创板的定位主要是高新技术产业和战略性新兴产业，研究样本行业主要分布在信息技术、先进制造业、生物制品等，不存在金融类和房地产公司，所以不需要对样本进行剔除。215家IPO企业的券商跟投比例数据、承销商保荐人信息数据是通过对科创板上市公司发布的网下初步配售结果及网上中签结果公告手工查阅整理所得，公司发行价、询价及相关财务数据来源于CSMAR数据库、CCER数据库、Wind数据库等。为了避免极端值和异常值对回归结果的影响，本书对所有连续变量进行了1%和99%水平的Winsorise缩尾处理。为克服回归模型中可能存在截面自相关问题，本书在回归方程中采用企业层面的聚类标准差进行调整。本书所使用的统计以及数据处理软件为Stata15.0。

5.2.3 模型设计

为检验券商跟投对科创板询价机构意见分歧的影响，本书参考Diether等，(2002)、Yu (2011)、李冬昕等 (2014) 的模型设计，提出了回归模型 (5.1)①：

① 模型中部分控制变量采用的是滞后一阶，主要是因为上市公司当年的财务数据要在后一年才公布，只能使用上一年的财务数据进行检验。

$$
\begin{aligned}
Diffo_{i,t} = {} & \beta_0 + \beta_1 Scfi_{i,t} + \beta_2 Lnsize_{i,t-1} + \beta_3 Lev_{i,t-1} + \beta_4 Top_{i,t-1} \\
& + \beta_5 Unprofit_{i,t} + \beta_6 Lnage_{i,t-1} + \beta_7 BIG4_{i,t-1} \\
& + \beta_8 Rdpro_{i,t-1} + \beta_9 Lntafr_{i,t} + \beta_{10} Band_{i,t} \\
& + \sum Industry_{i,t} + \sum Year_{i,t} + \varepsilon_{i,t}
\end{aligned}
\tag{5.1}
$$

模型（5.1）中，因变量 $Diffo_{i,t}$ 表示科创板全部询价机构投资者申报价格的标准差，反映询价机构投资者对科创板新股发行价格的差异。自变量 $Scfi_{i,t}$ 表示科创板上市公司券商跟投比例。此外，模型（5.1）中控制变量的定义如表 5 – 1 所示。

5.3 实证检验与结果分析

5.3.1 描述性统计分析

本书对研究样本的主要变量进行了全样本和分年度的描述性统计分析，详细结果如表 5 – 2、表 5 – 3 和表 5 – 4 所示。

据表 5 – 2 可知，样本公司询价机构意见分歧（Diffo）的均值为 1.269，标准差为 1.837，最小值为 0.010，最大值为 15.080，反映出询价机构投资者对科创板新股报价存在较大差异，投资者意见分歧较大。券商跟投（Scfi）的均值为 4.389，反映出科创板公司券商跟投平均比例为 4.389%，均值 4.389 小于中位数 4.830，说明样本左偏；最小值为 2.000，75 分位数为 5.000，最大值为 9.610，说明券商跟投比例存在较大差异；由于部分企业存在多家券商联合保荐跟投的情况，Scfi 的最高值为 9.610，超过了监管部门要求 5% 的上限。

在控制变量方面，企业规模（Lnsize）的均值为 20.640，标准差为 0.951，最小值为 19.070，最大值为 25.100，说明我国科创板上市公司规模普遍较大，资产总额较高。企业资产负债率（Lev）的均值为 0.330，说明科创板企业平均资产负债率为 33.0%，均值小于中位数 0.316，说明样本右偏，资产负债率高的企业偏多。第一大股东持股比例（Top）的均值为 0.300，中位数为 0.276，说明科创板企业第一大股东平均持股 30%，股权较为分散。上市是否盈利情况（Unprofit）的均值为0.074，说明研究样本中有7.4%的科创板企业在上市时尚未盈利。企业成立年限（Lnage）的均值为2.586，标准差为0.375，最小值为1.609，最大值为3.332，从中可以看出，成功登陆科创板的企业成立时间最短为4年，最长为28年，企业成立年限差异较大。会计师事务所声誉（BIG4）的均值为0.130，说明研究样本中有13%的科创板企业选择了国际四大会计师事务所作为公司审计机构。研发支出（Rdpro）[①]的最小值为0，均值为3.065，中位数为0.096，最大值为292.600，标准差为28.180，反映出科创板不同公司间研发支出占营业收入的比例差异较大。募集资金总额（Lntafr）的最小值为19.470，均值为20.640，中位数为20.540，最大值为23.080，说明科创板企业募集资金规模不小，拓宽了科创型企业的融资渠道。初始估值范围（Band）的最小值为0.062，最大值为1.969，说明科创板企业询价阶段的初始估值范围差异较大。

表5-2　　模型中主要变量的描述性结果（全样本）

变量	样本数	最小值	均值	中位数	25分位数	75分位数	最大值	标准差
Diffo	215	0.010	1.269	0.800	0.310	1.390	15.080	1.837
Scfi	215	2.000	4.389	4.830	4.000	5.000	9.610	1.001
Lnsize	215	19.070	20.640	20.510	19.930	21.090	25.100	0.951
Lev	215	0.049	0.330	0.316	0.183	0.421	0.838	0.171
Top	215	0.095	0.300	0.276	0.204	0.384	0.723	0.131
Unprofit	215	0.000	0.074	0.000	0.000	0.000	1.000	0.263
Lnage	215	1.609	2.586	2.639	2.303	2.833	3.332	0.375
BIG4	215	0.000	0.130	0.000	0.000	0.000	1.000	0.337
Rdpro	215	0.000	3.065	0.096	0.058	0.175	292.600	28.180
Lntafr	215	19.470	20.640	20.540	20.150	21.010	23.080	0.670
Band	215	0.062	0.871	0.864	0.503	1.194	1.969	0.483

① 研发支出Rdpro变量中有2个企业的数值为292.600，其可能作为极端值从而影响回归模型的可靠性，本书在后续的回归分析中，删除了这两个样本重新进行回归，回归结果与未删除样本的结果一致。

对比表 5 - 3 和表 5 - 4 可知，2020 年的询价机构意见分歧（Diffo）均值 1.458 大于 2019 年的询价机构意见分歧（Diffo）均值 0.878，2020 年的询价机构意见分歧（Diffo）中位数 0.870 大于 2019 年的询价机构意见分歧（Diffo）均值 0.625，2020 年的询价机构意见分歧（Diffo）75 分位数 1.460 大于 2019 年的询价机构意见分歧（Diffo）75 分位数 1.100，2020 年的询价机构意见分歧（Diffo）最大值 15.080 大于 2019 年的询价机构意见分歧（Diffo）最大值 4.240，2020 年的询价机构意见分歧（Diffo）标准差 2.122 大于 2019 年的询价机构意见分歧（Diffo）标准差 0.911。2020 年询价机构意见分歧的各个指标均大于 2019 年询价机构意见分歧，可能是由于 2020 年新股上市的样本家数大幅增加①，以及在 2020 年有一些有争议的新股上市，加大了询价机构投资者的意见分歧。

表 5 - 3　　模型中主要变量的描述性结果（2019 年）

变量	样本数	最小值	均值	中位数	25 分位数	75 分位数	最大值	标准差
Diffo	70	0.010	0.878	0.625	0.260	1.100	4.240	0.911
Scfi	70	2.000	4.460	4.240	4.000	5.000	9.610	1.043
Lnsize	70	19.070	20.580	20.490	19.810	21.000	25.100	1.003
Lev	70	0.049	0.310	0.266	0.177	0.421	0.807	0.174
Top	70	0.105	0.291	0.258	0.188	0.379	0.624	0.125
Unprofit	70	0.000	0.057	0.000	0.000	0.000	1.000	0.234
Lnage	70	1.609	2.541	2.565	2.303	2.773	3.135	0.306
BIG4	70	0.000	0.143	0.000	0.000	0.000	1.000	0.352
Rdpro	70	0.000	0.201	0.101	0.058	0.212	1.914	0.314
Lntafr	70	19.670	20.660	20.670	20.190	20.920	23.080	0.639
Band	70	0.062	0.644	0.590	0.271	0.959	1.483	0.398

① 根据表 5 - 3 和表 5 - 4 可知，2019 年上市的企业家数为 70 家，2020 年上市的企业家数为 145 家，增加了 107%。

表5-4　　模型中主要变量的描述性结果（2020年）

变量	样本数	最小值	均值	中位数	25分位数	75分位数	最大值	标准差
Diffo	145	0.010	1.458	0.870	0.390	1.460	15.080	2.122
Scfi	145	2.000	4.355	5.000	4.000	5.000	8.000	0.982
Lnsize	145	19.110	20.670	20.510	20.030	21.130	24.320	0.927
Lev	145	0.062	0.339	0.337	0.206	0.412	0.838	0.169
Top	145	0.095	0.304	0.279	0.208	0.384	0.723	0.134
Unprofit	145	0.000	0.083	0.000	0.000	0.000	1.000	0.276
Lnage	145	1.609	2.607	2.639	2.398	2.944	3.332	0.403
BIG4	145	0.000	0.124	0.000	0.000	0.000	1.000	0.331
Rdpro	145	0.000	4.448	0.092	0.058	0.165	292.600	34.270
Lntafr	145	19.470	20.640	20.500	20.080	21.080	22.470	0.686
Band	145	0.087	0.980	0.962	0.633	1.348	1.969	0.484

5.3.2 相关性分析

根据表5-5可知，在Pearson相关系数检验中，券商跟投比例（Scfi）与询价机构意见分歧（Diffo）的相关系数均为-0.35，在1%水平上显著，这说明券商跟投比例负向影响询价机构意见分歧。此外，公司资产负债率（Lev）与询价机构意见分歧（Diffo）的相关系数在10%水平上通过显著性检验，且系数为负，相关系数为-0.14。会计师事务所是否为四大（BIG4）、初始估值范围（Band）都与询价机构意见分歧（Diffo）的相关系数至少在10%水平上通过显著性检验，且系数为正，相关系数分别为0.13和0.50。

在Spearman相关系数检验中，券商跟投比例（Scfi）与询价机构意见分歧（Diffo）的相关系数均为-0.23，在1%水平上显著，说明券商跟投比例负向影响询价机构意见分歧。此外，初始估值范围（Band）与询价机构意见分歧（Diffo）的相关系数在1%水平上通过显著性检验，且系数为正，相关系数为0.67。

表5-5 主要变量的Pearson和Spearman相关系数分析

	Diffo	Scfi	Lnsize	Lev	Top	Unprofit	Lnage	BIG4	Rdpro	Lntafr	Band
Diffo	1	-0.23 ***	-0.091	-0.11	-0.066	0.080	-0.010	0.057	-0.047	0.030	0.67 ***
Scfi	-0.35 ***	1	-0.44 ***	-0.050	0.12	-0.10	-0.088	-0.27 ***	-0.058	-0.33 ***	-0.077
Lnsize	-0.021	-0.45 ***	1	0.38 ***	-0.10	0.088	0.11	0.22 **	-0.042	0.16 *	0.046
Lev	-0.14 *	-0.044	0.38 ***	1	0.009	-0.019	0.078	0.0020	0.0060	-0.086	0.0022
Top	-0.041	0.090	-0.096	0.027	1	-0.11	0.15 *	-0.055	-0.091	-0.083	-0.10
Unprofit	0.073	-0.11	0.11	0.0025	-0.091	1	-0.18 **	0.15 *	0.25 ***	0.31 ***	0.083
Lnage	-0.008	-0.047	0.11	0.081	0.13	-0.22 **	1	0.023	-0.16 *	-0.19 **	-0.038
BIG4	0.13 *	-0.19 **	0.26 ***	0.003	-0.014	0.15 *	0.012	1	0.049	0.045	0.13
Rdpro	0.021	-0.086	0.012	0.079	0.13	0.37 ***	0.015	0.25 ***	1	0.12	-0.001
Lntafr	0.12	-0.27 ***	0.23 ***	-0.087	-0.0028	0.35 ***	-0.24 ***	0.070	0.097	1	0.051
Band	0.50 ***	-0.075	0.066	-0.021	-0.070	0.12	-0.064	0.14 *	0.067	0.064	1

注：左下方为Pearson相关系数，右上方为Spearman相关系数。*、**、***分别表示在1%、5%、10%的水平上显著（双尾检验）。

5.3.3 券商跟投与询价机构意见分歧的假设检验

表5-6列示了本章核心假设的实证回归结果。其中，回归模型因变量为询价机构意见分歧（Diffo），第（1）列为不控制相关控制变量的回归结果，券商跟投（Scfi）与询价机构意见分歧（Diffo）的估计系数为-0.6148，t值为-2.78，在1%水平上显著负相关；第（2）列为控制相关控制变量的回归结果，券商跟投（Scfi）与询价机构意见分歧（Diffo）的估计系数为-0.7476，t值为-3.73，也在1%水平上显著负相关。结果说明券商跟投行为确实有助于降低询价机构投资者的意见分歧，通过降低新股询价阶段的信息不对称，提升了新股询价定价效率，研究假设H1得到验证，即科创板券商跟投比例与询价机构意见分歧负相关，在一定范围内，券商跟投比例越高，询价机构意见分歧越小。经济意义上，券商跟投行为降低询价机构意见分歧的程度大约为59%（0.7476/1.269），结果显示，本书的实证结果具有较强的经济意义。

在控制变量方面，企业规模（Lnsize）与询价机构意见分歧（Diffo）的估计系数为-0.5465，t值为-4.28，在1%水平上显著负相关，说明规模越大的企业，机构投资者对其定价的分歧越小。研发支出占比（Rdpro）

与询价机构意见分歧（Diffo）的估计系数为 -0.0040，t 值为 -1.77，在10%水平上显著负相关，说明机构投资者在询价定价环节注重科创板企业的研发强度和创新能力，企业的上市前的研发创新能力越强，询价机构的报价意见一致性越强。初始估值范围（Band）与询价机构意见分歧（Diffo）的估计系数为1.7699，t 值为6.64，在1%水平上显著正相关，这说明如果新股初始估值范围较大，询价机构投资者受到的干扰也越大，从而增大了询价机构的意见分歧。

表5-6　　券商跟投对询价机构意见分歧的检验影响

	(1)	(2)
	Diffo	Diffo
Scfi	-0.6148*** (-2.78)	-0.7476*** (-3.73)
Lnsize		-0.5465*** (-4.28)
Lev		-0.3103 (-0.55)
Top		-0.1437 (-0.20)
Unprofit		-0.0587 (-0.14)
Lnage		0.1809 (0.58)
BIG4		0.4254 (0.87)
Rdpro		-0.0040* (-1.77)
Lntafr		0.1595 (0.64)
Band		1.7699*** (6.64)
常数	3.2923*** (3.60)	10.5410* (1.86)

续表

	(1)	(2)
	Diffo	Diffo
行业	控制	控制
年份	控制	控制
R^2	0.2156	0.4562
N	215	215

注：括号内为t值；*、** 和 *** 分别表示在10%、5%和1%的水平显著。

5.4 模型内生性与稳健性检验

5.4.1 工具变量法

本书使用同年度同行业（剔除本公司）科创板企业券商跟投比例均值作为工具变量。同年度同行业（剔除本公司）科创板企业券商跟投比例均值与同行业中单一企业券商跟投比例具有相关性，满足相关性要求。同年度同行业（剔除本公司）科创板企业券商跟投比例均值并不会影响询价机构投资者的意见分歧，可以看作是一个外生变量，满足外生性要求。

表5-7是工具变量法的检验结果。在表5-7第（1）列中，同年度同行业（剔除本公司）科创板企业券商跟投比例均值（Scfiadj）与单个企业券商跟投比例（Scfi）的估计系数为0.9234，t值为20.25，在1%水平上显著为正，说明同年度同行业（剔除本公司）科创板企业券商跟投比例均值（Scfiadj）与同行业中单一企业券商跟投比例具有相关性，在第（1）列工具变量有效性的检验中，Partial-R-sq=0.84，说明Scfiadj对Scfi具有较强的解释力度，F值为410.256，远大于10，认为不存在弱工具变量问题。表5-7第（2）列为工具变量第二阶段回归结果，结果显示，券商跟投（Scfi）与询价机构意见分歧（Diffo）的估计系数为-0.8517，t值为-3.95，在1%水平上显著负相关，该结果表明，使用工具变量处理可能的内生性问题之后，研究结论依然稳健。

表 5－7　　工具变量法检验结果

	第一阶段回归	第二阶段回归
	(1)	(2)
	Scfi	Diffo
Scfi		-0.8517*** (-3.95)
Scfiadj	0.9534*** (20.25)	
Lnsize	-0.0668* (-1.89)	-0.5947*** (-4.65)
Lev	0.1452 (0.91)	-0.2442 (-0.46)
Top	-0.2453 (-1.06)	-0.0978 (-0.15)
Unprofit	0.0287 (0.28)	-0.0321 (-0.09)
Lnage	-0.0034 (-0.06)	0.1701 (0.59)
BIG4	-0.2419** (-2.24)	0.4040 (0.89)
Rdpro	-0.0003 (-0.70)	-0.0042** (-2.00)
Lntafr	-0.0899 (-1.44)	0.1245 (0.55)
Band	0.0106 (0.19)	1.7680*** (7.24)
常数	7.9459*** (4.92)	12.7232** (2.45)
行业	控制	控制
年份	控制	控制
R^2	0.8777	0.4541
Wald chi		1056.59
N	215	215

注：括号内为t值；*、**和***分别表示在10%、5%和1%的水平显著。

5.4.2 排除询价机构数量对意见分歧的影响

前文实证检验了券商跟投（Scfi）显著负向影响询价机构意见分歧（Diffo），即券商跟投降低了询价阶段机构投资者的意见分歧，那么询价机构意见分歧的下降会不会是新股询价机构投资者家数减少造成的？一般而言，询价机构家数越少，询价定价越容易达成一致性。为此，本书进一步搜集新股初步询价对象家数和初步询价配售对象家数两个指标，检验其对券商跟投与询价机构意见分歧的关系影响。

表5－8列示了券商跟投、询价机构数量与询价机构意见分歧的检验结果。其中，第（1）列和第（2）列为按照新股初步询价对象家数的中位数分组的回归结果，第（1）列初步询价对象家数较少组，券商跟投（Scfi）与询价机构意见分歧（Diffo）的估计系数为－0.4864，t值为－2.29，在5%水平上显著负相关；第（2）列初步询价对象家数较多组，券商跟投（Scfi）与询价机构意见分歧（Diffo）的估计系数为－1.1883，t值为－3.98，在1%水平上显著负相关；对比第（1）列和第（2）列结果可知，券商跟投（Scfi）对询价机构意见分歧（Diffo）的负向影响在初步询价对象家数较多组中强度更大，后者的估计系数和t值的绝对值均大于前者值的绝对值（估计系数绝对值1.1883＞0.4864；t值绝对值3.98＞2.29），且两者组间系数差异为4.88，在5%水平上通过Suest显著性检验。第（3）列和第（4）列为按照新股初步询价配售对象家数的中位数分组的回归结果，第（3）列初步询价配售对象家数较少组，券商跟投（Scfi）与询价机构意见分歧（Diffo）的估计系数为－0.5684，t值为－2.39，在5%水平上显著负相关；第（4）列初步询价配售对象家数较多组，券商跟投（Scfi）与询价机构意见分歧（Diffo）的估计系数为－1.1065，t值为－4.74，在1%水平上显著负相关；对比第（3）列和第（4）列结果可知，券商跟投（Scfi）对询价机构意见分歧（Diffo）的负向影响在初步询价配售对象家数较多组中强度更大，后者的估计系数和t值的绝对值均大于前者值的绝对值（估计系数绝对值1.1065＞0.5684；t值绝对值4.74＞2.39），且两者组间系数差异为3.49，在10%水平上通过Suest显著性检验。上述结果说明，在初步询价（配售）对象家数较多组，券商跟投对询

价机构意见分歧的负向优化效应更显著，排除了因询价机构数量对询价机构意见分歧的影响。

表5－8 券商跟投、初步询价（配售）对象家数与询价机构意见分歧的检验结果

	初步询价对象家数		初步询价配售对象家数	
	(1)	(2)	(3)	(4)
	Diffo	Diffo	Diffo	Diffo
	较少组	较多组	较少组	较多组
Scfi	−0.4864** (−2.29)	−1.1883*** (−3.98)	−0.5684** (−2.39)	−1.1065*** (−4.74)
Lnsize	−0.3967** (−2.24)	−0.8079*** (−4.73)	−0.4482** (−2.39)	−0.7180*** (−3.95)
Lev	−1.3267* (−1.76)	1.4427 (1.45)	−1.2931* (−1.67)	1.0248 (1.10)
Top	0.9134 (1.09)	−0.3618 (−0.23)	1.5474 (1.55)	−1.0640 (−0.65)
Unprofit	0.0328 (0.04)	−0.0019 (−0.00)	0.2248 (0.23)	0.0752 (0.17)
Lnage	0.1546 (0.40)	0.5018 (0.71)	0.6069 (1.29)	−0.1930 (−0.41)
BIG4	0.9245 (1.40)	0.2884 (0.79)	0.7571 (1.27)	0.0916 (0.30)
Rdpro	−0.0033 (−1.16)	−0.0053 (−1.61)	−0.0036 (−1.19)	−0.0040 (−1.42)
Lntafr	−0.2812 (−0.70)	0.5409 (1.26)	−0.2926 (−0.68)	0.3443 (0.82)
Band	1.8442*** (3.22)	1.8846*** (4.55)	1.9840*** (3.03)	1.6106*** (5.20)
常数	15.0103* (1.81)	6.2059 (0.62)	14.9814* (1.67)	10.2719 (0.95)
组间系数差异	4.88**		3.49*	
行业	控制	控制	控制	控制
年份	控制	控制	控制	控制
R^2	0.5186	0.5401	0.5340	0.5050
N	110	105	108	107

注：括号内为t值；*、**和***分别表示在10%、5%和1%的水平显著。

5.4.3 删除 IPO 首发时尚未盈利样本的检验

与传统核准制不同，注册制新股发行以市值为基础，不以持续盈利作为唯一指标，意味着尚未盈利的企业也可以申请上市，体现了科创板上市条件更加包容，涵盖范围更加广泛。因为新股价值不确定性和风险都会导致投资者意见分歧（Miller，1977），尚未盈利的企业上市会给询价机构投资者对新股的定价带来极大的挑战和难度。那么尚未盈利的这部分样本是否构成券商跟投与询价机构意见分歧关系的噪音？本书将进一步剔除 IPO 尚未盈利的样本并进行检验。

表 5 - 9 列示了删除 IPO 首发时尚未盈利样本的检验结果。其中第（1）列和第（2）列为剔除 16 家 IPO 首发时尚未盈利样本的回归结果，结果显示，券商跟投（Scfi）与询价机构意见分歧（Diffo）的估计系数分别为 - 0.6297 和 - 0.7053，t 值分别为 - 2.58 和 - 3.61，至少在 5% 水平上显著负相关。研究结果说明，尚未盈利样本并未构成噪音，本章的研究结论仍然稳健。

表 5 - 9　　删除 IPO 首发时尚未盈利样本的检验结果

	(1)	(2)
	Diffo	Diffo
Scfi	-0.6297** (-2.58)	-0.7053*** (-3.61)
Lnsize		-0.4502*** (-3.71)
Lev		-0.5855 (-0.88)
Top		-0.3882 (-0.54)
Lnage		0.4052 (1.24)
BIG4		0.5465 (1.07)
Rdpro		-0.9598** (-2.54)
Lntafr		0.2422 (0.90)

续表

	(1)	(2)
	Diffo	Diffo
Band		1.7644*** (6.02)
常数	3.3645*** (3.38)	6.3279 (1.04)
行业	控制	控制
年份	控制	控制
R^2	0.2197	0.4480
N	199	199

注：括号内为t值；*、**和***分别表示在10%、5%和1%的水平显著。

5.4.4 剔除新冠肺炎疫情暴发期间上市样本的检验

2020年以来，新冠肺炎疫情席卷全球，给我国的金融稳定带来了极大的挑战（方意等，2020）。在疫情的冲击下，我国各金融市场震荡剧烈：疫情暴发后，上证综指在2020年2月3日（春节过后的首个交易日）跌幅达到7.72%，创下股灾后近5年以来单日最大跌幅；中证全债指数上升0.62%，为近10年来单日第二大涨幅；外汇和货币市场指数也有不同程度的波动。传染性公共卫生事件的不确定性可能会影响询价机构对于新股价值和询价定价的决策与判断，导致新股询价定价的投资者意见分歧包含显著的外部负面冲击，对券商跟投与询价机构意见分歧的关系造成干扰。因此，为了避免这种突发性安全公共卫生事件的影响，本书剔除了在新冠肺炎疫情暴发期间（2020年1月23日至3月31日）[①] 上市的新股。表5－10

① 剔除新冠肺炎疫情暴发期间的时间范围选择，主要是依据2020年1月20日，国家卫健委高级别专家组组长、中国工程院院士钟南山接受央视新闻采访时表示，新型冠状病毒肺炎肯定有人传人现象。1月22日凌晨，武汉市决定从1月23日10时起全市城市公交、地铁、轮渡、长途客运暂停运营，机场、火车站离汉通道暂时关闭，采取“封城”措施。之后，各地区纷纷效仿，出现了全国普遍性的企业停工停产、商店关门、居民居家隔离不外出等现象（肖土盛等，2020）。2020年1月23日自武汉宣布“封城”之后，全国各地对新冠肺炎疫情的关注点和负面情绪达到最高点。而从4月份开始，全国各地的新冠肺炎新增确诊人数显著减少，全国大部分地区都实现了复产复工，社会经济生活实现恢复。

列示了剔除新冠肺炎疫情暴发期间上市样本的检验结果，结果显示，券商跟投（Scfi）与询价机构意见分歧（Diffo）的估计系数分别为 -0.6113 和 -0.7475，t 值分别为 -2.57 和 -3.35，至少在 5% 水平上显著负相关。这说明在剔除新冠肺炎疫情暴发期间上市样本后，本书研究结论仍然保持不变。

表 5-10　剔除新冠肺炎疫情暴发期间上市样本的检验结果

	(1)	(2)
	Diffo	Diffo
Scfi	-0.6113 ** (-2.57)	-0.7475 *** (-3.35)
Lnsize		-0.6060 *** (-4.19)
Lev		-0.1222 (-0.19)
Top		0.1283 (0.15)
Unprofit		-0.1004 (-0.23)
Lnage		0.1641 (0.48)
BIG4		0.3934 (0.78)
Rdpro		-0.0041 * (-1.81)
Lntafr		0.2833 (1.05)
Band		1.6648 *** (5.91)
常数	3.1226 *** (3.22)	9.1668 (1.57)
行业	控制	控制
年份	控制	控制
R^2	0.2224	0.4369
N	197	197

注：括号内为 t 值；*、** 和 *** 分别表示在 10%、5% 和 1% 的水平显著。

5.4.5 增加控制变量的检验

不同机构投资者就企业估值、未来成长能力等信息的解读不可能完全一致，造成了询价阶段机构投资者对新股报价的意见分歧（徐妍和郑冠群，2016）。黄瑜琴等（2013）研究发现保荐机构发行新股时会注重市场大盘的表现，如果发行窗口期内大盘整体走势较好，会推动新股二级市场IPO首日的交易价格，新股抑价率更高。何青和周艺丹（2020）发现新股IPO前大盘指数收益率较高，投资者会更乐观，会直接导致新股价格泡沫变大。郭泓和赵震宇（2006）以新股发行市盈率是否偏离行业平均市盈率作为判断新股IPO发行价是否偏高。陈健和贾隽（2014）发现行业市场估值水平和新股上市前盈利增长情况对IPO发现市盈率具有显著正相关关系。为了控制上述遗漏变量对回归模型的影响，本书借鉴现有文献的观点，分别控制新股上市前的资产收益率（Roa）、新股上市前的市场情绪（Icr21）和新股上市时行业市盈率均值（IndPE）。其中，新股上市前的市场情绪用IPO公司所在板块上市交易前最近21日的指数累积回报率来度量，该指标越大，表示市场情绪越高。

表5-11列示了增加相关控制变量的检验结果，第（1）列是将新股上市前的资产收益率（Roa）加入回归模型（5.1）的回归结果，结果显示，新股上市前的资产收益率（Roa）与询价机构意见分歧（Diffo）的估计系数为-0.1871，但未通过显著性检验。券商跟投（Scfi）与询价机构意见分歧（Diffo）的估计系数为-0.7450，t值为-3.77，在1%水平上显著负相关。第（2）列是将新股上市前的市场情绪（Icr21）加入回归模型（5.1）中的回归结果，结果显示，新股上市前的市场情绪（Icr21）与询价机构意见分歧（Diffo）的估计系数为-2.2062，t值为-1.82，在10%水平上显著负相关。券商跟投（Scfi）与询价机构意见分歧（Diffo）的估计系数为-0.7337，t值为-3.70，在1%水平上显著负相关。第（3）列是将新股上市时行业市盈率均值（IndPE）加入回归模型（5.1）中的回归结果，结果显示，新股上市时行业市盈率均值（IndPE）与询价机构意见分歧（Diffo）的估计系数为0.7031，但未通过显著性检验。券商跟投（Scfi）与询价机构意见分歧（Diffo）的估计系数为-0.7170，t值为-3.69，在

1%水平上显著负相关。上述结果表明，在控制了新股上市前盈利情况、市场情绪和行业平均市盈率因素后，本章的研究结论仍然稳健。

表5-11 增加控制变量的检验结果

	(1)	(2)	(3)
	Diffo	Diffo	Diffo
Scfi	-0.7450*** (-3.77)	-0.7337*** (-3.70)	-0.7170*** (-3.69)
Lnsize	-0.5472*** (-4.25)	-0.5172*** (-4.27)	-0.5176*** (-4.30)
Lev	-0.2118 (-0.35)	-0.3535 (-0.63)	-0.3175 (-0.55)
Top	-0.1341 (-0.19)	-0.1588 (-0.22)	-0.1805 (-0.25)
Unprofit	-0.0713 (-0.17)	-0.0307 (-0.08)	-0.1659 (-0.39)
Lnage	0.1910 (0.59)	0.1563 (0.51)	0.1484 (0.49)
BIG4	0.4233 (0.87)	0.4014 (0.83)	0.4378 (0.90)
Rdpro	-0.0039* (-1.70)	-0.0035 (-1.49)	-0.0037 (-1.60)
Lntafr	0.1674 (0.64)	0.1816 (0.73)	0.1750 (0.67)
Band	1.7713*** (6.60)	1.7139*** (6.47)	1.7721*** (6.70)
Roa	-0.1871 (-0.28)		
Icr21		-2.2062* (-1.82)	
IndPE			0.7031 (1.29)

续表

	(1)	(2)	(3)
	Diffo	Diffo	Diffo
常数	10.3378* (1.77)	9.6113* (1.75)	7.0997 (1.02)
行业	控制	控制	控制
年份	控制	控制	控制
R^2	0.4563	0.4625	0.4604
N	215	215	215

注：括号内为t值；*、**和***分别表示在10%、5%和1%的水平显著。

5.5 进一步分析

5.5.1 券商跟投与新股发行价修正程度的实证检验

根据《科创板首次公开发行股票注册管理办法（试行）》等相关规定，发行人和保荐机构（主承销商）可以通过网下初步询价直接确定发行价格，那么网下初步询价的上限、下限和询价区间中值直接影响到科创板新股的发行价格确定。本章将进一步检验券商跟投对新股发行价修正程度的影响，进而检验券商跟投对询价机构意见分歧的经济后果。

首先，本书获取新股初步询价范围的上限和下限；其次，根据新股初步询价范围的上限和下限来求新股初步询价区间中值；最后，用公司发行价格与新股初步询价区间中值的差额与新股初步询价区间中值的比例来度量公司发行价格的修正程度，如公式（5.2）所示。

$$Priceup = \frac{Price - Inquiry_{mid}}{Inquiry_{mid}} \tag{5.2}$$

其中，Priceup表示新股发行价修正程度，Price为新股发行价，$Inquiry_{mid}$表示新股初步询价区间中值（等于询价区间上限减下限）。

此外，根据已有文献的观点，新股IPO首日的市场表现会受到上市首日市场指数的涨跌幅影响，因此，本书进一步对公司发行价格修正程度进行市场指数调整作为稳健性测度指标，将原有公司发行价格修正程度的计算公式调整如下（见公式5.3）：

$$Pricemup = \frac{Price - Inquiry_{mid}}{Inquiry_{mid}} - \frac{Clp - Opp}{Opp} \tag{5.3}$$

其中，Pricemup表示经市场指数调整后新股发行价修正程度，Price为新股发行价，$Inquiry_{mid}$表示新股初步询价区间中值，Clp为新股发行上市首日上证综合指数收盘价，Opp为新股发行上市首日上证综合指数开盘价。计算公式中选取上证综合指数作为市场指数调整，主要是因为科创板公司股票审核、发行和交易均在上海证券交易所，采用发行上市首日上证综合指数的涨跌幅情况作为市场指数调整更为合理。

表5-12列示了券商跟投对新股发行价修正程度的检验结果。其中，第（1）列和第（2）列是因变量为Priceup的回归结果，结果显示，券商跟投（Scfi）与新股发行价修正程度（Priceup）的估计系数分别为-0.0673和-0.0862，t值分别为-3.26和-3.03，均在1%水平上显著负相关。第（3）列和第（4）列是因变量为Pricemup的回归结果，结果显示，券商跟投（Scfi）与经市场指数调整后新股发行价修正程度（Pricemup）的估计系数分别为-0.0675和-0.0853，t值分别为-3.25和-2.97，均在1%水平上显著负相关。这说明券商跟投会负向影响新股发行价修正程度，即券商跟投比例越高，新股发行价修正程度越低，新股发行价越接近询价中值。研究结果表明，券商跟投降低了询价机构意见分歧，提高了询价效率。

表5-12　券商跟投对新股发行价修正程度的检验影响

	(1)	(2)	(3)	(4)
	Priceup	Priceup	Pricemup	Pricemup
Scfi	-0.0673*** (-3.26)	-0.0862*** (-3.03)	-0.0675*** (-3.25)	-0.0853*** (-2.97)
Lnsize		-0.0523* (-1.83)		-0.0500* (-1.71)

续表

	(1)	(2)	(3)	(4)
	Priceup	Priceup	Pricemup	Pricemup
Lev		0. 0366 (0. 37)		0. 0340 (0. 34)
Top		-0. 2833* (-1. 84)		-0. 2855* (-1. 85)
Unprofit		-0. 0030 (-0. 03)		-0. 0072 (-0. 06)
Lnage		-0. 0237 (-0. 41)		-0. 0241 (-0. 41)
BIG4		-0. 0272 (-0. 39)		-0. 0255 (-0. 36)
Rdpro		-0. 0012 (-1. 57)		-0. 0011 (-1. 52)
Lntafr		0. 0536 (1. 36)		0. 0538 (1. 36)
Band		-0. 1445*** (-3. 13)		-0. 1434*** (-3. 09)
常数	0. 1403 (1. 36)	0. 4298 (0. 36)	0. 1252 (1. 21)	0. 3606 (0. 30)
行业	控制	控制	控制	控制
年份	控制	控制	控制	控制
R^2	0. 2215	0. 3311	0. 2263	0. 3320
N	215	215	215	215

注：括号内为 t 值；*、** 和 *** 分别表示在 10%、5% 和 1% 的水平显著。

5. 5. 2 券商跟投与新股询价定价操纵的实证检验

根据初步询价定价流程，券商首先依据机构投资者报价结果确定新股发行价格区间，然后据此确定最终发行价格①。本书已经检验了券商跟投

① 由于科创板采取累计投标询价的企业较少，本书只考虑初步询价阶段。

有助于降低询价机构报价意见分歧，那么券商跟投会不会引起券商操纵新股发行价格区间和最终发行价格？本节将进一步检验券商跟投与新股发行价格区间和券商跟投与最终发行价格操纵程度的影响。

(1) 券商跟投与新股IPO发行价格区间的检验分析

首先，检验券商跟投对新股IPO发行价格区间的影响。借鉴已有文献的做法，通过计算（新股发行价-初步询价价格范围下限）÷（初步询价价格范围上限-初步询价价格范围下限）得到新股IPO发行价格区间范围（OPIR），OPIR对新股IPO发行价具有指示功能。

表5-13列示了券商跟投对新股IPO发行价格区间范围的检验结果，结果显示，券商跟投（Scfi）与新股IPO发行价格区间范围（OPIR）的估计系数分别为-0.0446和-0.0541，t值分别为-2.42和-2.53，均在5%水平上显著负相关。这说明券商跟投会负向影响新股IPO发行价格区间范围，即券商跟投比例越高，新股IPO发行价格区间范围越小。这也从侧面证明了券商跟投降低了询价机构意见分歧，促使基于投资者报价结果的发行价格区间范围缩小。

表5-13 券商跟投对新股IPO发行价格区间范围的检验影响

	(1)	(2)
	OPIR	OPIR
Scfi	-0.0446** (-2.42)	-0.0541** (-2.53)
Lnsize		-0.0329 (-1.27)
Lev		0.0047 (0.04)
Top		-0.2186 (-1.47)
Unprofit		0.0445 (0.50)
Lnage		-0.0246 (-0.45)

续表

	(1)	(2)
	OPIR	OPIR
BIG4		-0.0486 (-0.80)
Rdpro		-0.0010** (-2.56)
Lntafr		0.0472 (1.29)
Band		-0.0376 (-0.87)
常数	0.4569*** (4.66)	0.3750 (0.40)
行业	控制	控制
年份	控制	控制
R^2	0.2443	0.2955
N	215	215

注：括号内为t值；*、**和***分别表示在10%、5%和1%的水平显著。

(2) 券商跟投与新股初始估值打折的检验分析

当然，新股发行价格区间范围缩小也有可能是券商机会主义动机造成的，即券商对新股初始估值打折。为了排除这一可能，本书进一步检验券商跟投与新股初始估值折扣的影响。借鉴已有文献的做法，首先，计算科创板新股IPO的“公允价格”，等于新股IPO前每股收益×新股上市前同行业市盈率均值；其次，将新股初步询价价格范围下限与IPO“公允价格”相除，得到新股IPO初始估值折扣（LDFV）的测度指标，LDFV可以反映承销商确定的IPO初始价格水平高低，从而用来检验券商跟投对新股初始估值折扣的影响。

表5-14列示了券商跟投对新股IPO初始估值折扣的检验结果，结果显示，券商跟投（Scfi）与新股IPO初始估值折扣（LDFV）的估计系数分别为-0.2643和0.0157，t值分别为-0.91和0.14，均未通过显著性检

验。这说明券商跟投对新股 IPO 初始估值折扣无显著性影响，券商并没有对新股初始估值打折，从侧面证明了券商跟投有效抑制了券商在确定发行价格区间时的机会主义行为。

表 5-14　　券商跟投对新股 IPO 初始估值折扣的检验影响

	(1)	(2)
	LDFV	LDFV
Scfi	-0.2643 (-0.91)	0.0157 (0.14)
Lnsize		0.6475 (0.91)
Lev		-1.4171 (-0.98)
Top		-0.1893 (-0.25)
Unprofit		-1.5271 (-1.28)
Lnage		-0.0489 (-0.11)
BIG4		-0.2404 (-0.43)
Rdpro		0.0045 (0.78)
Lntafr		0.4250 (1.14)
Band		-0.9384 (-1.30)
常数	2.3038** (2.04)	-20.1677 (-0.98)
行业	控制	控制
年份	控制	控制
R^2	0.1333	0.1671
N	215	215

注：括号内为 t 值；*、** 和 *** 分别表示在 10%、5% 和 1% 的水平显著。

(3) 券商跟投与新股 IPO 发行价操纵程度的检验分析

进一步来讲，本书检验询价阶段券商跟投对新股 IPO 发行定价的影响。借鉴已有文献的做法，首先，计算科创板新股 IPO 的“公允价格”，等于新股 IPO 前每股收益乘以新股上市前同行业市盈率均值；其次，将新股 IPO 发行价与 IPO“公允价格”相除得到新股 IPO 发行价操纵程度（IPrice），采用这种方式将 IPO 发行价进行标准化，用来识别承销商对新股 IPO 发行价的操纵程度，从而检验券商跟投对新股 IPO 发行价操纵程度的影响。

表 5－15 列示了券商跟投对新股 IPO 发行价操纵程度的检验结果，结果显示，券商跟投（Scfi）与新股 IPO 发行价操纵程度（IPrice）的估计系数分别为－0.3860 和－0.1988，t 值分别为－1.10 和－0.91，均未通过显著性检验。说明券商跟投对新股 IPO 发行价操纵程度无显著性影响。研究结果表明，券商也没有对发行价格确定进行操纵，从侧面证明了券商跟投有效抑制了券商在询价最后阶段的机会主义行为。

表 5－15　券商跟投对新股 IPO 发行价操纵程度的检验影响

	(1)	(2)
	IPrice	IPrice
Scfi	－0.3860 (－1.10)	－0.1988 (－0.91)
Lnsize		0.4271 (0.53)
Lev		－1.3179 (－0.79)
Top		－1.0109 (－1.09)
Unprofit		－2.3588* (－1.69)
Lnage		－0.2015 (－0.30)

续表

	(1)	(2)
	IPrice	IPrice
BIG4		-0.5744 (-0.81)
Rdpro		0.0058 (0.84)
Lntafr		0.5534 (1.19)
Band		-0.6092 (-0.73)
常数	2.9138** (2.10)	-16.6903 (-0.70)
行业	控制	控制
年份	控制	控制
R^2	0.1419	0.1664
N	215	215

注：括号内为t值；*、**和***分别表示在10%、5%和1%的水平显著。

5.5.3 券商跟投与分析师新股发行价预测均值的检验分析

现有文献表明分析师新股发行价预测值会影响新股询价定价（邵新建等，2018），分析师会选择发布高估式报告来煽动投资者对新股定价的情绪，影响新股询价定价。IPO上市前分析师报告数量越多、预测越乐观，新股价格上调幅度就越大。新股发行价预测分析师一般可以划分为承销商分析师和非承销商分析师。陈健和贾隽（2014）发现分析师盈利预测与新股发行市盈率呈正相关关系。Song等（2014）采用分析师的新股发行价预测值的一致估计作为新股内在真实价值的体现。因此，本书进一步检验券商跟投是否会影响分析师预测新股发行价，从而影响询价机构意见分歧。本书搜集整理了所有对科创板新股发行价发布了预测信息的分析师报告，其中共有147家科创板新股至少有1名分析师对发行价进行了预测，如果有多名分析师对同一家新股发行价给出了预测区间，则取多名分析师新股发行价预测值的均值，定义其为Afap。

表5-16列示了券商跟投对分析师新股发行价预测均值的检验结果，结果显示，券商跟投（Scfi）与分析师新股发行价预测均值（Afap）的估计系数分别为-0.9571和-0.7470，t值分别为-1.24和-0.78，均未通过显著性检验。这说明券商跟投对分析师新股发行价预测均值无显著性影响。研究结果表明，券商跟投与分析师对新股价格的预测不相关，也就是说跟投后，券商并没有干预分析师对新股的预测。

表5-16　券商跟投对分析师新股发行价预测均值的检验影响

	(1)	(2)
	Afap	Afap
Scfi	-0.9571 (-1.24)	-0.7470 (-0.78)
Lnsize		0.1876 (0.14)
Lev		-2.3088 (-0.78)
Top		-1.2854 (-0.55)
Unprofit		-4.8180 (-1.52)
Lnage		3.8161 (0.85)
BIG4		-2.1840 (-1.22)
Rdpro		0.0222 (1.49)
Lntafr		1.7139 (1.28)

续表

	(1)	(2)
	Afap	Afap
Band		0.3229 (0.17)
常数	4.6086* (1.67)	-45.1554 (-0.93)
行业	控制	控制
年份	控制	控制
R^2	0.1349	0.1892
N	147	147

注：括号内为t值；*、**和***分别表示在10%、5%和1%的水平显著。

5.5.4 券商跟投对一级市场发行氛围的检验分析

券商跟投比例向投资者传递了有关保荐公司质量的信号，本书进一步检验券商跟投对一级市场发行氛围的影响。根据现有文献，分别选取新股网下申购总量（Lntos）和网下超额认购倍数（Lnolosr）作为新股一级市场发行氛围的代理变量，新股网下申购总量越大、网下超额认购倍数越高，表明其一级市场发行氛围越好，机构投资者对新股越追捧。表5-17列示了券商跟投对一级市场发行氛围的检验结果。其中，第（1）列和第（2）列是因变量为Lntos的回归结果，结果显示，券商跟投（Scfi）与网下申购总量（Lntos）的估计系数分别为-0.0334和0.1603，t值分别为-0.55和2.38，列（1）未通过显著性检验，列（2）在5%水平上显著正相关。第（3）列和第（4）列是因变量为Lnolosr的回归结果，结果显示，券商跟投（Scfi）与网下超额认购倍数（Lnolosr）的估计系数分别为0.2326和0.1497，t值分别为3.98和2.53，至少在5%水平上显著正相关。这说明券商跟投会正向影响网下申购总量和网下超额认购倍数，即券商跟投比例越高，新股网下申购总量和网下超额认购倍数越高，新股一级市场发行氛围越好。研究结果表明，券商跟投调动了投资者参与一级市场认购的积极性。

表5-17　券商跟投对一级市场发行氛围的检验影响

	网下申购总量		网下超额认购倍数	
	(1)	(2)	(3)	(4)
	Lntos	Lntos	Lnolosr	Lnolosr
Scfi	-0.0334 (-0.55)	0.1603** (2.38)	0.2326*** (3.98)	0.1497** (2.53)
Lnsize		0.4518*** (8.62)		-0.1506*** (-3.62)
Lev		-0.0192 (-0.08)		0.1505 (0.63)
Top		-0.2090 (-0.66)		-0.0386 (-0.16)
Unprofit		-0.2009 (-1.25)		-0.0708 (-0.52)
Lnage		0.1467 (1.37)		0.0418 (0.53)
BIG4		-0.2849 (-1.64)		-0.3315*** (-2.84)
Rdpro		0.0036*** (3.13)		0.0007 (0.60)
Lntafr		0.0046 (0.06)		-0.0081 (-0.14)
Band		0.2305** (2.50)		0.1690*** (2.69)
常数	22.9967*** (74.63)	12.4736*** (5.89)	5.3330*** (21.03)	8.7689*** (5.10)
行业	控制	控制	控制	控制
年份	控制	控制	控制	控制
R^2	0.5649	0.7229	0.7434	0.7910
N	215	215	215	215

注：括号内为t值；*、**和***分别表示在10%、5%和1%的水平显著。

6 科创板券商跟投与IPO定价效率的实证检验

6.1 理论分析与研究假设

国内外相关文献指出，在我国不成熟的市场环境下，券商普遍存在追求个人私利的机会主义动机（俞红海等，2013；黄亮华和谢德仁，2016；宋顺林和唐斯圆，2016；柳建华等，2017；邵新建等，2019；Gao 等，2020）；作为理性经济人的券商很可能为了追求承销收入的最大化，与发行企业合谋抬高新股发行价格（徐浩萍和罗炜，2007），从而对新股 IPO 定价效率产生负面影响。郭海星等（2011）研究发现，承销商的机会主义行为促进了承销商和发行人的利益趋同，导致 IPO 定价偏离内在价值。王欣荣（2014）在 2009—2011 年上市的 281 支创业板新股中找到了券商追求较高承销费而增加 IPO 融资超募程度的经验证据。为了规制券商的机会主义行为，更好地发挥其资本市场“看门人”的作用，《上海证券交易所科创板股票发行与承销业务指引》指出“科创板试行保荐机构相关子公司跟投制度”，券商跟投制度首次出现在我国证券市场。

科创板券商跟投如何影响新股定价呢？本书认为，可以从委托代理理论、声誉理论和成本收益理论和三个方面分别解释。

第一，跟投行为强化了券商治理功能的发挥，有利于降低发行人的盈余管理行为。委托代理理论认为，在新股发行上市过程中，券商接受发行人委托，利用自身对市场供需关系的信息优势及专业化的估值能力，为发行人在一级市场定价和配售。发行人期望提高定价以募集较多的资金，券商则为了保证发行顺利倾向于压低价格，两者的利益不一致导致了委托代理冲突（Beatty和Ritter，1986）。上市公司在IPO过程中普遍存在盈余管理（徐浩萍和陈超，2009；蔡春等，2013；Sletten等，2018），且高盈余管理可能导致高抑价（Charme等，2001；Kothari等，2016），发行人的盈余管理行为增大了资本市场中IPO公司的信息不对称程度和逆向选择的风险（Abad等，2018），券商和投资者在对发行人进行定价决策时容易偏离公司的实际价值，造成IPO定价效率下降（Willenborg等，2015）。

与一般券商承销不同，对上市公司进行跟投是一项重大的投资，券商采用自有资金进行跟投，其收益取决于公司的股价表现。跟投使券商增加了一个“投资者”的角色，其利益与投资者更加趋于一致，进一步强化了券商的监督治理功能。为了最大限度地降低风险提高收益，跟投券商在备案辅导期的承销责任得以强化，跟投券商更有动力和能力进行事前严格的筛选，并在入股之后提供公司治理和公司战略等方面的专业帮助，降低发行人的盈余管理，进而改善公司的质量（Booth和Smith，1986）。券商跟投的比例越高，券商收益与IPO公司质量的关联度越高，券商越有动力强化监督责任，加强定价和配售过程管理，履行承销责任。在这个过程中，在两三年的备案辅导期券商会监督上市公司提高会计质量，降低盈余管理；在券商的督导下，发行公司的业绩质量更加规范，券商定价也更加准确。即券商跟投通过降低发行公司的盈余管理行为，提高了IPO定价效率。

第二，券商跟投有助于强化声誉机制的作用。作为新股信息提供和传递的中介机构，券商声誉对于新股定价效率具有重要影响。根据声誉理论的观点，券商声誉是证明券商价值认证质量的先决条件，券商将自己的声誉资本抵押给拟发行公司（Carter和Manaster，1990），通过声誉的认证功能为投资者判断公司质量好坏提供依据（Kerl和Walter，2008）。Carter和Manaster（1990）实证检验美国的IPO数据证明了这一观点，他们研究发现，声誉高的券商估计的IPO价格较为精准。邵新建等（2013）基于中国的数据也发现，良好的声誉能够缓解券商抬高新股发行价格的行为。张学勇和张秋月（2018）则从声誉损失的角度证明，声誉受损后券商所承销的新股IPO定价效率和长期股票回报率均下降。那么，券商声誉如何影响IPO公司的新股定价呢？

一方面，声誉高的券商实力雄厚、专业水平更高，由其保荐和承销的新股定价效率理应较高。券商跟投强化了券商对声誉的重视程度，在跟投情况下，券商声誉可以提高新股成功发行的概率，增强市场对发行企业的认可程度，为发行人带来融资便利；同时，由券商声誉带动的新股在二级市场的良好表现又能给投资者和券商带来丰厚的投资收益，跟投比例越高，券商声誉带来的经济效益越好。因此券商跟投降低了券商、投资者和发行人的利益冲突，提高了声誉机制的认证效果，跟投比例与声誉机制的认证效果正相关。

另一方面，声誉也会给券商带来“租金”。券商声誉一旦受损，投资者就会质疑券商的认证功能，传导至资本市场引起新股价格下降，直接威胁到券商未来的市场份额和长期收益（Beatty 和 Ritter，1986；Chua，2014；戴亦一等，2014；陈运森和宋顺林，2017）。券商跟投进一步加剧了声誉的信号功能和惩罚机制。在科创板注册制下，券商跟投使其利益与公司利益更加一致，如果其认证是虚假的，一旦这一虚假行为被市场识别，那么不仅会带来声誉损失，还会带来投资损失，跟投比例越高，声誉的惩罚后果越严重。从声誉机制来看，跟投能强化券商维护声誉的意识，提高声誉正向认证功能的发挥，降低声誉惩罚机制的后果，从而提高券商的新股定价效率。

第三，跟投行为改变了券商的收益效用函数。理性经济人假说认为，券商作为经济决策的主体，以追求自身收益最大化为目标，在市场中存在攫取私利的机会主义行为。在券商跟投制度推出前，券商在 IPO 定价过程中的主要收益是承销收入，主要成本是定价失败导致的声誉损失，券商一般会权衡抬高定价带来的额外承销收入与定价不准带来的声誉成本，在此基础上综合考虑确定收益最大化下的 IPO 发行价格。科创板引入跟投制度后，券商的收益函数发生了改变，在原来的承销收入上增加了跟投带来的收益，成本上除了声誉损失还有投资失败带来的损失。在新的效用函数下，假定券商仍然追求利益最大化，那么跟投行为将会提高券商的 IPO 定价效率，使新股发行价格更接近公司内在价值。

这是因为，一方面，券商跟投行为遏制了券商抬高定价的动机，如果 IPO 发行价较高，虽然短期内能获得超额承销收入，但长期来看新股价格会回归到股票真实价值，IPO 抬价将会造成未来公司股价下跌的风险，跟投收益很有可能为负；同时，抬价行为还会造成声誉损毁，增加跟投成本，所以抬高发行价格不是券商的最优选择。另一方面，券商跟投也会遏制券商压低报价的动机，从短期看，压低报价直接降低了券商的承销收入；从长期看，压低报价虽然能降低跟投成本，但直接损害了发行人的利益，而且会加剧新股市场的投资者竞争程度，不利于与投资者和发行人未来的长期合作，对券商未来的收益造成潜在损害；压低报价也不是券商收益最大化下的最优选择。因此，从成本收益理论看，券商跟投下，券商为了自身利益最大化最优的定价策略是提高新股定价的准确性，且跟投比例越高，抬高报价和压低报价所带来的损失越大，券商合理确定IPO价格的动机越强，越有利于提高IPO定价效率。

综上所述，基于治理动机，在强制跟投制度下，券商将进一步强化承销责任，更好地发挥资产定价方面的优势，从而实现IPO定价效率的提高。由此，本章提出如下研究假设：

H2：在其他条件一定的情况下，科创板券商跟投比例与新股IPO定价效率正相关。

6.2 研究设计

6.2.1 变量设计

（1）因变量——新股定价效率（PVPE/PVPS/PVPB）

现有文献表明新股IPO首日收盘价容易受到投资者情绪的影响，采用新股IPO发行首日收盘价与发行价计算的IPO抑价率作为新股定价效率，可能并不能真实反映出公司的实际价值。本书参考Purnanandam和Swanminathan（2004）、Chemmanur和Krishnan（2012）以及俞红海等（2013）的思路，通过选择配对样本的方式来确定比较基准，用相对于配对样本的相对定价（价值）来度量目标企业的定价（价值）。其中关于配对样本的选择，本书考虑目标企业所在行业、销售收入和息税前利润/销售收入这三个指标，行业分类按照证监会2012年的分类标准，除制造业细分到二级行业外，其他均为一级行业。在具体配对样本选择过程中，首先剔除上市不满三年的公司，以及金融公司和ST、*ST公司，在此基础上，将同一年同一行业的公司样本按照上一年度销售收入规模分为两类，并进一步对每一类销售规模样本组合按上一年息税前利润/销售收入分为两类，这样共形成2×2个组合。然后按照科创板新股样本的所在行业、上市前销售收入和上市前息税前利润/销售收入这三个指标，寻找匹配的样本组合。最后按照科创板新股样本和配对组合的销售收入差值进行排序，寻找这一组合中和科创板新股样本销售收入最为接近的样本，即为配对样本。

在确定配对样本后，本书用配对样本在IPO当日的市盈率作为比较基准，和新股首发市盈率进行比较，用来度量科创板新股定价效率。具体定义如公式（6.1）所示。

$$\left(\frac{P}{V}\right)_{Earnings}=\frac{(P/E)_{IPO}}{(P/E)_{Match}} \tag{6.1}$$

此外，本书进一步选取其他相对估值指标，包括市销率和市净率指标来度量科创板新股定价效率，以此作为稳健性分析，具体计算公式如下所示：

$$\left(\frac{P}{V}\right)_{Sales}=\frac{(P/S)_{IPO}}{(P/S)_{Match}} \tag{6.2}$$

$$\left(\frac{P}{V}\right)_{Books}=\frac{(P/B)_{IPO}}{(P/B)_{Match}} \tag{6.3}$$

从理论上讲，上述比值越接近1，表明发行价越接近真实价值，新股的定价效率越高。然而这一标准存在的前提是作为分母的配对样本估值没有被高估也没有被低估。如果配对样本估值偏高，则为了确保估值的准确性，新股IPO定价相对配对样本应该低估，即该比值越低越好；如果配对样本估值偏低，则新股IPO价格相对配对样本应该高估，才能保证定价的准确性，此时比值越高越好。由于我国IPO市场新股发行价普遍存在过高定价现象，如俞红海等（2013）以配对样本在IPO当日的市盈率作为比较基准和新股首发市盈率进行比较，发现我国IPO市场的 $(P/V)_{Earnings}$ 的均值为1.4144，显著高于1。因此，在我国IPO市场，作为比较基准的配对样本存在过高定价，上述比值并非越接近1越好，而是比值越低越好，比值越低，表示新股的定价越合理，IPO定价效率越高。

(2) 自变量——券商跟投比例 (Scfi)

根据科创板上市公司发布的网下初步配售结果及网上中签结果公告，获取证券公司作为保荐机构（承销商）参与初始战略配售的发行数量，计算保荐机构（承销商）在本次发行最终战略配售数量占发行总量的比例，作为自变量券商跟投比例的度量。

(3) 控制变量

现有关于IPO定价效率的文献表明公司财务特征、股权结构特征、发行特征等变量会影响上市公司定价效率。宋顺林和唐斯圆（2016）发现企业规模和第一大股东持股比例与IPO抑价率显著正相关。汪昌云等（2015）发现新股发行规模和高新技术行业的新股定价效率更低。Ljungqvist等（2006）、Derrien（2005）发现投资者情绪对IPO定价有显著影响，潘胜文和吴川东（2020）以新股发行上市首日的换手率作为投资者情绪的代理变量，并发现其与IPO抑价显著负相关。刘生胜等（2019）发现企业资产负债率与新股定价效率正相关，企业盈利能力与新股定价效率负相关。张宗新和滕俊樑（2020）发现在注册制科创板市场中首日换手率和净资产收益率与IPO定价效率正相关。基于此，本书参考Purnanandam和Swanminathan（2004）、Chemmanur和Krishnan（2012）以及俞红海等（2013）的做法，在回归模型中控制了企业规模（Lnsize）、企业资产负债率（Lev）、资产收益率（Roa）、第一大股东持股比例（Top）、上市是否盈利情况（Unprofit）、市场情绪（Icr21）、承销保荐费用（Lniurf）、募集资金总额（Lntafr）、研发支出（LnRDEX）、新股上市首日换手率（Trofdl）、行业特征和年份特征。本书回归模型中相关变量的名称及说明如表6-1所示。

表6-1　模型变量设计与说明

变量类型	变量名称	变量符号	变量说明
因变量	新股定价效率	PVPE	配对样本在新股IPO当日市盈率作为比较基准度量的新股定价效率，简称IPO公司市盈率比值，计算公式见6.1

续表

变量类型	变量名称	变量符号	变量说明
因变量	新股定价效率	PVPS	配对样本在新股IPO当日市销率作为比较基准度量的新股定价效率，简称IPO公司市销率比值，计算公式见6.2
		PVPB	配对样本在新股IPO当日市净率作为比较基准度量的新股定价效率，简称IPO公司市净率比值，计算公式见6.3
自变量	券商跟投比例	Scfi	表示为证券承销商作为初始战略投资者获得发行方的战略配售数量占发行总数量的比例
控制变量	企业规模	Lnsize	根据财务报告得到，对公司上市前期末总资产取自然对数
	企业负债率	Lev	上市前公司的负债与总资产的比值
	资产收益率	Roa	上市前税后净利润与总资产的比值
	第一大股东持股比例	Top	上市前公司第一大股东持股比例
	上市是否盈利情况	Unprofit	哑变量，公司申请上市时是否尚未盈利，如果申请上市时业绩仍为亏损则计为1，否则为0
	市场情绪	Icr21	公司所在板块上市交易前最近21日（月度）指数累积回报率
	承销保荐费用	Lniurf	对承销商保荐发行费用取自然对数
	募集资金总额	Lntafr	对公司发行时募集资金总额取自然对数
	研发支出	LnRDEX	对公司上市前的研发费用取自然对数
	新股上市首日换手率	Trofdl	新股上市首日换手率
	行业特征	Industry	行业效应，根据证监会行业分类标准设置虚拟变量矩阵
	年份特征	Year	年份效应，从每年1月1日至12月31的完整会计年度，设置为虚拟变量矩阵

注：表格内容根据相关文献资料整理所得。

6.2.2 研究样本选择和数据来源

本书以科创板中2019年7月22日至2020年12月31日上市的公

司作为研究样本，在此期间共有215家企业成功登陆科创板。公司年报、招股说明书、券商跟投信息等信息来自手工收集巨潮资讯网、上海证券交易所官网和深圳证券交易所官网；其中，券商跟投比例数据、承销商保荐人信息数据是通过对科创板上市公司发布的网下初步配售结果及网上中签结果公告手工查阅整理所得，前21个交易日的行业涨跌幅指数为手工计算整理所得，公司相关财务数据、公司治理数据、行业、市场数据则来自国泰安数据库（CSMAR）和Wind数据库；券商相关特征数据来自中国证券业协会网站。为避免极端值和异常值对回归结果造成影响，本书对所有连续变量的取值按照1%和99%水平进行Winsorize缩尾处理。为克服截面自相关，本书采用企业层面的聚类标准差进行调整。本书主要运用Excel和Stata分析软件进行数据处理和统计分析。

6.2.3 模型设计

为检验券商跟投对科创板新股定价效率的影响，本书参考了Purnanandam和Swanminathan（2004）、Chemmanur和Krishnan（2012）以及俞红海等（2013）的模型设计，提出了回归模型（6.4）：

$$
\begin{aligned}
PVPE_{i,t}/PVPS_{i,t}/PVPB_{i,t} = {} & \beta_0 + \beta_1 Scfi_{i,t} + \beta_2 Lnsize_{i,t-1} + \beta_3 Lev_{i,t-1} \\
& + \beta_4 Roa_{i,t-1} + \beta_5 Top_{i,t-1} + \beta_6 Unprofit_{i,t} \\
& + \beta_7 Icr21_{i,t} + \beta_8 Lniurf_{i,t} + \beta_9 Lntafr_{i,t} \\
& + \beta_{10} LnRDEX_{i,t-1} + \beta_{11} Trofdl_{i,t} \\
& + \sum Industry_{i,t} + \sum Year_{i,t} + \varepsilon_{i,t} \qquad (6.4)
\end{aligned}
$$

其中，因变量$PVPE_{i,t}$表示以配对样本在新股IPO当日市盈率作为比较基准度量的新股定价效率（以下简称IPO公司市盈率比值），$PVPS_{i,t}$表示以配对样本在新股IPO当日市销率作为比较基准度量的新股定价效率（以下简称IPO公司市销率比值），$PVPB_{i,t}$表示以配对样本在新股IPO当日市净率作为比较基准度量的新股定价效率（以下简称IPO公司市净率比值）。自变量$Scfi_{i,t}$表示科创板上市公司券商跟投比例。此外，模型（6.4）中控制变量的定义如表6-1所示。

6.3 实证检验与结果分析

6.3.1 描述性统计分析

本书对研究样本的主要变量进行了全样本和分年度的描述性统计分析，详细结果如表6-2、表6-3和表6-4所示。

据表6-2可知，PVPE的均值为0.042，标准差为0.146；PVPS① 的均值为0.050，标准差为0.161；PVPB的均值为0.034，标准差为0.030。这反映出科创板新股定价效率存在较大差异，且不同比较基准衡量的新股定价效率也存在较大差异，从PVPE、PVPS和PVPB的均值来看，科创板新股发行定价偏低，相对于其他板块，科创板不存在普遍高估的现象，新股定价效率较高。券商跟投（Scfi）的均值为4.389，标准差为1.001，反映出科创板公司券商跟投的平均比例为4.389%，均值4.389小于中位数4.830，说明样本左偏。

在控制变量方面，企业规模（Lnsize）的均值为20.640，标准差为0.951，说明我国科创板上市公司规模普遍较大，资产总额较高。企业资产负债率（Lev）的均值为0.330，说明科创板企业平均资产负债率为33.0%，均值小于中位数0.316，说明样本右偏，资产负债率高的企业偏多。资产收益率（Roa）的均值为0.300，中位数为0.288，说明科创板企业的平均资产收益率为30%，中位数小于均值说明科创板上市公司中资产收益率偏低的企业更多。第一大股东持股比例（Top）的均值为0.300，中位数为0.276，说明科创板企业第一大股东平均持股30%，股权较为分散。上市是否盈利情况（Unprofit）的均值为0.074，说明研究样本中有7.4%的科创板企业在上市时尚未盈利。市场情绪（Icr21）的均值为0.026，说

① PVPS的样本数为214，少于215个，是由于2020年2月21日上市的科创板新股百奥泰(688177)，作为一家创新药研发企业，截至上市前，百奥泰的多个新药项目仍处于研发阶段，尚无任何药品销售，因此公司2016—2018年的主营业务收入均为0元，无法计算该企业的PVPS值，在本章关于PVPS相关实证回归分析中的样本数均为214个。

明样本企业上市前科创板最近21日的指数累计回报率为2.6%。承销保荐费用（Lniurf）的均值为17.960，标准差为0.499，中位数为17.910，75分位数为18.230，说明科创板企业券商的承销保荐费用较高，且差异不大。募集资金总额（Lntafr）的均值为20.640，中位数为20.540，标准差为0.670，说明科创板企业募集资金规模不小，拓宽了科创型企业的融资渠道。研发支出（LnRDEX）的均值为17.360，中位数为17.160，说明样本企业的研发支出普遍较高，符合科创板的板块定位。新股上市首日换手率（Trofdl）的均值为0.742，中位数为0.742，说明科创板企业上市首日投资者情绪较高。

表6-2　　模型中主要变量的描述性结果（全样本）

变量	样本数	均值	标准差	中位数	25分位数	75分位数
PVPE	215	0.042	0.146	0.011	0.005	0.024
PVPS	214	0.050	0.161	0.015	0.007	0.036
PVPB	215	0.034	0.030	0.026	0.014	0.041
Scfi	215	4.389	1.001	4.830	4.000	5.000
Lnsize	215	20.640	0.951	20.510	19.930	21.090
Lev	215	0.330	0.171	0.316	0.183	0.421
Roa	215	0.300	0.162	0.288	0.175	0.386
Top	215	0.300	0.131	0.276	0.204	0.384
Unprofit	215	0.074	0.263	0.000	0.000	0.000
Icr21	215	0.026	0.076	0.009	-0.032	0.068
Lniurf	215	17.960	0.499	17.910	17.620	18.230
Lntafr	215	20.640	0.670	20.540	20.150	21.010
LnRDEX	215	17.360	1.036	17.160	16.640	17.900
Trofdl	215	0.742	0.059	0.742	0.708	0.774

根据表6-3和表6-4，对比2019年和2020年的数据可知，2020年IPO公司市盈率比值（PVPE）、IPO公司市销率比值（PVPS）的均值和最大值均大于2019年。2019年PVPE和PVPS的最大值均未超过1，说明科创板新股IPO相对配对样本存在低估，新股定价效率较高；而2020年PVPE和PVPS的最大值均超过1，说明科创板部分新股IPO相对配对样本

存在高估，这可能是由于2020年新股上市的样本家数大幅增加[①]，以及在2020年有一些有争议的新股上市，加大了新股定价被高估的概率；不过，2020年PVPE和PVPS的75分位数都小于1，总体来看科创板新股的定价效率相对较高。

表6-3　　模型中主要变量的描述性结果（2019年）

变量	样本数	标准差	均值	中位数	25分位数	75分位数
PVPE	70	0.021	0.020	0.012	0.007	0.024
PVPS	70	0.104	0.041	0.011	0.006	0.042
PVPB	70	0.029	0.035	0.030	0.017	0.043
Scfi	70	1.043	4.460	4.240	4.000	5.000
Lnsize	70	1.003	20.580	20.490	19.810	21.000
Lev	70	0.174	0.310	0.266	0.177	0.421
Roa	70	0.108	0.219	0.198	0.136	0.292
Top	70	0.125	0.291	0.258	0.188	0.379
Unprofit	70	0.234	0.057	0.000	0.000	0.000
Icr21	70	0.046	-0.007	-0.016	-0.039	0.019
Lniurf	70	0.448	17.980	17.940	17.650	18.250
Lntafr	70	0.639	20.660	20.670	20.190	20.920
LnRDEX	70	1.006	17.410	17.320	16.680	17.990
Trofdl	70	0.057	0.759	0.760	0.730	0.795

表6-4　　模型中主要变量的描述性结果（2020年）

变量	样本数	均值	标准差	中位数	25分位数	75分位数
PVPE	145	0.053	0.176	0.010	0.004	0.024
PVPS	144	0.054	0.183	0.016	0.007	0.035
PVPB	145	0.034	0.031	0.024	0.014	0.040
Scfi	145	4.355	0.982	5.000	4.000	5.000
Lnsize	145	20.670	0.927	20.510	20.030	21.130

① 根据表6-3和表6-4可知，2019年上市的企业家数为70家，2020年上市的企业家数为145家，增加了107%。

续表

变量	样本数	均值	标准差	中位数	25 分位数	75 分位数
Lev	145	0.339	0.169	0.337	0.206	0.412
Roa	145	0.339	0.169	0.337	0.206	0.412
Top	145	0.304	0.134	0.279	0.208	0.384
Unprofit	145	0.083	0.276	0.000	0.000	0.000
Icr21	145	0.041	0.082	0.032	-0.012	0.093
Lniurf	145	17.950	0.523	17.890	17.580	18.230
Lntafr	145	20.640	0.686	20.500	20.080	21.080
LnRDEX	145	17.340	1.053	17.090	16.600	17.880
Trofdl	145	0.734	0.059	0.731	0.702	0.763

6.3.2 相关性分析

根据表6-5可知，在Pearson相关系数检验中，在以市盈率作为比较基准的新股定价效率中，券商跟投比例（Scfi）与IPO公司市盈率比值（PVPE）在1%水平上显著负相关，相关系数为-0.30；承销保荐费用（Lniurf）和募集资金总额（Lntafr）都与IPO公司市盈率比值（PVPE）的相关系数在1%水平上显著为正，相关系数分别为0.23和0.24。在以市销率作为比较基准的新股定价效率中，券商跟投比例（Scfi）与IPO公司市销率比值（PVPS）在5%水平上显著负相关，相关系数为-0.19；第一大股东持股比例（Top）、公司IPO时是否盈利（Unprofit）、承销保荐费用（Lniurf）、募集资金总额（Lntafr）和公司研发费用支出（LnRDEX）都与IPO公司市销率比值（PVPS）的相关系数至少在10%水平上显著为正，相关系数分别为0.19、0.34、0.15、0.25和0.26。在以市净率作为比较基准的新股定价效率中，券商跟投比例（Scfi）与IPO公司市净率比值（PVPB）的相关系数为-0.36，在1%水平上显著负相关；新股上市首日换手率（Trofdl）与IPO公司市净率比值（PVPB）的相关系数在5%水平上显著为负，相关系数为-0.21。

在Spearman相关系数检验中，在以市盈率作为比较基准的新股定价效率中，券商跟投比例（Scfi）与IPO公司市盈率比值（PVPE）的相关系数

表 6－5　　主要变量的 Pearson 和 Spearman 相关系数分析

	PVPE	PVPS	PVPB	Scfi	Lnsize	Lev	Roa	Top	Unprofit	Icr21	Lniurf	Lntafr	LnRDEX	Trofdl
PVPE	1	0.23 ***	0.30 ***	-0.42 ***	0.28 ***	0.090	0.023	-0.064	-0.012	-0.079	0.18 **	0.15 *	0.12	-0.059
PVPS	0.18 **	1	0.27 ***	-0.24 ***	-0.070	-0.086	0.10	0.044	0.22 **	0.018	0.23 ***	0.27 ***	0.35 ***	-0.12
PVPB	0.30 ***	0.013	1	-0.29 ***	0.065	0.097	0.015	0.0054	-0.12	-0.091	-0.0070	-0.0087	-0.061	-0.18 **
Scfi	-0.30 ***	-0.19 **	-0.36 ***	1	-0.44 ***	-0.050	0.022	0.12	-0.10	0.035	-0.28 ***	-0.33 ***	-0.24 ***	0.40 ***
Lnsize	0.10	0.027	0.085	-0.45 ***	1	0.38 ***	0.17 *	-0.10	0.088	0.065	0.12	0.16 *	0.23 ***	-0.11
Lev	-0.043	0.023	0.008	-0.044	0.38 ***	1	0.50 ***	0.009	-0.019	0.033	-0.066	-0.086	0.017	-0.15 *
Roa	-0.016	0.11	-0.069	0.034	0.18 **	0.59 ***	1	0.065	-0.11	0.11	-0.027	-0.037	0.062	-0.12
Top	-0.061	0.19 **	-0.021	0.090	-0.096	0.027	0.090	1	-0.11	0.001	-0.087	-0.083	-0.069	-0.021
Unprofit	-0.037	0.34 ***	-0.082	-0.11	0.11	0.003	-0.080	-0.091	1	0.075	0.27 ***	0.31 ***	0.35 ***	0.009
Icr21	-0.034	0.048	-0.032	0.011	0.11	0.012	0.094	-0.022	0.090	1	0.064	0.051	-0.0049	-0.089
Lniurf	0.23 ***	0.15 *	0.017	-0.24 ***	0.20 **	-0.056	-0.021	-0.080	0.33 ***	0.15 *	1	0.87 ***	0.43 ***	-0.078
Lntafr	0.24 ***	0.25 ***	0.028	-0.27 ***	0.23 ***	-0.087	-0.017	-0.003	0.35 ***	0.12	0.85 ***	1	0.54 ***	-0.072
LnRDEX	0.12	0.26 ***	-0.043	-0.23 ***	0.35 ***	0.039	0.090	-0.020	0.44 ***	0.065	0.49 ***	0.62 ***	1	0.062
Trofdl	-0.12	-0.030	-0.21 **	0.46 ***	-0.17 *	-0.12	-0.086	0.020	-0.009	-0.13 *	-0.12	-0.093	0.019	1

注：左下方为 Pearson 相关系数，右上方为 Spearman 相关系数。*、**、*** 分别表示在 1%、5%、10% 的水平上显著（双尾检验）。

为-0.42，在1%水平上显著；公司规模（Lnsize）、承销保荐费用（Lniurf）和募集资金总额（Lntafr）都与IPO公司市盈率比值（PVPE）的相关系数至少在10%水平上显著为正，相关系数分别为0.28、0.18和0.15。在以市销率作为比较基准的新股定价效率中，券商跟投比例（Scfi）与IPO公司市销率比值（PVPS）的相关系数为-0.24，在1%水平上显著；公司IPO时是否盈利（Unprofit）、承销保荐费用（Lniurf）、募集资金总额（Lntafr）和公司研发费用支出（LnRDEX）都与IPO公司市销率比值（PVPS）的相关系数至少在5%水平上显著为正，相关系数分别为0.22、0.27和0.35。在以市净率作为比较基准的新股定价效率中，券商跟投比例（Scfi）与IPO公司市净率比值（PVPB）的相关系数为-0.29，在1%水平上显著；此外，新股上市首日换手率（Trofdl）与IPO公司市净率比值（PVPB）的相关系数在5%水平上显著为负，相关系数为-0.18。

6.3.3 券商跟投与新股定价效率的假设检验

表6-6列示了券商跟投对新股定价效率的检验回归结果。其中，第（1）列和第（2）列的因变量是PVPE，第（1）列为不控制相关控制变量的回归结果，券商跟投（Scfi）与IPO公司市盈率比值（PVPE）的估计系数为-0.0407，t值为-2.15，在5%水平上显著负相关；第（2）列为控制相关控制变量的回归结果，券商跟投（Scfi）与IPO公司市盈率比值（PVPE）的估计系数为-0.0387，t值为-2.10，也在5%水平上显著负相关。第（3）列和第（4）列的因变量是PVPS，第（3）列为不控制相关控制变量的回归结果，券商跟投（Scfi）与IPO公司市销率比值（PVPS）的估计系数为-0.0306，t值为-2.28，在5%水平上显著负相关；第（4）列为控制相关控制变量的回归结果，券商跟投（Scfi）与IPO公司市销率比值（PVPS）的估计系数为-0.0491，t值为-2.47，也在5%水平上显著负相关。第（5）列和第（6）列的因变量是PVPB，第（5）列为不控制相关控制变量的回归结果，券商跟投（Scfi）与IPO公司市净率比值（PVPB）的估计系数为-0.0126，t值为-4.24，在1%水平上显著负相关；第（6）列为控制相关控制变量的回归结果，券商跟投（Scfi）与IPO公司市净率比值（PVPB）的估计系数为-0.0138，t值为-3.53，也在

1%水平上显著负相关。由于IPO公司市盈率比值、IPO公司市销率比值、IPO公司市净率比值越低说明新股定价效率越高，上述结果表明券商跟投负向影响IPO公司市盈率比值、IPO公司市销率比值、IPO公司市净率比值，说明券商跟投正向影响IPO定价效率，即券商跟投比例越高，新股定价效率越高，研究假设H2得到验证。

在控制变量方面，企业规模（Lnsize）与IPO公司市销率比值（PVPS）和IPO公司市净率比值（PVPB）的估计系数分别为-0.0354和-0.0045，t值分别为-1.66和-1.69，在10%水平上显著负相关，说明规模越大的企业，投资者对其价值一致性的认可度越高，IPO公司市销率比值和市净率比值越低，其新股定价效率越高。企业资产收益率（Roa）、第一大股东持股比例（Top）都与IPO公司市销率比值（PVPS）的估计系数分别为0.1977和0.2426，t值分别为1.66和2.11，至少在10%水平上显著正相关，说明盈利能力高的企业的发行价会得到市场高估、新股定价效率越低；第一大股东持股比例也会负向影响新股定价效率。

表6-6　　券商跟投对新股定价效率的检验影响

	(1)	(2)	(3)	(4)	(5)	(6)
	PVPE	PVPE	PVPS	PVPS	PVPB	PVPB
Scfi	-0.0407** (-2.15)	-0.0387** (-2.10)	-0.0306** (-2.28)	-0.0491** (-2.47)	-0.0126*** (-4.24)	-0.0138*** (-3.53)
Lnsize		0.0020 (0.17)		-0.0354* (-1.66)		-0.0045* (-1.69)
Lev		-0.0063 (-0.15)		-0.0024 (-0.02)		0.0194 (1.29)
Roa		-0.0397 (-0.77)		0.1977* (1.66)		-0.0217 (-1.43)
Top		0.0240 (0.27)		0.2426** (2.11)		-0.0019 (-0.12)
Unprofit		-0.0603* (-1.71)		0.1923 (1.62)		-0.0127 (-1.55)
Icr21		-0.1192 (-0.90)		0.1068 (0.49)		0.0028 (0.10)

续表

	(1)	(2)	(3)	(4)	(5)	(6)
	PVPE	PVPE	PVPS	PVPS	PVPB	PVPB
Lniurf		0.0614 (0.76)		-0.0677 (-1.48)		-0.0015 (-0.16)
Lntafr		0.0166 (0.30)		0.0510 (1.58)		0.0004 (0.05)
LnRDEX		-0.0101 (-1.29)		0.0078 (0.63)		0.0013 (0.48)
Trofdl		0.2052 (1.44)		0.1749 (0.82)		-0.0217 (-0.59)
常数	0.1637** (2.12)	-1.3325* (-1.75)	0.1374** (2.16)	0.7507 (0.90)	0.1666*** (11.92)	0.2764** (2.16)
行业	控制	控制	控制	控制	控制	控制
年份	控制	控制	控制	控制	控制	控制
R^2	0.4229	0.4776	0.1006	0.2950	0.2854	0.3126
N	215	215	214	214	215	215

注：括号内为t值；*、**和***分别表示在10%、5%和1%的水平显著。

6.4 券商跟投与新股定价效率的机制分析

许多学者认为，在发行收入的诱惑下，发行人有强烈的动机进行盈余管理（Larry等，2011；Kothari等，2016），其中比较经典的是Teoh等（1998a）和Teoh等（1998b）。Teoh等（1998a）以美国1998—1990年的IPO公司为研究对象，发现企业为了提高IPO价格采取了调高利润的激进会计策略，表现为IPO公司当年可操纵应计利润为正，在第二年就发生反转，随着时间推移，应计利润进一步下降；可操纵应计利润越高，发行后下跌幅度越大。在此基础上，Teoh等（1998b）进一步以美国1980—1992年的IPO公司为样本，提供了发行前盈余管理程度对公司股票长期市场反应负相关的证据，他们发现，与会计稳健组相比，会计激进组三年后的持有收益显著下降29%。除了追求发行高定价外，由于发行市值有最低要求，也有不少IPO公司为了获得IPO的资格而进行盈余管理（Yu等，2006）。此外，制度改革也会对IPO公司的盈余管理造成影响，Alhadab等（2016）基于英国的数据发现，另类投资者市场（监管宽松）上市的IPO公司应计和盈余管理水平显著低于主板（监管严格）上市的IPO公司。Liu等（2014）研究表明，废除了与市盈率相关联的固定发行价格制度后，IPO公司盈余管理程度下降。张岩和吴芳（2016）基于中国市场的检验表明，发行价格管制政策加剧了盈余管理的程度。

那么，盈余管理如何影响资产定价呢？现有文献并未达成一致。大部分研究表明，盈余管理程度越高，IPO抑价率越高，再融资价值也越容易高估（Gao和Cong，2015；Kothari等，2016）。也有部分研究发现，市场能够识别IPO公司的盈余管理，从而在定价中已经进行了调整（徐浩萍和陈超，2009；陈胜蓝，2010）。以上研究共同表明，盈余管理是影响IPO定价效率的重要因素。

券商作为联系投资者和发行人的重要中介组织，在识别和影响IPO公司的盈余管理上具有重要作用。券商可能会为了短期利益去纵容甚至协助发行公司进行管理；但是券商的这种机会主义行为可能给自身带来未来市场份额下降（Hanley和Hoberg，2012）、收费水平降低（Fang，2005）及法律风险（Charme等，2004）等负面影响。因此，Chang等（2010）、Lee和Masulis（2011）研究发现，券商出于声誉地位的考虑，会强化治理动机，高声誉券商所承销的公司IPO盈余管理越低。本书认为，券商跟投会进一步强化承销商的治理效应，降低发行人的盈余管理行为。与一般券商承销不同，对上市公司进行跟投是一项重大的投资，券商采用自有资金进行跟投，其收益与公司股价表现进一步绑定，利益的绑定进一步缓解了券商与发行人的委托代理问题。为了最大限度地降低风险提高收益，本书认为，券商跟投有助于强化券商在备案辅导期的承销责任，跟投券商更有动力和能力识别发行人的盈余管理行为，提高发行人的业绩质量，进而影响IPO定价效率。

基于此，本书采用温忠麟等（2005）的中介效应研究，来检验这种影响机制是否成立。具体构建了如下三个模型来证实此作用路径：用模型

(6.5) 检验券商跟投(Scfi)对IPO公司市盈率比值(PVPE)、IPO公司市销率比值(PVPS)、IPO公司市净率比值(PVPB)的影响;若系数 β_1 显著,则可以用模型(6.6)检验解释变量券商跟投(Scfi)对盈余管理(DA)的影响;若系数 λ_1 显著,则可以用模型(6.7)同时纳入解释变量券商跟投(Scfi)与中介变量盈余管理(DA)进行分析;若系数 α_2 显著且 α_1 不显著,则为完全中介效应;但若系数 α_2 和系数 α_1 均显著,则为部分中介效应;若系数 α_2 不显著,则中介效应不成立。

$$\begin{aligned} PVPE_{i,t}/PVPS_{i,t}/PVPB_{i,t} = {} & \beta_0 + \beta_1 Scfi_{i,t} + \beta_2 Lnsize_{i,t-1} + \beta_3 Lev_{i,t-1} \\ & + \beta_4 Roa_{i,t-1} + \beta_5 Top_{i,t-1} + \beta_6 Unprofit_{i,t} \\ & + \beta_7 Icr21_{i,t} + \beta_8 Lniurf_{i,t} + \beta_9 Lntafr_{i,t} \\ & + \beta_{10} LnRDEX_{i,t-1} + \beta_{11} Trofdl_{i,t} \\ & + \sum Industry_{i,t} + \sum Year_{i,t} + \varepsilon_{i,t} \end{aligned} \tag{6.5}$$

$$\begin{aligned} DA_{i,t-1} = {} & \lambda_0 + \lambda_1 Scfi_{i,t} + \lambda_2 Lnsize_{i,t-1} + \lambda_3 Lev_{i,t-1} + \lambda_4 Roa_{i,t-1} \\ & + \lambda_5 Top_{i,t-1} + \lambda_6 Unprofit_{i,t} + \lambda_7 Icr21_{i,t} + \lambda_8 Lniurf_{i,t} \\ & + \lambda_9 Lntafr_{i,t} + \lambda_{10} LnRDEX_{i,t-1} + \lambda_{11} Trofdl_{i,t} \\ & + \sum Industry_{i,t} + \sum Year_{i,t} + \varepsilon_{i,t} \end{aligned} \tag{6.6}$$

$$\begin{aligned} PVPE_{i,t}/PVPS_{i,t}/PVPB_{i,t} = {} & \alpha_0 + \alpha_1 Scfi_{i,t} + \alpha_2 DA_{i,t-1} + \alpha_3 Lnsize_{i,t-1} \\ & + \alpha_4 Lev_{i,t-1} + \alpha_5 Roa_{i,t-1} + \alpha_6 Top_{i,t-1} \\ & + \alpha_7 Unprofit_{i,t} + \alpha_8 Icr21_{i,t} + \alpha_9 Lniurf_{i,t} \\ & + \alpha_{10} Lntafr_{i,t} + \alpha_{11} LnRDEX_{i,t-1} \\ & + \alpha_{12} Trofdl_{i,t} + \sum Industry_{i,t} \\ & + \sum Year_{i,t} + \varepsilon_{i,t} \end{aligned} \tag{6.7}$$

本书采用分年度分行业修正的琼斯模型来估计新股上市前的盈余管理水平(DA)(Dechow等,1995),具体模型如下:

$$\frac{TA_{i,t}}{A_{i,t-1}} = \beta_0 \frac{1}{A_{i,t-1}} + \beta_1 \frac{\Delta REV_{i,t} - \Delta REC_{i,t}}{A_{i,t-1}} + \beta_2 \frac{PPE_{i,t}}{A_{i,t-1}} + \varepsilon_{i,t} \tag{6.8}$$

模型(6.8)中,每个变量下标i表示单个公司,t表示时间,$TA_{i,t}$为公司营业利润与经营活动产生的现金流量净额的差额,$\Delta REV_{i,t}$为公司营业收入变动额,$\Delta REC_{i,t}$为公司应收账款的变动额,$PPE_{i,t}$为公司固定资产净额,$A_{i,t-1}$为i公司第t-1年的总资产;ε为模型(6.8)回归模型的残差项。根据分年度分行业修正的琼斯模型（Dechow 等，1995）估计的残差即为公司可操控性应计利润，本书取其绝对值作为新股上市前的盈余管理水平（DA）的代理变量。

表6-7列示了券商跟投对新股定价效率的机制检验结果。在前文表6-6中列示了券商跟投（Scfi）对IPO公司市盈率、市销率、市净率比值（PVPE/PVPS/PVPB）的检验结果，结果显示，券商跟投（Scfi）与IPO公司市盈率、市销率、市净率比值（PVPE/PVPS/PVPB）均在5%水平上显著负相关。表6-7中第（1）列考察了解释变量券商跟投（Scfi）对中介变量新股上市前的盈余管理水平（DA）的影响，券商跟投（Scfi）与新股上市前的盈余管理水平（DA）的估计系数为-0.0202，t值为-2.44，在5%水平上显著负相关，这说明券商跟投会负向影响新股上市前的盈余管理水平，即券商跟投比例越高，新股上市前的盈余管理水平越低。表6-7第（2）列至第（4）列中同时纳入了解释变量券商跟投（Scfi）和中介变量新股上市前的盈余管理水平（DA），券商跟投（Scfi）与IPO公司市盈率、市销率、市净率比值（PVPE/PVPS/PVPB）的估计系数分别为-0.0412、-0.0416和-0.0146，t值分别为-2.11、-2.60和-3.74，至少在5%水平上显著负相关。而新股上市前的盈余管理水平（DA）与IPO公司市盈率、市销率、市净率比值（PVPE/PVPS/PVPB）的估计系数分别为0.1252、0.5561和0.0406，t值分别为1.69、1.84和1.72，均在10%水平上显著正相关，这说明盈余管理在券商跟投与新股定价效率之间起到了部分中介的作用，即券商跟投主要通过降低新股上市前的盈余管理水平来提升新股定价效率。

表6-7　　券商跟投对新股定价效率的机制检验影响

	(1)	(2)	(3)	(4)
	DA	PVPE	PVPS	PVPB
Scfi	-0.0202** (-2.44)	-0.0412** (-2.11)	-0.0416** (-2.60)	-0.0146*** (-3.74)
DA		0.1252* (1.69)	0.5561* (1.84)	0.0406* (1.72)

续表

	(1)	(2)	(3)	(4)
	DA	PVPE	PVPS	PVPB
Lnsize	-0.0150 (-1.50)	0.0001 (0.01)	-0.0314* (-1.72)	-0.0051* (-1.95)
Lev	0.0581 (1.04)	0.0010 (0.02)	-0.0140 (-0.14)	0.0218 (1.45)
Roa	0.0320 (0.58)	-0.0357 (-0.71)	0.1927* (1.86)	-0.0204 (-1.37)
Top	0.0976** (2.05)	0.0362 (0.41)	0.1920** (2.18)	0.0020 (0.12)
Unprofit	0.0242 (0.86)	-0.0572* (-1.67)	0.1814* (1.72)	-0.0117 (-1.47)
Icr21	0.1699* (1.80)	-0.0980 (-0.77)	0.0380 (0.21)	0.0097 (0.36)
Lniurf	-0.0257 (-1.31)	0.0582 (0.72)	-0.0566 (-1.32)	-0.0026 (-0.28)
Lntafr	0.0246 (1.54)	0.0197 (0.35)	0.0382 (1.17)	0.0014 (0.18)
LnRDEX	-0.0049 (-0.66)	-0.0107 (-1.33)	0.0097 (0.81)	0.0011 (0.41)
Trofdl	0.0614 (0.74)	0.2129 (1.49)	0.1426 (0.71)	-0.0192 (-0.53)
常数	0.3553 (0.94)	-1.2880* (-1.72)	0.7023 (0.95)	0.2908** (2.34)
行业	控制	控制	控制	控制
年份	控制	控制	控制	控制
R^2	0.2280	0.4815	0.3496	0.3220
N	215	215	214	215

注：括号内为t值；*、**和***分别表示在10%、5%和1%的水平显著。

6.5 模型内生性与稳健性检验

6.5.1 工具变量法

本书使用同年度同行业（剔除本公司）科创板企业券商跟投比例均值作为工具变量。同年度同行业（剔除本公司）科创板企业券商跟投比例均值与同行业中单一企业券商跟投比例具有相关性，满足相关性要求。同年度同行业（剔除本公司）科创板企业券商跟投比例均值并不会影响新股定价效率，这是因为科创板券商跟投行为是监管部门强制性的要求，跟投比例也是根据《上海证券交易所科创板股票发行与承销业务指引》要求，按照科创板每家上市企业发行规模确定。而上市公司的发行规模是很难被操纵，所以同年度同行业（剔除本公司）科创板企业券商跟投比例均值可以看作是一个外生变量，满足外生性要求。

表6-8是工具变量法的检验结果。在表6-8第（1）列中，同年度同行业（剔除本公司）科创板企业券商跟投比例均值（Scfiadj）与单个企业券商跟投比例（Scfi）的估计系数为0.9248，t值分别为18.54，在1%水平上显著为正，说明同年度同行业（剔除本公司）科创板企业券商跟投比例均值（Scfiadj）与同行业中单一企业券商跟投比例具有相关性；在第（1）列工具变量有效性的检验中，Partial-R-sq=0.80，说明Scfiadj对Scfi具有较强的解释力度，F值为343.836，远大于10，本书认为不存在弱工具变量问题。表6-8第（2）列至第（4）列为第二阶段工具变量回归结果，结果显示，券商跟投（Scfi）与IPO公司市盈率、市销率、市净率比值（PVPE/PVPS/PVPB）的估计系数分别为-0.0450、-0.0351和-0.0156，t值分别为-2.08、-2.09和-3.50，至少在5%水平上显著为负，该结果表明，使用工具变量处理可能的内生性问题之后，研究结论依然稳健。

表 6－8　　工具变量法的检验影响

	(1)	(2)	(3)	(4)
	Scfi	PVPE	PVPS	PVPB
Scfi		－0. 0450 ** (－2. 08)	－0. 0351 ** (－2. 09)	－0. 0156 *** (－3. 50)
Scfiadj	0. 9248 *** (18. 54)			
Lnsize	－0. 0945 ** (－2. 20)	－0. 0009 (－0. 08)	－0. 0287 (－1. 50)	－0. 0053 ** (－1. 98)
Lev	0. 1085 (0. 42)	－0. 0026 (－0. 06)	－0. 0130 (－0. 13)	0. 0205 (1. 43)
Roa	0. 2237 (0. 82)	－0. 0373 (－0. 79)	0. 1908 * (1. 76)	－0. 0210 (－1. 49)
Top	－0. 2761 (－1. 24)	0. 0261 (0. 32)	0. 2377 ** (2. 24)	－0. 0013 (－0. 09)
Unprofit	－0. 0007 (－0. 01)	－0. 0598 * (－1. 85)	0. 1908 * (1. 73)	－0. 0125 (－1. 64)
Icr21	0. 7823 ** (2. 15)	－0. 1103 (－0. 95)	0. 0842 (0. 42)	0. 0054 (0. 21)
Lniurf	－0. 0075 (－0. 07)	0. 0617 (0. 83)	－0. 0681 (－1. 56)	－0. 0014 (－0. 17)
Lntafr	－0. 0630 (－0. 60)	0. 0146 (0. 28)	0. 0552 * (1. 72)	－0. 0002 (－0. 02)
LnRDEX	－0. 0325 (－1. 02)	－0. 0102 (－1. 39)	0. 0079 (0. 70)	0. 0013 (0. 51)
Trofdl	0. 9738 * (1. 84)	0. 2458 * (1. 67)	0. 0872 (0. 47)	－0. 0097 (－0. 27)
常数	7. 8198 *** (4. 92)	－1. 2441 * (－1. 92)	0. 5414 (0. 71)	0. 3024 ** (2. 41)
行业	控制	控制	控制	控制
年份	控制	控制	控制	控制

续表

	(1)	(2)	(3)	(4)
	Scfi	PVPE	PVPS	PVPB
R^2	0.8766	0.4766	0.2910	0.3106
Wald chi		26401.95	21.30	1319.83
N	215	215	214	215

注：括号内为t值；*、** 和 *** 分别表示在10%、5%和1%的水平显著。

6.5.2 对替代性解释“发行人高管及核心员工跟投”的检验

科创板新股发行在制度上的一大创新是允许发行人高管及核心员工跟投，即在新股战略配售环节中纳入了发行人高管及核心员工，这在以往的发行制度中是没有的。发行人高管及核心员工跟投类似于市场中的员工持股计划效应。当前研究关于员工持股计划效应主要有正反两方面的结论，一方面认为员工持股计划使员工自身利益与企业利益绑定在一起，可以加强对管理层的监督，增加信息透明度，从而减少管理层的盈余管理行为（Van Dyne 和 Pierce，2004；Bova 等，2015）。发行人高管及核心员工跟投也是将高管及核心员工与企业利益在上市时绑定在一起，同样能起到加强对管理层监督和减少管理层盈余管理的作用。另一方面认为员工持股计划可能会加剧盈余管理，根据“享受平静生活”（Enjoy a Quiet Life）相关文献的观点（Bertrand 和 Mullainathan，2003），管理层为了享受平静生活，可能会通过避免公司内管理冲突，牺牲股东利益而“讨好”员工，当公司实施员工持股计划时，为了让员工受益，管理层有动机正向盈余管理来推升股价或者市值管理。陈大鹏等（2019）发现员工持股与公司应计盈余管理水平呈显著正相关，管理层会正向调整盈余来推高股价，让员工在解禁时收益更多，从而降低了财务信息质量。综上，发行人高管及核心员工跟投行为既可能降低管理层盈余管理的动机，也可能加剧公司的盈余管理动机，从而影响新股定价效率。

因此，券商跟投对新股定价效率的影响在理论上存在一种替代性解释，即发行人高管及核心员工跟投对新股定价效率产生影响。发行人高管及核心员工因为跟投了自己公司的股份，降低或加剧公司的盈余管理程度，从而影响了公司新股定价效率。为解决这一可能的遗漏变量影响，本书在回归模型（6.5）中增加了发行人高管及核心员工跟投比例（CSfi）这一变量，建立了模型（6.9）重新进行回归。

$$\begin{aligned} PVPE_{i,t}/PVPS_{i,t}/PVPB_{i,t} = {} & \beta_0 + \beta_1 Scfi_{i,t} + \beta_2 CSfi_{i,t} + \beta_3 Lnsize_{i,t-1} \\ & + \beta_4 Lev_{i,t-1} + \beta_5 Roa_{i,t-1} + \beta_6 Top_{i,t-1} \\ & + \beta_7 Unprofit_{i,t} + \beta_8 Icr21_{i,t} + \beta_9 Lniurf_{i,t} \\ & + \beta_{10} Lntafr_{i,t} + \beta_{11} LnRDEX_{i,t-1} \\ & + \beta_{12} Trofdl_{i,t} + \sum Industry_{i,t} \\ & + \sum Year_{i,t} + \varepsilon_{i,t} \end{aligned} \tag{6.9}$$

回归结果如表6-9所示，在回归模型中控制了发行人高管及核心员工跟投比例影响因素后，变量发行人高管及核心员工跟投（CSfi）与IPO公司市盈率、市销率、市净率比值（PVPE/PVPS/PVPB）的估计系数分别为-0.0306、0.1362和-0.0353，t值分别为-0.41、0.96和-1.29，未通过显著性检验。而券商跟投（Scfi）与IPO公司市盈率、市销率、市净率比值（PVPE/PVPS/PVPB）的估计系数分别为-0.0387、-0.0490和-0.0138，t值分别为-2.09、-2.48和-3.50，至少在5%的水平上显著负相关，这说明在控制了发行人高管及核心员工跟投比例因素后本书的研究结论仍然保持不变。

表6-9　　发行人高管及核心员工跟投的检验结果

	(1)	(2)	(3)
	PVPE	PVPS	PVPB
Scfi	-0.0387** (-2.09)	-0.0490** (-2.48)	-0.0138*** (-3.50)
CSfi	-0.0306 (-0.41)	0.1362 (0.96)	-0.0353 (-1.29)
Lnsize	0.0026 (0.22)	-0.0381 (-1.64)	-0.0038 (-1.38)

续表

	(1)	(2)	(3)
	PVPE	PVPS	PVPB
Lev	-0.0051 (-0.12)	-0.0075 (-0.07)	0.0208 (1.33)
Roa	-0.0420 (-0.76)	0.2081* (1.65)	-0.0244 (-1.51)
Top	0.0239 (0.27)	0.2433** (2.11)	-0.0021 (-0.13)
Unprofit	-0.0607* (-1.69)	0.1943 (1.62)	-0.0132 (-1.61)
Icr21	-0.1186 (-0.90)	0.1045 (0.48)	0.0034 (0.13)
Lniurf	0.0610 (0.75)	-0.0662 (-1.46)	-0.0019 (-0.20)
Lntafr	0.0169 (0.30)	0.0498 (1.53)	0.0007 (0.09)
LnRDEX	-0.0101 (-1.28)	0.0079 (0.63)	0.0013 (0.47)
Trofdl	0.2077 (1.43)	0.1639 (0.78)	-0.0188 (-0.50)
常数	-1.3444* (-1.72)	0.8056 (0.92)	0.2626** (2.06)
行业	控制	控制	控制
年份	控制	控制	控制
R^2	0.4777	0.2962	0.3150
N	215	214	215

注：括号内为t值；*、** 和 *** 分别表示在10%、5%和1%的水平显著。

6.5.3 对替代性解释“产业资本战略跟投”的检验

券商跟投对新股定价效率的影响在理论上还存在一种替代性解释，即产业资本战略跟投影响了新股定价效率。产业资本在新股战略配售环节中的作用，类似于中国香港IPO市场的基石投资者。现有文献研究表明，基石投资者的参与有助于吸引散户等其他投资者，确保一定数量的基础认购，提高新股发行的成功率（徐洋，2016）。新股在IPO中引入基石投资者还有利于缓解发行者与投资者之间的信息不对称，发挥“质量认证”功能，降低新股发行的间接成本，减轻IPO的抑价程度，提高定价效率（孙即和高苗苗，2021）。因此，产业资本战略配售类似于基石投资者，可能在科创板市场中发挥声誉效应、认证效应和治理效应，从而对新股定价效率产生影响。

为解决这一可能的遗漏变量问题，本书在回归模型（6.5）中增加了产业资本战略跟投比例（INCPfi）这一变量，建立了模型（6.10）重新进行回归。

$$\begin{aligned} PVPE_{i,t}/PVPS_{i,t}/PVPB_{i,t} = {} & \beta_0 + \beta_1 Scfi_{i,t} + \beta_2 INCPfi_{i,t} + \beta_3 Lnsize_{i,t-1} \\ & + \beta_4 Lev_{i,t-1} + \beta_5 Roa_{i,t-1} + \beta_6 Top_{i,t-1} \\ & + \beta_7 Unprofit_{i,t} + \beta_8 Icr21_{i,t} + \beta_9 Lniurf_{i,t} \\ & + \beta_{10} Lntafr_{i,t} + \beta_{11} LnRDEX_{i,t-1} \\ & + \beta_{12} Trofdl_{i,t} + \sum Industry_{i,t} \\ & + \sum Year_{i,t} + \varepsilon_{i,t} \end{aligned} \tag{6.10}$$

回归结果如表6-10所示，在回归模型中控制了产业资本战略跟投比例影响因素后，变量产业资本战略跟投比例（INCPfi）与IPO公司市盈率、市销率、市净率比值（PVPE/PVPS/PVPB）的估计系数分别为0.0032、0.0043和-0.0026，t值分别为0.14、0.11和-0.29，但未通过显著性检验。而券商跟投（Scfi）与IPO公司市盈率、市销率、市净率比值（PVPE/PVPS/PVPB）的估计系数分别为-0.0387、-0.0490和-0.0138，t值分别为-2.06、-2.48和-3.48，至少在5%的水平上显著负相关，说明在控制了产业资本战略跟投比例因素后本书的研究结论仍然保持不变。

表6-10　　产业资本战略跟投的检验结果

	(1)	(2)	(3)
	PVPE	PVPS	PVPB
Scfi	-0.0387** (-2.06)	-0.0490** (-2.48)	-0.0138*** (-3.48)

续表

	(1)	(2)	(3)
	PVPE	PVPS	PVPB
INCPfi	0.0032 (0.14)	0.0043 (0.11)	-0.0026 (-0.29)
Lnsize	0.0017 (0.14)	-0.0358 (-1.51)	-0.0043 (-1.60)
Lev	-0.0064 (-0.15)	-0.0026 (-0.02)	0.0195 (1.28)
Roa	-0.0392 (-0.73)	0.1984 (1.62)	-0.0221 (-1.40)
Top	0.0242 (0.28)	0.2429** (2.09)	-0.0021 (-0.13)
Unprofit	-0.0601* (-1.68)	0.1925 (1.61)	-0.0128 (-1.55)
Icr21	-0.1196 (-0.91)	0.1062 (0.49)	0.0031 (0.12)
Lniurf	0.0615 (0.76)	-0.0676 (-1.48)	-0.0016 (-0.17)
Lntafr	0.0165 (0.30)	0.0509 (1.57)	0.0005 (0.06)
LnRDEX	-0.0101 (-1.28)	0.0078 (0.62)	0.0013 (0.47)
Trofdl	0.2048 (1.42)	0.1744 (0.81)	-0.0213 (-0.57)
常数	-1.3278* (-1.69)	0.7571 (0.87)	0.2726** (2.15)
行业	控制	控制	控制
年份	控制	控制	控制
R^2	0.4776	0.2950	0.3128
N	215	214	215

注：括号内为t值；*、**和***分别表示在10%、5%和1%的水平显著。

6.5.4 对替代性解释“创业投资机构持股”的检验

券商跟投对新股定价效率的影响在理论上还存在一种替代性解释，即创业投资机构持股对新股定价效率产生影响。现有研究表明，创业投资机构对新股 IPO 定价的影响可以用认证监督假说（Barry 等，1990）和逐名效应假说（Gompers，1996）解释。认证监督假说认为，创业投资机构作为重要的第三方认证，其在投资领域的专业知识及经验向市场投资者传递了 IPO 公司的重要信号，可以有效降低市场参与者的信息不对称程度（邓颖惠等，2018），通过监督认证效应的发挥，降低企业 IPO 前盈余管理水平，从而使新股 IPO 定价更合理。逐名效应假说则认为，年轻的创业投资者的目标是快速建立声誉以便未来募集更多资金，而帮助公司成功实现 IPO 是建立声誉的重要途径，因此，“逐名”的代价是 IPO 折价发行。邱冬阳和曹奥臣（2020）发现在科创板“保荐 + 跟投”制度下，VC 机构的“逐名动机”会获得以券商为代表的一级市场投资者的支持，实现金融圈内的声誉积累。

为解决这一可能的遗漏变量问题，本书在回归模型（6.5）中增加了创业投资机构持股（Ispert）这一变量，建立了模型（6.11）重新进行回归。

$$\begin{aligned} PVPE_{i,t}/PVPS_{i,t}/PVPB_{i,t} = {} & \beta_0 + \beta_1 Scfi_{i,t} + \beta_2 Ispert_{i,t} + \beta_3 Lnsize_{i,t-1} \\ & + \beta_4 Lev_{i,t-1} + \beta_5 Roa_{i,t-1} + \beta_6 Top_{i,t-1} \\ & + \beta_7 Unprofit_{i,t} + \beta_8 Icr21_{i,t} + \beta_9 Lniurf_{i,t} \\ & + \beta_{10} Lntafr_{i,t} + \beta_{11} LnRDEX_{i,t-1} \\ & + \beta_{12} Trofdl_{i,t} + \sum Industry_{i,t} \\ & + \sum Year_{i,t} + \varepsilon_{i,t} \end{aligned} \quad (6.11)$$

回归结果如表 6 - 11 所示，在回归模型中控制了创业投资机构持股影响因素后，变量创业投资机构持股（Ispert）与 IPO 公司市盈率、市销率、市净率比值（PVPE/PVPS/PVPB）的估计系数分别为 - 0.0056、0.0563 和 0.0049，t 值分别为 - 0.28、1.78 和 1.08，只有在第（2）列中创业投资机构持股（Ispert）与 IPO 公司市销率比值（PVPS）在 10% 水平上通过显著性检验，说明创业投资机构在科创板新股定价中主要发挥的是逐名效应；但创业投资机构持股并未对券商跟投与新股定价效率的关系产生影响。券商跟投（Scfi）与IPO公司市盈率、市销率、市净率比值（PVPE/PVPS/PVPB）的估计系数分别为 -0.0387、-0.0495 和 -0.0138，t 值分别为 -2.09、-2.54 和 -3.56，至少在5%的水平上显著负相关，这说明在控制了创业投资机构持股因素后本书的研究结论仍然保持不变。

表 6-11　　创业投资机构持股的检验结果

	(1)	(2)	(3)
	PVPE	PVPS	PVPB
Scfi	-0.0387** (-2.09)	-0.0495** (-2.54)	-0.0138*** (-3.56)
Ispert	-0.0056 (-0.28)	0.0563* (1.78)	0.0049 (1.08)
Lnsize	0.0021 (0.17)	-0.0371* (-1.74)	-0.0046* (-1.71)
Lev	-0.0064 (-0.15)	0.0013 (0.01)	0.0195 (1.28)
Roa	-0.0398 (-0.76)	0.1998* (1.72)	-0.0217 (-1.43)
Top	0.0226 (0.26)	0.2576** (2.16)	-0.0007 (-0.04)
Unprofit	-0.0610* (-1.74)	0.2002* (1.67)	-0.0120 (-1.44)
Icr21	-0.1209 (-0.92)	0.1277 (0.59)	0.0043 (0.16)
Lniurf	0.0618 (0.76)	-0.0726 (-1.57)	-0.0019 (-0.20)
Lntafr	0.0160 (0.28)	0.0566* (1.78)	0.0009 (0.11)
LnRDEX	-0.0097 (-1.24)	0.0032 (0.25)	0.0009 (0.33)
Trofdl	0.2104 (1.39)	0.1218 (0.62)	-0.0263 (-0.70)

续表

	(1)	(2)	(3)
	PVPE	PVPS	PVPB
常数	-1.3367* (-1.74)	0.8135 (0.98)	0.2801** (2.16)
行业	控制	控制	控制
年份	控制	控制	控制
R^2	0.4778	0.3126	0.3164
N	215	214	215

注：括号内为t值；*、**和***分别表示在10%、5%和1%的水平显著。

6.5.5 剔除IPO首发时尚未盈利样本的检验

传统发行制度下新股定价主要以新股的盈利能力来体现，而科创板不以持续盈利为上市的唯一指标，意味着尚未盈利的企业也可以申请上市。那么尚未盈利的样本对于券商跟投与新股定价效率之间可能造成了干扰，因此，为了剔除尚未盈利样本对回归结果可靠性的干扰，本书剔除IPO首发时尚未盈利样本重新回归。

表6-12为剔除IPO首发时尚未盈利样本的检验结果。第（2）列、第（4）列和第（6）列结果显示，券商跟投（Scfi）与IPO公司市盈率、市销率、市净率比值（PVPE/PVPS/PVPB）的估计系数分别为-0.0395、-0.0263和-0.0155，t值分别为-2.04、-2.78和-3.51，至少在5%的水平上显著负相关，这说明在控制了剔除IPO首发时尚未盈利样本因素后，本书的研究结论仍然可靠。

表6-12　　剔除IPO首发时尚未盈利样本的检验结果

	(1)	(2)	(3)	(4)	(5)	(6)
	PVPE	PVPE	PVPS	PVPS	PVPB	PVPB
Scfi	-0.0439** (-2.07)	-0.0395** (-2.04)	-0.0256** (-2.15)	-0.0263*** (-2.78)	-0.0132*** (-4.04)	-0.0155*** (-3.51)

续表

	(1)	(2)	(3)	(4)	(5)	(6)
	PVPE	PVPE	PVPS	PVPS	PVPB	PVPB
Lnsize		0.0108 (0.87)		-0.0086 (-1.31)		-0.0047 (-1.60)
Lev		-0.0536 (-1.14)		-0.0794 (-1.54)		0.0099 (0.65)
Roa		-0.0300 (-0.58)		0.0981* (1.82)		-0.0132 (-0.85)
Top		0.0174 (0.20)		0.1041* (1.79)		0.0014 (0.08)
Icr21		-0.1142 (-0.84)		-0.0156 (-0.24)		0.0027 (0.10)
Lniurf		0.0693 (0.78)		-0.0239 (-0.71)		-0.0042 (-0.42)
Lntafr		0.0176 (0.30)		0.0509* (1.78)		0.0019 (0.23)
LnRDEX		-0.0090 (-1.15)		0.0091 (1.39)		0.0009 (0.29)
Trofdl		0.2777* (1.70)		0.0639 (0.71)		0.0214 (0.50)
常数	0.1746** (2.04)	-1.7456* (-1.90)	0.1370** (2.23)	-0.5358 (-1.14)	0.1661*** (10.95)	0.2739* (1.88)
行业	控制	控制	控制	控制	控制	控制
年份	控制	控制	控制	控制	控制	控制
R^2	0.4302	0.4926	0.1919	0.3921	0.3016	0.3169
N	199	199	198	198	199	199

注：括号内为t值；*、**和***分别表示在10%、5%和1%的水平显著。

6.5.6 剔除新冠肺炎疫情暴发期间上市样本的检验

传染性公共卫生事件的不确定性可能导致人们产生恐惧、焦虑、压力和挫折等负面心理反应（Solomon，1998；秦启文和周永康 2006）。如果投资者出于这种心理，会影响其投资积极性，进而对股票市场产生负面影响（Cen 等，2013），甚至产生过度的市场反应（Ahmad 和 Khaled，2019）。如 Ichev 和 Marin（2018）发现埃博拉病毒暴发导致美国股市的超额回报率为负，而且那些在疫情发生地有业务的公司会受到的影响更大。Chen 等（2007）发现受 SARS 影响，2003 年 5 月期间中国台湾的住宿业上市公司股票价格普遍下跌，最大跌幅达到 29%。新冠肺炎疫情作为一项重大的传染性公共卫生事件，对我国的金融稳定构成了极大的挑战（方意等，2020），负面影响了公司股票价格（陈林和曲晓辉，2020）。因此，在新冠肺炎疫情暴发期间上市的新股，其定价效率很大可能受到新冠肺炎疫情负面冲击，导致券商跟投与新股定价效率关系受到噪音干扰。为了避免这种突发性安全公共卫生事件的影响，本书将剔除了 2020 年 1 月 23 日至 3 月 31 日新冠肺炎疫情暴发期间上市的研究样本，重新进行回归。

表 6－13 列示了剔除新冠肺炎疫情暴发期间上市样本的检验结果，第（2）列、第（4）列和第（6）列结果显示，券商跟投（Scfi）与 IPO 公司市盈率、市销率、市净率比值（PVPE/PVPS/PVPB）的估计系数分别为 －0.0430、－0.0453 和 －0.0138，t 值分别为 －2.08、－2.35 和 －3.53，至少在 5% 水平上显著负相关。这说明在考虑新冠肺炎疫情影响因素后，本书研究结论仍然稳健。

表 6－13　剔除新冠肺炎疫情暴发期间上市样本的检验结果

	(1)	(2)	(3)	(4)	(5)	(6)
	PVPE	PVPE	PVPS	PVPS	PVPB	PVPB
Scfi	－0.0446** (－2.12)	－0.0430** (－2.08)	－0.0323** (－2.19)	－0.0453** (－2.35)	－0.0118*** (－3.94)	－0.0138*** (－3.53)
Lnsize		－0.0016 (－0.10)		－0.0351* (－1.66)		－0.0080*** (－2.61)
Lev		－0.0020 (－0.04)		－0.0040 (－0.04)		0.0317* (1.95)

续表

	(1)	(2)	(3)	(4)	(5)	(6)
	PVPE	PVPE	PVPS	PVPS	PVPB	PVPB
Roa		-0.0603 (-0.93)		0.1651 (1.37)		-0.0302* (-1.80)
Top		0.0545 (0.58)		0.2953** (2.14)		0.0063 (0.35)
Unprofit		-0.0662 (-1.64)		0.1974 (1.57)		-0.0152* (-1.75)
Icr21		-0.1010 (-0.72)		0.1131 (0.49)		0.0185 (0.65)
Lniurf		0.0611 (0.67)		-0.0672 (-1.35)		-0.0034 (-0.30)
Lntafr		0.0173 (0.27)		0.0635* (1.80)		0.0036 (0.38)
LnRDEX		-0.0088 (-1.01)		0.0087 (0.63)		0.0030 (0.98)
Trofdl		0.2218 (1.49)		0.2019 (0.89)		-0.0284 (-0.78)
常数	0.1761** (2.08)	-1.3056 (-1.64)	0.1402** (2.07)	0.3940 (0.50)	0.1633*** (11.44)	0.2902** (2.27)
行业	控制	控制	控制	控制	控制	控制
年份	控制	控制	控制	控制	控制	控制
R^2	0.4346	0.4891	0.1136	0.3216	0.2797	0.3345
N	197	197	197	197	197	197

注：括号内为 t 值；*、** 和 *** 分别表示在 10%、5% 和 1% 的水平显著。

6.5.7 增加控制变量的检验

现有文献表明，中签率与新股 IPO 抑价显著负相关（李善民和陈旭，2011；邹高峰等，2012）。黄瑜琴等（2013）发现投资者对中签率较低的股份的关注较高，导致新股定价容易受到市场情绪的影响，从而定价高估；何青和周艺丹（2020）也发现新股中签率越低，投资者情绪给股票定价带来的泡沫越大，抑价率越高。王文召（2017）发现企业成立年限与新股首日收益率显著负相关。周冬华（2020）发现会计师事务所声誉与科创板企业IPO溢价率显著正相关；黄顺武和王春明（2020）发现企业所有权性质与新股首日回报率显著正相关，会计师事务所是否为四大与新股首日回报率显著正相关。黄顺武和胡贵平（2013）发现企业所有权性质与新股定价效率显著负相关。白霄等（2017）发现国有股权越高的发行企业，该企业发行市盈率越低于行业均值。因此，为保障研究结论的可靠性，本书根据现有文献观点分别增加了新股中签率（Sros）、企业成立年限（Lnage）、会计师事务所声誉（BIG4）和企业所有权性质（State）等控制变量。

表6-14列示了增加相关控制变量的检验结果，第（1）列是将新股中签率（Sros）加入回归模型（6.4）的回归结果，结果显示，新股中签率（Sros）与IPO公司市盈率比值（PVPE）的估计系数为-9.6551，未通过显著性检验。券商跟投（Scfi）与IPO公司市盈率比值（PVPE）的估计系数为-0.0408，t值为-2.02，在5%水平上显著负相关。第（2）列是将企业成立年限（Lnage）加入回归模型（6.4）的回归结果，结果显示，企业成立年限（Lnage）与IPO公司市盈率比值（PVPE）的估计系数为-0.0271，未通过显著性检验。券商跟投（Scfi）与IPO公司市盈率比值（PVPE）的估计系数为-0.0387，t值为-2.10，在5%水平上显著负相关。第（3）列是将会计师事务所声誉（BIG4）加入回归模型（6.4）的回归结果，结果显示，会计师事务所声誉（BIG4）与IPO公司市盈率比值（PVPE）的估计系数为0.0253，未通过显著性检验。券商跟投（Scfi）与IPO公司市盈率比值（PVPE）的估计系数为-0.0372，t值为-2.17，在5%水平上显著负相关。第（4）列是将企业所有权性质（State）加入回归模型（6.4）的回归结果，结果显示，企业所有权性质（State）与IPO公司市盈率比值（PVPE）的估计系数为0.0052，未通过显著性检验。券商跟投（Scfi）与IPO公司市盈率比值（PVPE）的估计系数为-0.0388，t值为-2.08，在5%水平上显著负相关。上述结果共同表明，在控制了新股中签率、企业成立年限、会计师事务所声誉和企业所有权性质因素后，本章的研究结论仍然稳健。

表6-14　增加控制变量的检验结果

	(1)	(2)	(3)	(4)
	PVPE	PVPE	PVPE	PVPE
Scfi	-0.0408** (-2.02)	-0.0387** (-2.10)	-0.0372** (-2.17)	-0.0388** (-2.08)
Lnsize	0.0051 (0.46)	0.0037 (0.36)	-0.0003 (-0.03)	0.0021 (0.17)
Lev	-0.0080 (-0.19)	-0.0132 (-0.34)	-0.0026 (-0.06)	-0.0059 (-0.14)
Roa	-0.0423 (-0.79)	-0.0282 (-0.52)	-0.0396 (-0.78)	-0.0401 (-0.77)
Top	0.0297 (0.34)	0.0299 (0.37)	0.0199 (0.24)	0.0230 (0.27)
Unprofit	-0.0599* (-1.72)	-0.0676* (-1.74)	-0.0647* (-1.68)	-0.0602* (-1.71)
Icr21	-0.1291 (-0.95)	-0.1268 (-0.99)	-0.1151 (-0.91)	-0.1202 (-0.89)
Lniurf	0.0604 (0.75)	0.0607 (0.74)	0.0593 (0.76)	0.0619 (0.74)
Lntafr	0.0165 (0.30)	0.0131 (0.26)	0.0193 (0.36)	0.0163 (0.29)
LnRDEX	-0.0100 (-1.29)	-0.0097 (-1.22)	-0.0101 (-1.28)	-0.0103 (-1.24)
Trofdl	0.2053 (1.47)	0.1825 (1.28)	0.1814 (1.23)	0.2080 (1.41)
Sros	-9.6551 (-1.17)			
Lnage		-0.0271 (-0.70)		
BIG4			0.0253 (0.58)	

续表

	(1)	(2)	(3)	(4)
	PVPE	PVPE	PVPE	PVPE
State				0.0052 (0.20)
常数	-1.3513* (-1.76)	-1.2035 (-1.40)	-1.2918* (-1.82)	-1.3365* (-1.72)
行业	控制	控制	控制	控制
年份	控制	控制	控制	控制
R^2	0.4800	0.4810	0.4803	0.4776
N	215	215	215	215

注：括号内为t值；*、**和***分别表示在10%、5%和1%的水平显著。

6.6 进一步分析

6.6.1 券商跟投、券商声誉与新股定价效率的检验分析

声誉理论认为，声誉能够增加承诺的力度，在没有外部激励的情况下，声誉效应能够为参与人提供一种隐性激励以保证履行其短期承诺，可以在一定程度激励代理人尽可能做到最好。完善的声誉机制可以约束券商的机会主义行为（McDonald和Fisher，1972；Dunbar，2000），有效缓解新股发行市场中投资者和发行人的信息不对称程度（Booth和Smith，1986；Duarte和Silva，2010），从而使IPO首日抑价程度明显降低（McDonald和Fisher，1972；Dunbar，2000；Peng等，2004）。Chemmanur和Fulghieri（1994）关于承销商声誉机制的经典模型表明，承销商的声誉水平与IPO股票价值正相关，与IPO抑价率和信息不对称显著负相关。学者们针对中国市场的研究同样得出券商声誉越好，其保荐的公司IPO抑价率越低、长期回报率越高的结论（徐浩萍和罗炜，2007；Su和Bangassa，2011；许荣

等，2013）。这是因为声誉好的券商更加重视声誉的维护，在选择企业承销时会筛选业绩优良、质量较高的企业，在发行定价时也会采用更严格的标准和更公正的价格（Chemmanur和Fulghieri，1994），基于此，高质量公司需要雇佣声誉好的券商来证明其内外价值统一性（邵新建等，2013）；投资者也认可声誉好的券商所承销企业更优质，上市后股票市场表现也更好（Carter等，1998；Dong等，2011）。

基于此，本书进一步检验券商声誉对券商跟投与新股定价效率的调节效应。根据现有文献的做法，为保证结果的可靠性，本书分别用券商的经营业绩指标排名和券商评级结果来度量券商声誉。

（1）券商声誉按经营业绩是否前十划分

本书按券商当年经营业绩优劣作为券商声誉好坏的评判标准。根据券商各年度的经营业绩进行划分，如果承销新股当年券商经营业绩排名为所有券商经营业绩前十名，则定义为经营业绩前十组，代表券商声誉更好；反之则为经营业绩非前十组。

表6－15列示了以经营业绩前十衡量券商声誉的分组检验结果。其中，第（1）列和第（2）列因变量为PVPE分组回归结果，第（1）列为经营业绩非前十组，券商跟投（Scfi）与IPO公司市盈率比值（PVPE）的估计系数为－0.0084，t值为－1.40，未通过显著性检验；第（2）列为经营业绩前十组，券商跟投（Scfi）与IPO公司市盈率比值（PVPE）的估计系数为－0.0473，t值为－1.95，在10%水平上显著负相关。对比第（1）列和第（2）列结果可知，券商跟投（Scfi）对IPO公司市盈率比值（PVPE）的影响在经营业绩前十组中强度更大，后者的估计系数和t值的绝对值均大于前者值的绝对值（估计系数绝对值0.0473＞0.0084；t值绝对值1.95＞1.40），且两者组间系数差异为3.19，在10%水平上通过Suest显著性检验。

第（3）列和第（4）列因变量为PVPS分组回归结果，第（3）列为经营业绩非前十组，券商跟投（Scfi）与IPO公司市销率比值（PVPS）的估计系数为－0.0032，t值为－0.45，未通过显著性检验；第（4）列为经营业绩前十组，券商跟投（Scfi）与IPO公司市销率比值（PVPS）的估计系数为－0.0558，t值为－2.32，在5%水平上显著负相关。对比第（3）

列和第（4）列结果可知，券商跟投（Scfi）对IPO公司市销率比值（PVPS）的影响在经营业绩前十组中强度更大，后者的估计系数和t值的绝对值均大于前者值的绝对值（估计系数绝对值0.0558 >0.0032；t值绝对值2.32 >0.45），且两者组间系数差异为5.81，在1%水平上通过Suest显著性检验。

第（5）列和第（6）列因变量为PVPB分组回归结果，第（5）列为经营业绩非前十组，券商跟投（Scfi）与IPO公司市净率比值（PVPB）的估计系数为-0.0184，t值为-2.32，在5%水平上显著负相关；第（6）列为经营业绩前十组，券商跟投（Scfi）与IPO公司市净率比值（PVPB）的估计系数为-0.0150，t值为-2.72，在1%水平上显著负相关；对比第（5）列和第（6）列结果可知，券商跟投（Scfi）对IPO公司市净率比值（PVPS）的影响的估计系数和t值在两组结果中无显著差异，两者组间系数差异为0.17，未通过Suest显著性检验。

上述研究结果总体说明，在经营业绩前十组，券商跟投对新股定价效率的优化作用更为显著。这是因为，声誉高的跟投券商更注重维护自己的声誉，从而强化了券商跟投对新股定价效率的优化作用。

表6-15　　以经营业绩前十衡量券商声誉的检验结果

	(1)	(2)	(3)	(4)	(5)	(6)
	PVPE	PVPE	PVPS	PVPS	PVPB	PVPB
	经营业绩非前十组	经营业绩前十组	经营业绩非前十组	经营业绩前十组	经营业绩非前十组	经营业绩前十组
Scfi	-0.0084 (-1.40)	-0.0473* (-1.95)	-0.0032 (-0.45)	-0.0558** (-2.32)	-0.0184** (-2.32)	-0.0150*** (-2.72)
Lnsize	0.0017 (0.28)	0.0080 (0.41)	-0.0203*** (-2.63)	-0.0431 (-1.25)	-0.0045 (-0.93)	-0.0053 (-1.24)
Lev	0.0059 (0.20)	-0.0394 (-0.53)	-0.0570 (-1.46)	0.0632 (0.32)	0.0339 (1.31)	0.0098 (0.50)
Roa	0.0003 (0.01)	-0.0467 (-0.61)	0.0988* (1.86)	0.2960* (1.95)	-0.0092 (-0.30)	-0.0306 (-1.45)
Top	0.0011 (0.04)	0.0860 (0.66)	0.0079 (0.28)	0.4829** (2.54)	-0.0031 (-0.16)	-0.0100 (-0.43)

续表

	(1)	(2)	(3)	(4)	(5)	(6)
	PVPE	PVPE	PVPS	PVPS	PVPB	PVPB
	经营业绩非前十组	经营业绩前十组	经营业绩非前十组	经营业绩前十组	经营业绩非前十组	经营业绩前十组
Unprofit	-0.0091 (-0.58)	-0.1027 (-1.61)	0.0739*** (2.89)	0.2484 (1.29)	0.0007 (0.06)	-0.0240** (-2.10)
Icr21	0.0741 (0.96)	-0.2535 (-1.27)	0.0269 (0.43)	0.1231 (0.35)	0.0668 (1.37)	-0.0112 (-0.28)
Lniurf	0.0063 (0.55)	0.0924 (0.76)	-0.0220 (-1.56)	-0.1244 (-1.51)	-0.0272** (-2.52)	0.0167 (1.21)
Lntafr	0.0069 (0.73)	0.0596 (0.67)	0.0095 (0.90)	0.1463** (2.54)	0.0156** (2.04)	-0.0117 (-0.83)
LnRDEX	0.0065 (0.86)	-0.0390** (-2.00)	0.0246*** (3.61)	-0.0282 (-0.88)	0.0001 (0.03)	0.0038 (0.71)
Trofdl	0.0721 (0.96)	0.3972 (1.40)	-0.1926** (-2.23)	0.2946 (0.88)	-0.0149 (-0.25)	0.0028 (0.05)
常数	-0.4012 (-1.21)	-2.5835* (-1.84)	0.3670 (1.25)	0.3980 (0.28)	0.3568* (1.88)	0.1644 (0.77)
组间系数检验	3.19*		5.81***		0.17	
行业	控制	控制	控制	控制	控制	控制
年份	控制	控制	控制	控制	控制	控制
R^2	0.9629	0.3457	0.6489	0.3874	0.4427	0.3585
N	94	121	94	120	94	121

注：括号内为t值；*、**和***分别表示在10%、5%和1%的水平显著。

(2) 券商声誉按证券公司监管分类等级划分

另一个度量券商声誉的指标是中国证监会每年公布的证券公司分类结果①，根据《证券公司分类监管规定》证券公司分为A（AAA、AA、A）、

① 该分类结果是根据《证券公司分类监管规定》经证券公司自评、证监局初审、证监会证券基金机构监管部复核，以及证监局、自律组织、证券公司代表等组成的证券公司分类评价专家评审委员会审议确定的分类结果，能全面体现证券公司治理结构、内部控制、合规管理、风险管理等与业务活动相适应的整体状况。

B（BBB、BB、B）、C（CCC、CC、C）、D、E 5 大类 11 个级别。本书根据证券承销发行当年的分类级别中位数，划分为分类等级较高组和分类等级较低组，分类等级较高组的券商声誉更高，分类等级较低组的券商声誉更低。

表 6－16 列示了以证券公司监管分类等级衡量券商声誉的分组检验结果。其中，第（1）列和第（2）列因变量为 PVPE 分组回归结果，第（1）列为证券公司监管分类等级较低组，券商跟投（Scfi）与 IPO 公司市盈率比值（PVPE）的估计系数为－0.0071，t 值为－2.15，在 5% 水平上显著负相关；第（2）列为证券公司监管分类等级较高组，券商跟投（Scfi）与 IPO 公司市盈率比值（PVPE）的估计系数为－0.0622，t 值为－2.07，在 5% 水平上显著负相关。对比第（1）列和第（2）列结果，券商跟投（Scfi）对 IPO 公司市盈率比值（PVPE）的影响在证券公司监管分类等级较高组中强度更大，后者的估计系数绝对值均大于前者值的绝对值（估计系数绝对值 0.0622＞0.0071），且两者组间系数差异为 4.52，在 5% 水平上通过 Suest 显著性检验。

第（3）列和第（4）列因变量为 PVPS 分组回归结果，第（3）列为证券公司监管分类等级较低组，券商跟投（Scfi）与 IPO 公司市销率比值（PVPS）的估计系数为－0.0065，t 值为－1.09，未通过显著性检验；第（4）列为证券公司监管分类等级较高组，券商跟投（Scfi）与 IPO 公司市销率比值（PVPS）的估计系数为－0.0483，t 值为－1.97，在 10% 水平上显著负相关。对比第（3）列和第（4）列结果可知，券商跟投（Scfi）对 IPO 公司市销率比值（PVPS）的影响在证券公司监管分类等级较高组中强度更大，后者的估计系数和 t 值的绝对值均大于前者值的绝对值（估计系数绝对值 0.0483＞0.0065；t 值绝对值 1.97＞1.09），且两者组间系数差异为 3.73，在 5% 水平上通过 Suest 显著性检验。

第（5）列和第（6）列因变量为 PVPB 分组回归结果，第（5）列为证券公司监管分类等级较低组，券商跟投（Scfi）与 IPO 公司市净率比值（PVPB）的估计系数为－0.0110，t 值为－1.79，在 10% 水平上显著负相关；第（6）列为证券公司监管分类等级较高组，券商跟投（Scfi）与 IPO 公司市净率比值（PVPB）的估计系数为－0.0218，t 值为－3.88，在 1% 水平上显著负相关。对比第（5）列和第（6）列结果可知，券商跟投

(Scfi) 对IPO公司市净率比值 (PVPB) 的影响在证券公司监管分类等级较高组中强度更大，后者的估计系数和t值的绝对值均大于前者值的绝对值（估计系数绝对值0.0218 >0.0110；t值绝对值3.88 >1.79），两者组间系数差异为2.29，但未通过Suest显著性检验。

上述结果总体说明券商跟投对新股定价效率的优化效应主要在证券公司监管分类等级较高组显著，即券商声誉会强化券商跟投对新股定价效率的优化作用。

表6－16　以证券公司监管分类等级衡量的券商声誉的检验结果

	(1)	(2)	(3)	(4)	(5)	(6)
	PVPE	PVPE	PVPS	PVPS	PVPB	PVPB
	分类等级较低组	分类等级较高组	分类等级较低组	分类等级较高组	分类等级较低组	分类等级较高组
Scfi	-0.0071 ** (-2.15)	-0.0622 ** (-2.07)	-0.0065 (-1.09)	-0.0483 * (-1.97)	-0.0110 * (-1.79)	-0.0218 *** (-3.88)
Lnsize	0.0053 (1.19)	-0.0067 (-0.30)	-0.0178 *** (-2.76)	-0.0553 (-1.46)	-0.0018 (-0.43)	-0.0070 (-1.55)
Lev	-0.0001 (-0.00)	-0.0003 (-0.00)	-0.0035 (-0.13)	0.0638 (0.29)	0.0200 (1.11)	0.0188 (0.69)
Roa	0.0006 (0.02)	-0.0752 (-0.79)	0.0517 (1.53)	0.2544 * (1.71)	0.0157 (0.88)	-0.0420 (-1.46)
Top	-0.0016 (-0.07)	0.0542 (0.40)	0.0388 (1.42)	0.4166 ** (2.27)	0.0020 (0.11)	-0.0194 (-0.78)
Unprofit	-0.0137 (-0.96)	-0.1139 (-1.56)	0.0513 * (1.90)	0.3166 (1.41)	-0.0026 (-0.24)	-0.0201 (-1.56)
Icr21	0.0602 (0.82)	-0.2714 (-1.21)	0.0564 (0.91)	0.0737 (0.19)	0.0709 * (1.66)	-0.0286 (-0.69)
Lniurf	0.0001 (0.01)	0.0875 (0.68)	-0.0152 (-1.31)	-0.1116 (-1.47)	-0.0108 (-1.23)	0.0074 (0.51)
Lntafr	0.0041 (0.44)	0.0504 (0.51)	0.0057 (0.48)	0.1616 *** (2.91)	0.0056 (0.76)	-0.0089 (-0.61)

续表

	(1)	(2)	(3)	(4)	(5)	(6)
	PVPE	PVPE	PVPS	PVPS	PVPB	PVPB
	分类等级较低组	分类等级较高组	分类等级较低组	分类等级较高组	分类等级较低组	分类等级较高组
LnRDEX	0.0055 (0.87)	-0.0306* (-1.72)	0.0235*** (3.85)	-0.0355 (-1.19)	0.0008 (0.24)	0.0024 (0.44)
Trofdl	0.1216 (1.52)	0.3193 (1.36)	-0.1881** (-2.41)	0.1572 (0.46)	0.0089 (0.16)	-0.0248 (-0.43)
常数	-0.2868 (-0.97)	-2.0148* (-1.70)	0.2764 (1.18)	0.3372 (0.30)	0.1703 (1.10)	0.3869* (1.75)
组间系数检验	4.52**		3.73**		2.29	
行业	控制	控制	控制	控制	控制	控制
年份	控制	控制	控制	控制	控制	控制
R^2	0.9571	0.3511	0.5166	0.4246	0.3321	0.4456
N	107	108	107	107	107	108

注：括号内为t值；*、**和***分别表示在10%、5%和1%的水平显著。

6.6.2 券商跟投、发行人公司治理与新股定价效率的检验分析

许多学者研究发现，引起发行价格偏高、发行后公司长期股票回报率下降的一个重要原因是发行人向上的盈余管理（Teoh等，1998；Ducharme等，2004），而公司治理水平的改善可以提高内部控制制度的效率，弱化IPO公司发行人调整盈余的自利性动机，促使发行人利益与投资者利益趋于一致。基于此，本书进一步检验公司治理对券商跟投与新股定价效率的调节效应。为保证结果的可靠性，参照现有文献的做法，本书分别用独立董事比例及股权制衡来度量发行人的公司治理水平。

(1) 独立董事比例

现有研究表明，独立董事是强化公司内部治理机制、抵制经营者机会

主义行为的有效手段（Rosenstein 和 Wyatt，1990），独立董事在董事会中的占比越高，公司自愿披露的信息更多。Leftwich 等（1981）以及 Fama 和 Jensen（1983）都得到了同样的结论。Forker（1992）发现，独立董事比例与财务信息质量正相关，独立董事比例越高，经营者通过隐瞒信息获利的概率越低。Beasley（2004）还发现，独立董事比例高的公司发生财务舞弊的概率明显小于独立董事比例低的公司。本书以独立董事人数占董事总人数的比例衡量独立董事比例。按照结果的中位数将样本分为独立董事比例较高组和独立董事比例较低组，独立董事比例较高组代表公司治理水平较高；独立董事比例较低组代表公司治理水平较低。

表6-17列示了以独立董事比例衡量公司治理水平的分组检验结果。其中，第（1）列和第（2）列因变量为PVPE分组回归结果，第（1）列为独立董事比例较低组，券商跟投（Scfi）与IPO公司市盈率比值（PVPE）的估计系数为-0.0695，t值为-2.28，在5%水平上显著负相关；第（2）列为独立董事比例较高组，券商跟投（Scfi）与IPO公司市盈率比值（PVPE）的估计系数为0.0013，t值为0.29，未通过显著性检验。对比第（1）列和第（2）列结果可知，券商跟投（Scfi）对IPO公司市盈率比值（PVPE）的影响在独立董事比例较低组中强度更大，前者的估计系数和t值的绝对值均大于后者值的绝对值（估计系数绝对值0.0695>0.0013；t值绝对值2.28>0.29），且两者组间系数差异为7.20，在1%水平上通过Suest显著性检验。

第（3）列和第（4）列因变量为PVPS分组回归结果，第（3）列为独立董事比例较低组，券商跟投（Scfi）与IPO公司市销率比值（PVPS）的估计系数为-0.0631，t值为-1.94，在1%水平上显著负相关；第（4）列为独立董事比例较高组，券商跟投（Scfi）与IPO公司市销率比值（PVPS）的估计系数为-0.0130，t值为-1.36，未通过显著性检验。对比第（3）列和第（4）列结果可知，券商跟投（Scfi）对IPO公司市销率比值（PVPS）的影响在独立董事比例较低组中强度更大，前者的估计系数和t值的绝对值均大于后者值的绝对值（估计系数绝对值0.0631>0.0130；t值绝对值1.94>1.36），且两者组间系数差异为2.99，在10%水平上通过Suest显著性检验。

第（5）列和第（6）列因变量为PVPB分组回归结果，第（5）列为独立董事比例较低组，券商跟投（Scfi）与IPO公司市净率比值（PVPB）的估计系数为-0.0102，t值为-2.38，在5%水平上显著负相关；第（6）列为独立董事比例较高组，券商跟投（Scfi）与IPO公司市净率比值（PVPB）的估计系数为-0.0149，t值为-1.81，在10%水平上显著负相关；对比第（5）列和第（6）列结果可知，券商跟投（Scfi）对IPO公司市净率比值（PVPB）的影响在两组中无显著差异，两者组间系数差异为0.37，但未通过Suest显著性检验。

上述结果总体说明券商跟投对新股定价效率的优化效应主要在独立董事比例较低组显著，跟投券商在独立董事比例较低组（公司治理水平低）发挥的治理效应更强。

表6-17　券商跟投、独立董事比例与新股定价效率的检验结果

	(1)	(2)	(3)	(4)	(5)	(6)
	PVPE	PVPE	PVPS	PVPS	PVPB	PVPB
	独立董事比例较低组	独立董事比例较高组	独立董事比例较低组	独立董事比例较高组	独立董事比例较低组	独立董事比例较高组
Scfi	-0.0695** (-2.28)	0.0013 (0.29)	-0.0631* (-1.94)	-0.0130 (-1.36)	-0.0102** (-2.38)	-0.0149* (-1.81)
Lnsize	-0.0129 (-0.51)	0.0144** (2.59)	-0.0634* (-1.89)	0.0013 (0.12)	-0.0050 (-1.15)	-0.0003 (-0.05)
Lev	0.0570 (0.45)	-0.0336 (-1.29)	0.1119 (0.75)	-0.1169 (-1.39)	0.0509* (1.89)	-0.0193 (-0.70)
Roa	-0.1385 (-0.98)	-0.0150 (-0.44)	0.0751 (0.42)	0.1955** (2.00)	-0.0558* (-1.95)	-0.0082 (-0.32)
Top	0.0242 (0.15)	0.0376 (1.17)	0.3629* (1.71)	0.1011 (1.46)	-0.0168 (-0.85)	0.0097 (0.31)
Unprofit	-0.0664 (-1.20)	-0.0198 (-0.87)	0.3114 (1.62)	-0.0087 (-0.27)	-0.0278** (-2.18)	0.0042 (0.32)
Icr21	-0.2419 (-1.13)	0.0665 (1.01)	0.1958 (0.49)	-0.0488 (-0.59)	-0.0136 (-0.32)	0.0102 (0.23)

续表

	(1)	(2)	(3)	(4)	(5)	(6)
	PVPE	PVPE	PVPS	PVPS	PVPB	PVPB
	独立董事比例较低组	独立董事比例较高组	独立董事比例较低组	独立董事比例较高组	独立董事比例较低组	独立董事比例较高组
Lniurf	-0.0255 (-0.13)	0.0059 (0.49)	-0.1310 (-1.31)	-0.0194 (-0.61)	-0.0252 (-1.24)	-0.0006 (-0.05)
Lntafr	0.1111 (0.67)	0.0072 (0.77)	0.1055 (1.38)	0.0647** (2.10)	0.0235 (1.29)	-0.0065 (-0.75)
LnRDEX	-0.0063 (-0.55)	-0.0006 (-0.07)	0.0027 (0.11)	-0.0030 (-0.25)	0.0049 (1.45)	-0.0009 (-0.18)
Trofdl	0.1462 (0.76)	0.0052 (0.09)	0.3559 (0.93)	0.0878 (0.50)	-0.0561 (-1.00)	-0.0576 (-0.85)
常数	-1.2972 (-1.02)	-0.5222* (-1.93)	1.2490 (1.16)	-0.9586 (-1.61)	0.1935 (1.13)	0.3218 (1.46)
组间系数检验	7.20***		2.99*		0.37	
行业	控制	控制	控制	控制	控制	控制
年份	控制	控制	控制	控制	控制	控制
R^2	0.3548	0.9393	0.3905	0.5773	0.3544	0.4643
N	112	92	111	92	112	92

注：括号内为t值；*、**和***分别表示在10%、5%和1%的水平显著。

(2) 股权制衡

本书以第二大股东至第十大股东持股比例之和与第一大股东持股比例的比值衡量股权制衡。按照结果的中位数将样本分为股权制衡比例较高组和股权制衡比例较低组，股权制衡比例较高组代表公司治理水平较高；股权制衡比例较低组代表公司治理水平较低。

表6-18列示了以股权制衡比例衡量公司治理水平的分组检验结果。其中，第(1)列和第(2)列因变量为PVPE分组回归结果，第(1)列

为股权制衡较低组，券商跟投（Scfi）与IPO公司市盈率比值（PVPE）的估计系数为-0.0475，t值为-1.71，在10%水平上显著负相关；第（2）列为股权制衡较高组，券商跟投（Scfi）与IPO公司市盈率比值（PVPE）的估计系数为-0.0351，t值为-1.62，未通过显著性检验。对比第（1）列和第（2）列结果可知，券商跟投（Scfi）对IPO公司市盈率比值（PVPE）的影响在股权制衡较低组中强度更大，前者的估计系数和t值的绝对值均大于后者值的绝对值（估计系数绝对值0.0475>0.0351；t值绝对值1.71>1.62），两者组间系数差异为0.16，但未通过Suest显著性检验。

第（3）列和第（4）列因变量为PVPS分组回归结果，第（3）列为股权制衡较低组，券商跟投（Scfi）与IPO公司市销率比值（PVPS）的估计系数为-0.1175，t值为-2.83，在1%水平上显著负相关；第（4）列为股权制衡较高组，券商跟投（Scfi）与IPO公司市销率比值（PVPS）的估计系数为-0.0090，t值为-1.16，未通过显著性检验。对比第（3）列和第（4）列结果可知，券商跟投（Scfi）对IPO公司市销率比值（PVPS）的影响在股权制衡较低组中强度更大，前者的估计系数和t值的绝对值均大于后者值的绝对值（估计系数绝对值0.1175>0.0090；t值绝对值2.83>1.16），且两者组间系数差异为8.74，在1%水平上通过Suest显著性检验。

第（5）列和第（6）列因变量为PVPB分组回归结果，第（5）列为股权制衡较低组，券商跟投（Scfi）与IPO公司市净率比值（PVPB）的估计系数为-0.0115，t值为-2.28，在5%水平上显著负相关；第（6）列为股权制衡较高组，券商跟投（Scfi）与IPO公司市净率比值（PVPB）的估计系数为-0.0119，t值为-2.31，在5%水平上显著负相关。对比第（5）列和第（6）列结果可知，券商跟投（Scfi）对IPO公司市净率比值（PVPB）的影响在两组中无显著差异，两者组间系数差异为0.09，但未通过Suest显著性检验。

上述结果总体说明券商跟投对新股定价效率的优化效应主要在股权制衡较低组显著，跟投券商在股权制衡较低组（公司治理水平低）发挥的治理效应更强。

表6-18 券商跟投、股权制衡比例与新股定价效率的检验结果

	(1)	(2)	(3)	(4)	(5)	(6)
	PVPE	PVPE	PVPS	PVPS	PVPB	PVPB
	股权制衡较低组	股权制衡较高组	股权制衡较低组	股权制衡较高组	股权制衡较低组	股权制衡较高组
Scfi	-0.0475* (-1.71)	-0.0351 (-1.62)	-0.1175*** (-2.83)	-0.0090 (-1.16)	-0.0115** (-2.28)	-0.0119** (-2.31)
Lnsize	0.0113 (0.75)	-0.0129 (-0.67)	-0.0755** (-2.51)	-0.0181** (-2.60)	-0.0061 (-1.55)	-0.0033 (-0.67)
Lev	-0.1280 (-1.13)	0.0178 (0.25)	0.0483 (0.32)	0.0316 (1.01)	0.0168 (0.94)	0.0049 (0.21)
Roa	-0.0017 (-0.02)	-0.0076 (-0.12)	0.3619* (1.88)	0.0066 (0.22)	-0.0276 (-1.14)	-0.0338 (-1.60)
Top	0.0745 (0.67)	-0.2008 (-0.94)	0.2746** (2.03)	-0.0361 (-0.45)	-0.0127 (-0.54)	-0.0048 (-0.11)
Unprofit	-0.0838 (-1.60)	-0.0130 (-0.40)	0.4593* (1.92)	0.0314 (1.38)	-0.0355*** (-3.93)	0.0048 (0.41)
Icr21	-0.0847 (-0.47)	-0.1508 (-1.14)	-0.0482 (-0.18)	-0.0587 (-1.02)	0.0535 (1.31)	-0.0145 (-0.35)
Lniurf	0.2239 (1.66)	-0.0747 (-0.85)	-0.0213 (-0.29)	-0.0531* (-1.77)	0.0133 (1.20)	-0.0108 (-0.74)
Lntafr	-0.0901 (-1.42)	0.1156 (1.08)	-0.0456 (-0.91)	0.0501 (1.43)	-0.0013 (-0.17)	-0.0004 (-0.03)
LnRDEX	-0.0021 (-0.17)	-0.0152 (-1.32)	0.0267 (1.16)	0.0057 (1.17)	0.0037 (1.01)	-0.0010 (-0.24)
Trofdl	0.4696 (1.51)	0.0255 (0.21)	0.8199* (1.91)	-0.1603* (-1.70)	-0.0197 (-0.33)	-0.0408 (-0.78)
常数	-2.5572* (-1.87)	-0.3147 (-1.00)	2.2079 (1.62)	0.3827* (1.84)	0.0351 (0.19)	0.4151** (2.56)
组间系数检验	0.16		8.74***		0.09	
行业	控制	控制	控制	控制	控制	控制
年份	控制	控制	控制	控制	控制	控制
R^2	0.3916	0.7252	0.5024	0.4353	0.4691	0.3544
N	108	107	108	106	108	107

注：括号内为t值；*、** 和 *** 分别表示在10%、5%和1%的水平显著。

6.6.3 券商跟投、投资者情绪与新股定价效率的检验分析

由于二级市场存在严重的信息不对称，投资者尤其是个人投资者对新股价值的关注度不足，新股市场定价受投资者情绪影响较为严重。Ljungqvist 等（2006）和 Derrien（2005）基于投资者情绪理论（DeLong 等，1990），研究发现受投资者情绪和卖空约束的影响，新股市场存在 IPO 首日高回报和长期收益低回报并存的现象。尤其是在中国的资本市场，个人投资者占比较大，资产定价效率受情绪影响更为突出。本书参考潘胜文和吴川东（2020）的做法，用 IPO 首日换手率衡量投资者情绪，换手率越高，表明新股发行首日交易越活跃，投资者情绪越高。换手率 = 当日成交股数 ÷ 流通股数 × 100%。

表 6 - 19 列示了券商跟投、投资者情绪与新股定价效率的分组检验结果。其中，第（1）列和第（2）列因变量为 PVPE 分组回归结果，第（1）列为投资者情绪较低组，券商跟投（Scfi）与 IPO 公司市盈率比值（PVPE）的估计系数为 - 0.0763，t 值为 - 2.03，在 5% 水平上显著负相关；第（2）列为投资者情绪较高组，券商跟投（Scfi）与 IPO 公司市盈率比值（PVPE）的估计系数为 - 0.0173，t 值为 - 2.06，在 5% 水平上显著负相关。对比第（1）列和第（2）列结果可知，券商跟投（Scfi）对 IPO 公司市盈率比值（PVPE）的影响在投资者情绪较低组中强度更大，前者的估计系数绝对值均大于后者值的绝对值（估计系数绝对值 0.0763 > 0.0173），且两者组间系数差异为 3.19，在 10% 水平上通过 Suest 显著性检验。

第（3）列和第（4）列因变量为 PVPS 分组回归结果，第（3）列为投资者情绪较低组，券商跟投（Scfi）与 IPO 公司市销率比值（PVPS）的估计系数为 - 0.0435，t 值为 - 2.68，在 1% 水平上显著负相关；第（4）列为投资者情绪较高组，券商跟投（Scfi）与 IPO 公司市销率比值（PVPS）的估计系数为 - 0.0687，t 值为 - 2.11，在 5% 水平上显著负相关。对比第（3）列和第（4）列结果可知，券商跟投（Scfi）对 IPO 公司市销率比值（PVPS）的影响在两组中无显著差异，两者组间系数差异为

0.64，未通过Suest显著性检验。

第（5）列和第（6）列因变量为PVPB分组回归结果，第（5）列为投资者情绪较低组，券商跟投（Scfi）与IPO公司市净率比值（PVPB）的估计系数为-0.0250，t值为-4.15，在1%水平上显著负相关；第（6）列为投资者情绪较高组，券商跟投（Scfi）与IPO公司市净率比值（PVPB）的估计系数为-0.0076，t值为-2.18，在5%水平上显著负相关。对比第（5）列和第（6）列结果可知，券商跟投（Scfi）对IPO公司市净率比值（PVPB）的影响在投资者情绪较低组中强度更大，前者的估计系数和t值的绝对值均大于后者值的绝对值（估计系数绝对值0.0250 > 0.0076；t值绝对值4.15 > 2.18），且两者组间系数差异为8.44，在1%水平上通过Suest显著性检验。

上述结果总体说明券商跟投对新股定价效率的优化效应主要在投资者情绪较低组显著，即券商跟投会向投资者传递出对公司有利的信号，从而影响投资者情绪，提高了IPO定价效率。

表6-19　券商跟投、投资者情绪与新股定价效率的检验结果

	(1)	(2)	(3)	(4)	(5)	(6)
	PVPE	PVPE	PVPS	PVPS	PVPB	PVPB
	投资者情绪较低组	投资者情绪较高组	投资者情绪较低组	投资者情绪较高组	投资者情绪较低组	投资者情绪较高组
Scfi	-0.0763** (-2.03)	-0.0173** (-2.06)	-0.0435*** (-2.68)	-0.0687** (-2.11)	-0.0250*** (-4.15)	-0.0076** (-2.18)
Lnsize	-0.0082 (-0.40)	0.0168 (1.29)	-0.0326*** (-3.16)	-0.0314 (-0.86)	-0.0070 (-1.33)	-0.0036 (-1.29)
Lev	0.0355 (0.27)	-0.0264 (-0.54)	0.0508 (0.83)	-0.0739 (-0.36)	0.0178 (0.75)	0.0240 (1.41)
Roa	-0.2288 (-1.47)	0.0567 (1.08)	-0.0136 (-0.23)	0.3071 (1.62)	-0.0470* (-1.96)	-0.0057 (-0.34)
Top	0.0580 (0.46)	0.0400 (0.91)	0.0859 (1.37)	0.3568** (2.06)	0.0019 (0.08)	0.0100 (0.67)
Unprofit	-0.1678 (-1.42)	-0.0330 (-1.24)	0.0376 (0.74)	0.2191 (1.43)	-0.0021 (-0.12)	-0.0158* (-1.79)

续表

	(1)	(2)	(3)	(4)	(5)	(6)
	PVPE	PVPE	PVPS	PVPS	PVPB	PVPB
	投资者情绪较低组	投资者情绪较高组	投资者情绪较低组	投资者情绪较高组	投资者情绪较低组	投资者情绪较高组
Icr21	-0.3481 (-1.21)	0.0534 (0.66)	-0.0666 (-0.55)	0.3200 (0.82)	-0.0216 (-0.51)	0.0192 (0.52)
Lniurf	-0.0331 (-0.21)	0.0938 (1.37)	-0.0431 (-0.81)	-0.0742 (-1.23)	-0.0177 (-1.13)	0.0111 (0.99)
Lntafr	0.1103 (0.89)	-0.0360 (-1.19)	0.0466 (1.23)	0.0363 (0.88)	0.0028 (0.19)	-0.0016 (-0.23)
LnRDEX	0.0040 (0.30)	-0.0102 (-0.71)	0.0082 (1.13)	-0.0005 (-0.02)	0.0076* (1.84)	-0.0016 (-0.42)
常数	-1.3018 (-1.35)	-1.0745 (-1.48)	0.5457 (0.88)	1.3963 (1.10)	0.4634** (2.13)	0.0678 (0.44)
组间系数检验	3.19*		0.64		8.44***	
行业	控制	控制	控制	控制	控制	控制
年度	控制	控制	控制	控制	控制	控制
R^2	0.6117	0.2764	0.3977	0.3767	0.5116	0.3277
N	108	107	107	107	108	107

注：括号内为t值；*、**和***分别表示在10%、5%和1%的水平显著。

6.6.4 券商跟投、外部市场环境与新股定价效率的检验分析

大量文献表明，产品市场竞争是企业重要的外部治理机制之一。从本质上来看，产品市场竞争是一种标杆评估机制，通过加快信息的流动速度（刘剑蕾和栗媛，2019），降低公司内外部信息不对称并提高公司合规经营程度，从而抑制公司的盈余管理，对IPO定价效率产生影响。

市场化水平是市场中介组织成熟情况和法律环境制度建设情况的综合评价指标（范黎波和尚铎，2020），市场化水平高的地区，政府干预度较少，产品市场和要素市场发育程度较高，透明度高的价格信号和灵活的流

动要素可以优化资本配置的效率（方军雄，2006），从而提升上市公司的信息水平和股票流动性，增强投资者信心，提高IPO定价效率（高雷和宋顺林，2007；吴晓晖和叶瑛，2009；张丽平和付玉梅，2017；刘剑蕾和栗媛，2019）。

基于此，本书从产品市场竞争环境和市场化水平两个方面衡量外部市场环境，并检验外部市场环境在券商跟投和IPO定价效率之间的关系。

（1）基于产品竞争环境的视角

本书采用赫芬达尔指数（HHI）来度量产品市场竞争环境，赫芬达尔指数（HHI）表示为行业中企业市场份额的集中程度，具体计算公式为：$HHI=\sum(X_i/\sum X_i)^2$，其中，X_i为企业第i年的营业收入。当HHI值越大，说明该行业集中度越高，产品市场竞争越不激烈；反之，当HHI值越小，说明该行业集中度越低，产品市场竞争越激烈。本书进一步对研究样本按HHI值的中位数进行分组，划分为企业所处行业集中度较低组（即产品市场竞争激烈组）和行业集中度较高组（即产品市场竞争非激烈组）。

表6-20列示了券商跟投、产品竞争环境与新股定价效率的分组检验结果。其中，第（1）列和第（2）列因变量为PVPE分组回归结果，第（1）列为产品市场竞争激烈组，券商跟投（Scfi）与IPO公司市盈率比值（PVPE）的估计系数为-0.0462，t值为-1.79，在10%水平上显著负相关；第（2）列为产品市场竞争非激烈组，券商跟投（Scfi）与IPO公司市盈率比值（PVPE）的估计系数为-0.0279，t值为-1.33，未通过显著性检验。对比第（1）列和第（2）列结果可知，券商跟投（Scfi）对IPO公司市盈率比值（PVPE）的影响在产品市场竞争激烈组中强度更大，前者的估计系数和t值的绝对值均大于后者值的绝对值（估计系数绝对值0.0462>0.0279；t值绝对值1.79>1.33），但两者组间系数差异为0.37，未通过Suest显著性检验。

第（3）列和第（4）列因变量为PVPS分组回归结果，第（3）列为产品市场竞争激烈组，券商跟投（Scfi）与IPO公司市销率比值（PVPS）的估计系数为-0.0558，t值为-1.69，在10%水平上显著负相关；第（4）列为产品市场竞争非激烈组，券商跟投（Scfi）与IPO公司市销率比值（PVPS）的估计系数为-0.0351，t值为-1.17，未通过显著性检验。

对比第（3）列和第（4）列结果可知，券商跟投（Scfi）对IPO公司市销率比值（PVPS）的影响在产品市场竞争激烈组中强度更大，前者的估计系数和t值的绝对值均大于后者值的绝对值（估计系数绝对值0.0558 > 0.0351；t值绝对值1.69 > 1.17），但两者组间系数差异为0.38，未通过Suest显著性检验。

第（5）列和第（6）列因变量为PVPB分组回归结果，第（5）列为产品市场竞争激烈组，券商跟投（Scfi）与IPO公司市净率比值（PVPB）的估计系数为 -0.0191，t值为 -5.07，在1%水平上显著负相关；第（6）列为产品市场竞争非激烈组，券商跟投（Scfi）与IPO公司市净率比值（PVPB）的估计系数为 -0.0108，t值为 -1.61，未通过显著性检验。对比第（5）列和第（6）列结果可知，券商跟投（Scfi）对IPO公司市净率比值（PVPB）的影响在产品市场竞争激烈组中强度更大，前者的估计系数和t值的绝对值均大于后者值的绝对值（估计系数绝对值0.0191 > 0.0108；t值绝对值5.07 > 1.61），但两者组间系数差异为1.64，未通过Suest显著性检验。上述结果总体说明券商跟投对新股定价效率的优化效应主要在产品市场竞争激烈组显著，即竞争激烈的产品市场环境会强化券商跟投对新股定价效率的优化效应。

表6-20　券商跟投、产品竞争环境与新股定价效率的检验结果

	(1)	(2)	(3)	(4)	(5)	(6)
	PVPE	PVPE	PVPS	PVPS	PVPB	PVPB
	产品市场竞争激烈组	产品市场竞争非激烈组	产品市场竞争激烈组	产品市场竞争非激烈组	产品市场竞争激烈组	产品市场竞争非激烈组
Scfi	-0.0462* (-1.79)	-0.0279 (-1.33)	-0.0558* (-1.69)	-0.0351 (-1.17)	-0.0191*** (-5.07)	-0.0108 (-1.61)
Lnsize	0.0165 (1.25)	-0.0167 (-0.60)	-0.0448 (-1.49)	-0.0274** (-2.28)	-0.0053* (-1.77)	-0.0007 (-0.13)
Lev	-0.0624 (-1.04)	0.0386 (0.50)	0.0535 (0.41)	-0.0689 (-0.77)	0.0285* (1.82)	0.0025 (0.09)
Roa	0.0194 (0.38)	-0.0070 (-0.08)	0.2442 (1.46)	0.1207 (1.26)	-0.0166 (-0.93)	-0.0334 (-1.36)

续表

	(1)	(2)	(3)	(4)	(5)	(6)
	PVPE	PVPE	PVPS	PVPS	PVPB	PVPB
	产品市场竞争激烈组	产品市场竞争非激烈组	产品市场竞争激烈组	产品市场竞争非激烈组	产品市场竞争激烈组	产品市场竞争非激烈组
Top	0.0809 (0.94)	-0.0957 (-0.44)	0.2594* (1.67)	0.1921 (1.43)	-0.0227 (-1.40)	0.0417 (1.10)
Unprofit	-0.0429 (-0.86)	-0.0654 (-1.30)	0.2987 (1.52)	0.0665* (1.75)	-0.0189* (-1.97)	0.0071 (0.46)
Icr21	-0.2182 (-1.10)	-0.0385 (-0.31)	0.1042 (0.34)	0.0067 (0.06)	-0.0011 (-0.03)	0.0148 (0.34)
Lniurf	0.1388 (1.36)	0.0102 (0.11)	-0.0321 (-0.45)	-0.0448 (-1.06)	-0.0021 (-0.23)	-0.0082 (-0.53)
Lntafr	-0.0508 (-1.24)	0.0742 (0.80)	-0.0037 (-0.08)	0.0708* (1.70)	0.0041 (0.66)	-0.0007 (-0.04)
LnRDEX	-0.0153 (-1.37)	-0.0078 (-0.63)	-0.0011 (-0.05)	0.0114 (0.88)	-0.0011 (-0.29)	0.0023 (0.48)
Trofdl	0.2183 (1.13)	0.1860 (0.68)	0.3427 (1.17)	-0.0993 (-0.53)	-0.0149 (-0.34)	0.0312 (0.45)
常数	-1.5090 (-1.24)	-1.2345 (-1.56)	1.4910 (1.10)	-0.0623 (-0.08)	0.2097 (1.33)	0.2447 (1.13)
组间系数检验	0.37		0.38		1.64	
行业	控制	控制	控制	控制	控制	控制
年份	控制	控制	控制	控制	控制	控制
R^2	0.2891	0.6295	0.3029	0.4945	0.4388	0.2810
N	117	98	117	97	117	98

注：括号内为t值；*、**和***分别表示在10%、5%和1%的水平显著。

（2）基于市场化进程的视角

借鉴学术界的普遍做法（刘剑蕾和栗媛，2019），本书选用樊纲等编制的《中国分省份市场指数报告（2016）》中“中国各地区市场化指数”

作为衡量市场化进程的参考指标。该报告评价了全国各省（自治区、直辖市）的市场化进程，指数越高代表地区的市场化进程越高。按照各省市区的市场化指数的中位数，将样本分为市场化进程较高组和市场化进程较低组。

表6－21列示了券商跟投、市场化进程与新股定价效率的分组检验结果。其中，第（1）列和第（2）列因变量为PVPE分组回归结果，第（1）列为市场化进程较低组，券商跟投（Scfi）与IPO公司市盈率比值（PVPE）的估计系数为－0.0048，t值为－0.61，未通过显著性检验；第（2）列为市场化进程较高组，券商跟投（Scfi）与IPO公司市盈率比值（PVPE）的估计系数为－0.0553，t值为－1.68，在10%水平上显著负相关。对比第（1）列和第（2）列结果可知，券商跟投（Scfi）对IPO公司市盈率比值（PVPE）的影响在市场化进程较高组中强度更大，后者的估计系数和t值的绝对值均大于前者值的绝对值（估计系数绝对值0.0553＞0.0048；t值绝对值1.68＞0.61），且两者组间系数差异为3.09，在10%水平上通过Suest显著性检验。

第（3）列和第（4）列因变量为PVPS分组回归结果，第（3）列为市场化进程较低组，券商跟投（Scfi）与IPO公司市销率比值（PVPS）的估计系数为－0.0360，t值为－1.62，未通过显著性检验；第（4）列为市场化进程较高组，券商跟投（Scfi）与IPO公司市销率比值（PVPS）的估计系数为－0.0446，t值为－1.78，在10%水平上显著负相关。对比第（3）列和第（4）列结果可知，券商跟投（Scfi）对IPO公司市盈率比值（PVPE）的影响在市场化进程较高组中强度更大，后者的估计系数和t值的绝对值均大于前者值的绝对值（估计系数绝对值0.0446＞0.0360；t值绝对值1.78＞1.62），两者组间系数差异为0.32，但未通过Suest显著性检验。

第（5）列和第（6）列因变量为PVPB分组回归结果，第（5）列为市场化进程较低组，券商跟投（Scfi）与IPO公司市净率比值（PVPB）的估计系数为－0.0120，t值为－2.08，在5%水平上显著负相关；第（6）列为市场化进程较高组，券商跟投（Scfi）与IPO公司市净率比值（PVPB）的估计系数为－0.0135，t值为－2.32，在5%水平上显著负相关。对比第（5）列和第（6）列结果可知，券商跟投（Scfi）与IPO公司市净率比值（PVPB）在两组中无显著差异，两者组间系数差异为 0.05，未通过 Suest 显著性检验。

上述结果总体说明券商跟投对新股定价效率的优化效应主要在市场化进程较高组显著，即较高的外部市场化进程有助于强化券商跟投对新股定价效率的优化效应。

表 6－21　券商跟投、市场化进程与新股定价效率的检验结果

	(1)	(2)	(3)	(4)	(5)	(6)
	PVPE	PVPE	PVPS	PVPS	PVPB	PVPB
	市场化进程较低组	市场化进程较高组	市场化进程较低组	市场化进程较高组	市场化进程较低组	市场化进程较高组
Scfi	-0.0048 (-0.61)	-0.0553* (-1.68)	-0.0360 (-1.62)	-0.0446* (-1.78)	-0.0120** (-2.08)	-0.0135** (-2.32)
Lnsize	0.0076 (0.91)	0.0089 (0.46)	-0.0567* (-1.72)	-0.0097 (-0.77)	-0.0015 (-0.40)	-0.0078** (-2.00)
Lev	0.0041 (0.17)	-0.2007 (-1.49)	0.0926 (0.80)	-0.1372 (-1.32)	0.0325* (1.74)	-0.0136 (-0.62)
Roa	-0.0023 (-0.07)	-0.0930 (-0.70)	0.3155* (1.92)	-0.0398 (-0.47)	-0.0330* (-1.83)	-0.0248 (-1.00)
Top	-0.0004 (-0.01)	0.1319 (0.75)	0.3130** (2.05)	0.0460 (0.55)	-0.0018 (-0.12)	0.0172 (0.58)
Unprofit	-0.0149 (-0.68)	-0.2133** (-2.03)	0.1640 (1.52)	0.1857 (0.82)	-0.0076 (-0.88)	-0.0340** (-2.40)
Icr21	-0.0355 (-0.74)	-0.3276 (-1.16)	0.4696 (1.42)	-0.3128 (-1.20)	0.0050 (0.16)	0.0149 (0.29)
Lniurf	0.0792 (1.10)	0.0700 (0.54)	-0.1427 (-1.60)	-0.0264 (-0.47)	0.0121 (1.09)	-0.0124 (-0.82)
Lntafr	-0.0196 (-0.67)	0.0772 (0.80)	0.0609 (1.07)	0.0553 (1.33)	-0.0093 (-1.23)	0.0166 (1.23)
LnRDEX	-0.0023 (-0.34)	-0.0114 (-0.69)	0.0246 (1.64)	-0.0172 (-0.66)	0.0013 (0.41)	0.0025 (0.46)
Trofdl	0.1242 (0.86)	-0.1822 (-0.60)	0.1297 (0.53)	0.3333 (0.76)	-0.0053 (-0.12)	-0.1277* (-1.97)

续表

	(1)	(2)	(3)	(4)	(5)	(6)
	PVPE	PVPE	PVPS	PVPS	PVPB	PVPB
	市场化进程较低组	市场化进程较高组	市场化进程较低组	市场化进程较高组	市场化进程较低组	市场化进程较高组
常数	-1.2097 (-1.29)	-2.2510* (-1.79)	2.1275 (1.29)	-0.1353 (-0.18)	0.1449 (0.70)	0.1891 (1.10)
组间系数检验	3.09*		0.32		0.05	
行业	控制	控制	控制	控制	控制	控制
年份	控制	控制	控制	控制	控制	控制
R^2	0.2226	0.6207	0.4804	0.2888	0.3853	0.4451
N	120	95	120	94	120	95

注：括号内为t值；*、**和***分别表示在10%、5%和1%的水平显著。

7　科创板券商跟投与 IPO 后股票市场反应的实证检验

7.1　理论分析与研究假设

作为直接融资服务的主要提供者，券商应发挥核心专业能力，通过合理的估值定价引导投资者作出全面、科学的价值判断并对发行人进行预期管理。在科创板券商跟投制度下，兼具“保荐人”和“股东”双重身份的券商，主要通过以下三个方面，影响公司 IPO 后的股票市场反应。

第一，券商跟投有助于合理定价，从而缓解 IPO 股票长期弱势。已有研究表明，IPO 后新股长期表现趋于弱势（Stoll 和 Curley，1970；杜俊涛等，2003；王睿等，2017），这是因为公司刚上市时，投资者情绪较高，随着时间推移，过度乐观的投资者陆续卖出股份，股票价格重新回归价值（Ben 和 Kande，2012；俞红海等，2015）；也有学者认为，新股长期高抑价发行导致投资者产生行为偏差（徐浩萍等，2017），在“新股”成色逐渐褪去后，上市初期受“追捧”的股票就会遭受“赢者诅咒”，造成长期势弱（方先明和张若璇，2020）。总体来看，现有文献一致认为 IPO 后股票市场反应偏弱主要是由于 IPO 新股定价被高估或者首日市场价格被高估造成的。根据投资者“有限关注”理论（Hirshleifer 和 Teoh，2003），由于投资者的关注力是有限的，随着时间推移，投资者会将注意力转向其他新股，市场也会逐渐被知情投资者主导，上市初期受“追捧”越厉害的股票被“抛售”也越严重。第 4 章已经论证，券商跟投强化了券商的信息披露和认证功能，提高了机构投资者的询价效率；第5章进一步论证，券商跟投提高了券商对新股的定价效率；根据价值规律，与没有跟投的新股相比，由于跟投股票本身定价比较合理，价值含量就高，未来表现也不可能太差。特别是科创板券商跟投比例越高，上市公司IPO定价效率越高，股价未来表现回归公司价值后与IPO上市时的表现相比落差不会太大，体现为股票长期市场表现越好。

第二，券商跟投有效缓解了券商和发行人的委托代理问题，促进了券商持续督导作用的发挥。根据委托代理理论，作为代理人的券商接受发行人的委托，利用自身对市场供需关系的信息优势及专业化的估值能力，为发行人在一级市场定价和配售，因此，券商和发行人是典型的委托代理关系（Beatty 和 Ritter，1986）。由于发行人与券商之间的信息不对称导致了委托代理冲突，券商跟投可以缓解两者之间的委托代理冲突。首先，从委托代理关系看，券商跟投上市公司之后，券商成为公司股东，与公司管理层之间存在新的委托代理关系，为保障其投资利益，跟投券商有强烈的动机监督公司管理层勤勉尽责，降低公司的不确定性并有效提升公司价值（Diamond，1989）。与其他投资者相比，跟投券商拥有更多关于企业内在价值的信息，由于券商的中介认证作用，这些信息很容易被市场认可，并对公司后续股票价格产生正面影响。其次，从锁定期限制看，《上海证券交易所科创板股票发行与承销业务指引》规定，“参与配售的保荐机构相关子公司应当承诺获得本次配售的股票持有期限为自发行人首次公开发行并上市之日起24个月”。也就是说券商跟投后，其持有的股份有24个月锁定期，在锁定期内券商不能抛售或转让所跟投的股份，这也促使券商在推荐上市及后续辅导过程中会更加关注企业中长期利益，积极发挥持续督导作用。总体来看，跟投比例越高，券商的持续督导作用能发挥越好，越有利于提高IPO后公司股票市场价值，保障券商自身的跟投收益。

第三，券商跟投向投资者传递出公司质量“好”的信号，有助于IPO后公司股票市场表现趋优。信号理论认为，传递利好信息会导致正的市场反应，而传递利空信息导致负的市场反应。已有研究表明，券商主要通过声誉机制向市场传递发行公司的质量信息，但跟投制度则为券商传递利好信息提供了新的方式。券商使用自有资金跟投保荐公司，这一行为有效地向市场传递了关于IPO公司质量的信号（Puri和Manju，1999），有助于吸引投资者投资保荐公司，提高公司长期股票市场反应。尽管科创板实施强制跟投制度，跟投比例与发行规模相关，但券商仍有一定的跟投比例自由权。券商跟投比例越高，所付出的跟投资金越多，向市场传递出IPO公司质量好的信号越强，越有利于公司IPO后的股票市场反应。此外，券商跟投强化了投资者关注和监管关注，降低了券商机会主义动机。与传统板块不同，在科创板券商跟投制度下，券商不仅获得了承销费用，还分享了优厚的股权投资收益。券商身兼保荐人、承销商、财务顾问、股东多重角色，会引起投资者的高度关注和监管部门的重视，也就是说券商跟投强化了外部环境对券商的监督，券商的机会主义行为更容易被市场发现，从这个意义看。券商跟投降低了券商的机会主义动机，这一利好信息也会传递到二级市场，对IPO公司股票市场表现产生正向影响。

综上所述，在强制跟投制度下，券商将更好地发挥持续督导作用，从而正向影响公司股票长期市场反应。由此，本章提出如下研究假设：

H3：在其他条件一定的情况下，科创板券商跟投比例与公司IPO后股票市场反应正相关。

7.2 研究设计

7.2.1 变量设计

（1）因变量——股票市场反应（BHAR）

参考张学勇和张叶青（2016）的做法，使用BHAR模型度量科创板新股股票市场反应，定义新股不同期间内的股票长期回报率作为其股票市场反应的代理指标，具体度量方法为：

$$BHAR_i = \prod_{t=0}^{T}(1 + R_{i,t}) - \prod_{t=0}^{T}[1 + E(R_{i,t})] \tag{7.1}$$

其中，$R_{i,t}$是科创板公司i在第t月的原始股票收益率，$E(R_{i,t})$是科创板公司i在第t月的股票期望收益率，T表示考察的时间区间，本书将分别从新股上市后30个交易日、60个交易日、90个交易日、120个交易日、150个交易日、180个交易日、210个交易日和250个交易日来度量新股上市后短期、中期和长期的股票市场反应。

（2）自变量——券商跟投比例（Scfi）

根据科创板上市公司发布的网下初步配售结果及网上中签结果公告，获取证券公司作为保荐机构（承销商）参与初始战略配售的发行数量，计算保荐机构（承销商）在本次发行最终战略配售数量占发行总量的比例，作为自变量券商跟投比例的度量。

（3）控制变量

现有文献表明公司财务特征、股权结构特征、发行特征等变量会影响新股IPO后股票市场表现。Brau等（2012）和Michel等（2014）的研究均表明公司成立年限、股权结构、财务信息、发行规模、行业类别等与股票长期市场表现显著相关。Thomsen和Pedersen（2000）发现股权集中度与IPO绩效有明显影响。朱宏泉和朱露（2018）发现IPO企业的审计质量与股票上市后的长期市场表现显著正相关。张志宏和史梦鸽（2020）发现研发创新对IPO市场表现具有正向促进效应。Brav和Gompers（1997）发现有风险投资机构投资的企业IPO后市场绩效表现更好。叶瑶和田利辉（2018）发现风险投资机构会通过影响企业的治理水平来提升其新股发行后的长期市场表现，同时发现资产负债率与新股发行后长期市场表现正相关。本书参考Brau等（2012）、Michel等（2014）以及张学勇和张秋月（2018）的做法，在回归模型中控制了企业规模（Lnsize）、企业资产负债率（Lev）、第一大股东持股比例（Top）、上市是否盈利情况（Unprofit）、企业成立年限（Lnage）、会计师事务所声誉（BIG4）、研发支出（Rdpro）、募集资金总额（Lntafr）、承销保荐费用（Lniurf）、创业投资机构（Ispe）、行业特征和年份特征。本书回归模型中相关变量的名称及说明如表7-1所示。

表 7-1　　模型变量设计与说明

变量类型	变量名称	变量符号	变量说明
因变量	股票市场反应	BHAR30	新股上市后30个交易日的持有到期收益
		BHAR60	新股上市后60个交易日的持有到期收益
		BHAR90	新股上市后90个交易日的持有到期收益
		BHAR120	新股上市后120个交易日的持有到期收益
自变量	券商跟投比例	Scfi	表示为证券承销商作为初始战略投资者获得发行方的战略配售数量占发行总数量的比例
控制变量	企业规模	Lnsize	根据财务报告得到，对公司上市前期末总资产取自然对数
	企业资产负债率	Lev	上市前公司的负债与总资产的比值
	第一大股东持股比例	Top	上市前公司第一大股东持股比例
	上市是否盈利情况	Unprofit	哑变量，公司申请上市时是否尚未盈利，如果申请上市时业绩仍为亏损则计为1，否则为0
	企业成立年龄	Lnage	公司上市前成立年限的自然对数
	会计师事务所声誉	BIG4	哑变量，如果公司上市前聘请的会计师事务所审计机构是国际四大会计师事务所则计为1，否则为0
	研发支出	Rdpro	公司上市前研发费用支出占公司营业收入的比例
	募集资金总额	Lntafr	对公司发行时募集资金总额取自然对数
	承销保荐费用	Lniurf	对公司产生的承销保荐费用取自然对数
	创业投资机构	Ispe	哑变量，公司上市前是否有创业投资机构持股，有创业投资机构持股取值为1，否则为0
	行业特征	Industry	行业效应，根据证监会行业分类标准设置虚拟变量矩阵
	年份特征	Year	年份效应，从每年1月1日至12月31的完整会计年度，设置为虚拟变量矩阵

注：表格内容根据相关文献资料整理所得。

7.2.2　研究样本选择和数据来源

本书的研究对象是科创板IPO公司，研究区间为2019年7月22日至

2020年12月31日，在此期间共有215家企业成功登陆科创板。由于科创板定位的主要是高新技术产业和战略性新兴产业，这215家企业中不存在金融类和房地产公司，不需要对样本进行剔除。从数据来源看，券商跟投比例数据、承销商保荐人信息数据是通过对科创板上市公司发布的网下初步配售结果及网上中签结果公告手工查阅整理所得，会计师事务所声誉为手工整理所得，企业规模、企业资产负债率、第一大股东持股比例、企业盈利情况、企业成立年龄、企业研发支出、公司募集资金总额、承销保荐费用及创业投资机构数据来源于CSMAR数据库、CCER数据库、Wind数据库等。为了避免极端值和异常值对回归结果的影响，本书对所有连续变量进行了1%和99%水平的Winsorise缩尾处理。为克服回归模型中可能存在截面自相关问题，本书在回归方程中采用企业层面的聚类标准差进行调整。本书所使用的统计以及数据处理软件为Stata15.0。

7.2.3 模型设计

综合已有关于券商行为与公司股票市场反应的研究文献，同时借鉴张学勇和张秋月（2018）、姚颐和赵梅（2016）等人的模型，本书采用多元回归模型检验券商跟投对上市公司股票市场反应的影响，具体模型如下所示：

$$\begin{aligned} BHARX_{i,t} = {} & \beta_0 + \beta_1 Scfi_{i,t} + \beta_2 Lnsize_{i,t-1} + \beta_3 Lev_{i,t-1} + \beta_4 Top_{i,t-1} \\ & + \beta_5 Unprofit_{i,t} + \beta_6 Lnage_{i,t-1} + \beta_7 BIG4_{i,t-1} \\ & + \beta_8 Rdpro_{i,t-1} + \beta_9 Lntafr_{i,t} + \beta_{10} Lniurf_{i,t} \\ & + \beta_{11} Ispe_{i,t-1} + \sum Industry_{i,t} + \sum Year_{i,t} + \varepsilon_{i,t} \end{aligned} \tag{7.2}$$

其中，因变量$BHAR_{i,t}$表示为股票i在不同期间内的持有到期收益，代表股票i在不同期间内的股票市场反应。在具体回归中，本书选取了新股上市后30个交易日、60个交易日、90个交易日、120个交易日、150个交易日、180个交易日、210个交易日和250个交易日来度量新股上市后短期、中期和长期的股票市场反应。自变量$Scfi_{i,t}$表示为科创板上市公司承销商跟投比例。此外，模型（7.2）中控制变量的定义如表7-1所示。

7.3 实证检验与结果分析

7.3.1 描述性统计分析

表7-2为模型中主要变量的描述性结果。BHAR30的最小值为-0.180，均值为1.296，中位数为1.016，最大值为6.918，标准差为1.238。BHAR60的最小值为-0.263，均值为1.234，中位数为0.901，最大值为7.518，标准差为1.182。BHAR90的最小值为-0.352，均值为1.180，中位数为0.870，最大值为6.108，标准差为1.259。BHAR120的最小值为-0.481，均值为1.221，中位数为0.880，最大值为9.982，标准差为1.434。从中可以看出，科创板新股上市后不同期间内个股的持有到期收益差异较大，在上市30个交易日持有到期收益最小值为-0.180，随着上市时长的增加，到120个交易日持有到期收益最小值进一步降低到-0.481，四个时间段内科创板个股的持有到期收益的均值都是正数，反映出科创板个股总体的股票市场反应是比较好的；到120个交易日持有到期收益最大值也能达到9.982，反映出科创板部分价值股在上市后其价值得到投资者的认可，股价持续上涨。券商跟投（Scfi）的均值为4.389，反映出科创板公司券商跟投的平均跟投比例为4.389%，均值4.389小于中位数4.830，说明样本左偏，Scfi的最大值9.610大于监管部门的要求跟投5%的上限，是由于部分企业存在多家券商联合保荐跟投的情形。

在控制变量方面，企业规模（Lnsize）的均值为20.640，标准差为0.951，最小值为19.070，最大值为25.100，说明我国科创板上市公司规模普遍较大，资产总额较高。企业资产负债率（Lev）的均值为0.330，说明科创板企业平均资产负债率为33.0%，均值小于中位数0.316，说明样本右偏，资产负债率高的企业偏多。第一大股东持股比例（Top）的均值为0.300，中位数为0.276，说明科创板企业第一大股东平均持股30%，股权较为分散。上市是否盈利情况（Unprofit）的均值为0.074，说明研究样本中有7.4%的科创板企业在上市时尚未盈利。企业成立年限（Lnage）

的最小值为1.609，最大值为3.332，从中可以看出，成功登陆科创板的企业成立时间最短为4年，最长为28年，企业成立年限差异较大。会计师事务所声誉（BIG4）的均值为0.130，说明研究样本中有13%的科创板企业选择了国际四大会计师事务所作为公司审计机构。研发支出（Rdpro）[①]的最小值为0，均值为3.065，最大值为292.600，标准差为28.180，反映出科创板不同公司间研发支出占营业收入的比例差异较大。募集资金总额（Lntafr）的最小值为19.470，均值为20.640，中位数为20.540，最大值为23.080，标准差为0.670，说明科创板企业募集资金规模不小，拓宽了科创型企业的融资渠道。承销保荐费用（Lniurf）的最小值为16.930，均值为17.960，中位数为17.910，75分位数为18.230，最大值为19.580，标准差为0.499，说明科创板企业券商的承销保荐费用较高，且差异不大。创业投资机构（Ispe）的均值为0.781，说明研究样本中有78.1%的科创板企业在上市前存在创业投资机构参与投资的情形。

表7-2　模型中主要变量的描述性结果（全样本）[②]

变量	样本数	最小值	均值	中位数	25分位数	75分位数	最大值	标准差
BHAR30	210	-0.180	1.296	1.016	0.568	1.657	6.918	1.238
BHAR60	195	-0.263	1.234	0.901	0.521	1.569	7.518	1.182
BHAR90	179	-0.352	1.180	0.870	0.385	1.509	6.108	1.259
BHAR120	150	-0.481	1.221	0.880	0.371	1.452	9.982	1.434
Scfi	215	2.000	4.389	4.830	4.000	5.000	9.610	1.001
Lnsize	215	19.070	20.640	20.510	19.930	21.090	25.100	0.951
Lev	215	0.049	0.330	0.316	0.183	0.421	0.838	0.171
Top	215	0.095	0.300	0.276	0.204	0.384	0.723	0.131
Unprofit	215	0.000	0.074	0.000	0.000	0.000	1.000	0.263

① 研发支出Rdpro变量中有2个292.600数值的企业，其可能作为极端值影响回归模型的可靠性，本书在后续的回归分析中，删除了这两个样本重新进行回归，回归结果与未删除样本的结果相一致。

② 由于科创板上市时间较短，150个交易日以上的样本数量均不足150家，从篇幅和重要性角度考虑，本书未列示BHAR150、BHAR180、BHAR210和BHAR250的描述性统计结果及相关系数结果。

续表

变量	样本数	最小值	均值	中位数	25分位数	75分位数	最大值	标准差
Lnage	215	1.609	2.586	2.639	2.303	2.833	3.332	0.375
BIG4	215	0.000	0.130	0.000	0.000	0.000	1.000	0.337
Rdpro	215	0.000	3.065	0.096	0.058	0.175	292.600	28.180
Lntafr	215	19.470	20.640	20.540	20.150	21.010	23.080	0.670
Lniurf	215	16.930	17.960	17.910	17.620	18.230	19.580	0.499
Ispe	215	0.000	0.781	1.000	1.000	1.000	1.000	0.414

7.3.2 相关性分析

表7-3为主要变量的Spearman和Pearson相关系数分析结果。在Pearson相关系数检验中，在新股上市后30个交易日的持有到期收益中，券商跟投比例（Scfi）与股票市场反应（BHAR30）的相关系数为0.19，在5%水平上显著。在新股上市后60个交易日的持有到期收益中，券商跟投比例（Scfi）与股票市场反应（BHAR60）的相关系数为0.15，在10%水平上显著。在新股上市后90个交易日的持有到期收益中，券商跟投比例（Scfi）与股票市场反应（BHAR90）的相关系数为0.097，在10%水平上显著。在新股上市后120个交易日的持有到期收益中，券商跟投比例（Scfi）与股票市场反应（BHAR120）的相关系数为0.051，未通过显著性检验。这说明券商跟投比例正向影响股票短期和中期市场反应。

在Spearman相关系数检验中，在新股上市后30个交易日的持有到期收益中，券商跟投比例（Scfi）与股票市场反应（BHAR30）的相关系数为0.21，在5%水平上显著。在新股上市后60个交易日的持有到期收益中，券商跟投比例（Scfi）与股票市场反应（BHAR60）的相关系数为0.25，在1%水平上显著。在新股上市后90个交易日的持有到期收益中，券商跟投比例（Scfi）与股票市场反应（BHAR90）的相关系数为0.12，在10%水平上显著。在新股上市后120个交易日的持有到期收益中，券商跟投比例（Scfi）与股票市场反应（BHAR120）的相关系数为0.10，未通过显著性检验。这说明券商跟投比例正向影响股票短期和中期市场反应。

表 7-3　　主要变量的 Spearman 和 Pearson 相关系数分析

	(1)	(2)	(3)	(4)	(5)	(6)	(7)	(8)	(9)	(10)	(11)	(12)	(13)	(14)	(15)
(1)	1	0.86***	0.75***	0.65***	0.21**	-0.035	-0.13	-0.038	0.032	-0.037	0.066	0.093	0.043	0.070	0.067
(2)	0.90***	1	0.90***	0.81***	0.25***	-0.043	-0.13	0.002	0.007	-0.023	0.046	-0.044	-0.010	0.022	0.082
(3)	0.79***	0.89***	1	0.85***	0.12*	-0.035	-0.13	0.067	-0.009	-0.025	0.053	-0.002	0.049	0.093	0.015
(4)	0.65***	0.78***	0.87***	1	0.10	-0.020	-0.12	0.013	-0.019	-0.097	0.004	-0.078	0.080	0.14	0.087
(5)	0.19**	0.15*	0.097*	0.051	1	-0.44***	-0.050	0.12	-0.10	-0.088	-0.27***	-0.058	-0.33***	-0.28***	0.031
(6)	0.022	0.058	0.029	0.007	-0.45***	1	0.38***	-0.10	0.088	0.11	0.22**	-0.042	0.16*	0.12	0.075
(7)	-0.11	-0.099	-0.069	-0.084	-0.044	0.38***	1	0.009	-0.019	0.078	0.002	0.006	-0.086	-0.066	-0.030
(8)	0.071	0.083	0.11	0.093	0.090	-0.096	0.027	1	-0.11	0.15*	-0.055	-0.091	-0.083	-0.087	-0.14*
(9)	-0.003	0.0004	-0.037	0.029	-0.11	0.11	0.003	-0.091	1	-0.18**	0.15*	0.25***	0.31***	0.27***	-0.064
(10)	-0.024	0.012	0.011	-0.046	-0.047	0.11	0.081	0.13	-0.22**	1	0.023	-0.16*	-0.19**	-0.19**	-0.021
(11)	0.086	0.088	0.025	0.052	-0.19**	0.26***	0.003	-0.014	0.15*	0.012	1	0.049	0.045	0.049	0.037
(12)	-0.015	-0.015	0.009	-0.008	-0.086	0.012	0.079	0.13	0.37***	0.015	0.25***	1	0.12	0.099	0.069
(13)	0.038	0.031	0.090	0.16*	-0.27***	0.23***	-0.087	-0.003	0.35***	-0.24***	0.070	0.097	1	0.87***	0.011
(14)	0.038	0.026	0.098	0.21**	-0.24***	0.20**	-0.056	-0.080	0.33***	-0.22**	0.071	0.056	0.85***	1	0.016
(15)	0.070	0.074	0.019	0.023	0.054	0.046	0.003	-0.12	-0.064	0.025	0.037	0.043	-0.014	0.007	1

注：(1) 表示 BHAR30，(2) 表示 BHAR60，(3) 表示 BHAR90，(4) 表示 BHAR120，(5) 表示 Scfi，(6) 表示 Lnsize，(7) 表示 Lev，(8) 表示 Top，(9) 表示 Unprofit，(10) 表示 Lnage，(11) 表示 BIG4，(12) 表示 Rdpro，(13) 表示 Lntafr，(14) 表示 Lniurf，(15) 表示 Ispe。左下方为 Pearson 相关系数，右上方为 Spearman 相关系数。*、**、*** 分别表示在 1%、5%、10% 的水平上显著（双尾检验）。

7.3.3 券商跟投与新股IPO后股票市场反应的假设检验

表7-4列示了券商跟投对新股IPO后短中期股票市场反应的检验回归结果。其中，第（1）列和第（2）列因变量为BHAR30的回归结果，第（1）列为不控制相关控制变量的回归结果，券商跟投（Scfi）与新股IPO后短期股票市场反应（BHAR30）的估计系数为0.2001，t值为2.64，在1%水平上显著正相关；第（2）列为控制相关控制变量的回归结果，券商跟投（Scfi）与新股IPO后短期股票市场反应（BHAR30）的估计系数为0.3361，t值为3.07，也在1%水平上显著正相关。第（3）列和第（4）列因变量为BHAR60的回归结果，第（3）列为不控制相关控制变量的回归结果，券商跟投（Scfi）与新股IPO后中期股票市场反应（BHAR60）的估计系数为0.1421，t值为1.52，未通过显著性检验；第（4）列为控制相关控制变量的回归结果，券商跟投（Scfi）与新股IPO后中期股票市场反应（BHAR60）的估计系数为0.2879，t值为2.37，在5%水平上显著正相关。第（5）列和第（6）列因变量为BHAR90的回归结果，第（5）列为不控制相关控制变量的回归结果，券商跟投（Scfi）与新股IPO后中期股票市场反应（BHAR90）的估计系数为0.0918，t值为0.96，未通过显著性检验；第（6）列为控制相关控制变量的回归结果，券商跟投（Scfi）与新股IPO后中期股票市场反应（BHAR90）的估计系数为0.1856，t值为1.71，在10%水平上显著正相关。上述结果说明券商跟投正向影响新股IPO后短中期股票市场反应，即券商跟投比例越高，新股IPO后短中期股票回报率越高，研究假设H3从而得到验证。

在控制变量方面，企业规模（Lnsize）与新股IPO后短期股票市场反应（BHAR30）和新股IPO后中期股票市场反应（BHAR60）的估计系数分别为0.2458和0.2665，t值分别为1.84和1.68，在10%水平上显著正相关，说明规模越大的企业，投资者对其未来成长认可度越高，其IPO后短中期股票回报率越高。企业资产负债率（Lev）与新股IPO后短期股票市场反应（BHAR30）和新股IPO后中期股票市场反应（BHAR60）的估计系数分别为-1.0395和-0.9463，t值分别为-1.98和-2.01，在5%

水平上显著正相关，说明资产负债率越低的企业，投资风险越小，其IPO后短中期股票回报率越高。

表7-4　券商跟投对新股IPO后短中期股票市场反应的检验影响

	(1)	(2)	(3)	(4)	(5)	(6)
	BHAR30	BHAR30	BHAR60	BHAR60	BHAR90	BHAR90
Scfi	0.2001*** (2.64)	0.3361*** (3.07)	0.1421 (1.52)	0.2879** (2.37)	0.0918 (0.96)	0.1856* (1.71)
Lnsize		0.2458* (1.84)		0.2665* (1.68)		0.1616 (1.10)
Lev		-1.0395** (-1.98)		-0.9463** (-2.01)		-0.6546 (-1.19)
Top		0.3892 (0.42)		0.5422 (0.71)		0.6905 (0.93)
Unprofit		-0.1215 (-0.36)		-0.0741 (-0.21)		-0.4013 (-1.26)
Lnage		-0.0184 (-0.07)		0.0278 (0.09)		0.1756 (0.50)
BIG4		0.3543 (1.03)		0.3368 (1.05)		-0.0527 (-0.17)
Rdpro		0.0001 (0.02)		0.0001 (0.07)		0.0025 (1.24)
Lntafr		-0.0067 (-0.03)		-0.0230 (-0.10)		-0.1131 (-0.48)
Lniurf		0.1664 (0.56)		0.1573 (0.52)		0.5088 (1.44)
Ispe		0.0367 (0.18)		0.0496 (0.22)		-0.1249 (-0.53)
常数	3.5913*** (8.97)	-4.9702 (-0.86)	4.2270*** (8.83)	-4.5076 (-0.72)	3.3383*** (6.50)	-7.7337 (-1.36)
行业	控制	控制	控制	控制	控制	控制
年份	控制	控制	控制	控制	控制	控制
R^2	0.1673	0.2123	0.1723	0.2243	0.1771	0.2150
N	210	210	195	195	179	179

注：括号内为t值；*、** 和 *** 分别表示在10%、5%和1%的水平显著。

表7－5列示了券商跟投对新股IPO后长期股票市场反应的检验回归结果。其中，第（1）列为因变量为BHAR120的回归结果，券商跟投（Scfi）与新股IPO后120天股票市场反应（BHAR120）的估计系数为0.0705，t值为0.51，未通过显著性检验；第（2）列至第（5）列是因变量分别为BHAR150、BHAR180、BHAR210、BHAR250的回归结果，券商跟投（Scfi）与新股IPO后150天股票市场反应的估计系数为0.0991，t值为0.62，未通过显著性检验；券商跟投（Scfi）与新股IPO后180天股票市场反应的估计系数为－0.0035，未通过显著性检验；券商跟投（Scfi）与新股IPO后210天和250天的股票市场反应的估计系数也均未通过显著性检验。研究结果共同表明，券商跟投对上市公司IPO后的长期股票市场反应的关系基本为正相关，但结果不显著。造成这一结果的重要原因可能是科创板上市时间较短，IPO后股票长期市场反应的样本量太少；也有可能是因为券商跟投配套制度不完善，制约了IPO后券商参与跟投公司的内部治理。

表7－5　券商跟投对新股IPO后长期股票市场反应的检验影响

	(1)	(2)	(3)	(4)	(5)
	BHAR120	BHAR150	BHAR180	BHAR210	BHAR250
Scfi	0.0705 (0.51)	0.0991 (0.62)	－0.0035 (－0.02)	0.1856 (0.99)	0.1788 (0.73)
Lnsize	0.0381 (0.23)	0.1668 (0.91)	0.1189 (0.60)	0.0481 (0.19)	－0.1678 (－0.53)
Lev	－0.6601 (－1.18)	－1.1170 (－1.60)	－0.6599 (－0.84)	－1.0794 (－1.11)	－0.7953 (－0.69)
Top	0.6327 (0.76)	0.0736 (0.08)	0.1924 (0.20)	0.1147 (0.10)	－0.4567 (－0.30)
Unprofit	－0.2410 (－0.42)	0.2386 (0.31)	－0.5617 (－1.07)	－0.8192 (－1.49)	－1.3944* (－1.67)
Lnage	0.1838 (0.38)	0.7120 (1.30)	0.9543 (1.40)	0.3671 (0.38)	－0.7157 (－0.49)

续表

	(1)	(2)	(3)	(4)	(5)
	BHAR120	BHAR150	BHAR180	BHAR210	BHAR250
BIG4	0.0240 (0.06)	0.0157 (0.03)	0.2262 (0.41)	0.7314 (0.85)	1.5604 (1.24)
Rdpro	0.0018 (0.67)	0.0023 (0.65)	0.1850*** (7.06)	0.1344*** (4.77)	0.1591*** (4.87)
Lntafr	-0.2971 (-1.29)	-0.5651** (-2.12)	-0.5939** (-2.29)	-0.8254** (-2.40)	-0.7377* (-1.67)
Lniurf	1.1882** (2.60)	1.4213** (2.58)	1.3878** (2.37)	1.2817** (2.15)	0.7566 (1.31)
Ispe	-0.0756 (-0.23)	-0.2481 (-0.65)	-0.2676 (-0.57)	-0.4272 (-0.80)	-0.3468 (-0.55)
常数	-12.5589* (-1.66)	-18.2235* (-1.78)	-16.9140 (-1.57)	-6.5919 (-0.72)	8.3944 (0.72)
行业	控制	控制	控制	控制	控制
年份	控制	控制	控制	控制	控制
R^2	0.2104	0.2276	0.2965	0.2696	0.3558
N	150	117	104	93	79

注：括号内为t值；*、**和***分别表示在10%、5%和1%的水平显著。

7.4 模型内生性与稳健性检验

7.4.1 工具变量法

同前文相一致，本章选取同年度同行业（剔除本公司）科创板企业券商跟投比例均值作为工具变量。同年度同行业（剔除本公司）科创板企业券商跟投比例均值与同行业中单一企业券商跟投比例具有相关性，满足相关性要求。同年度同行业（剔除本公司）科创板企业券商跟投比例均值并不会影响新股上市后的股票市场反应，这是因为行业券商跟投比例均值并不会影响单一企业的股票市场反应，满足外生性要求。综上可知，同年度同行业（剔除本公司）科创板企业券商跟投比例均值满足纳入假定和排除假定，作为工具变量较为理想。

表7-6为工具变量法的检验结果。第（1）列为第一阶段回归结果，同年度同行业（剔除本公司）企业券商跟投比例均值（Scfiadj）与券商跟投（Scfi）的估计系数为0.9547，t值为19.93，在1%水平上显著正相关。在第（1）列中工具变量有效性的检验中，Partial-R-sq=0.84，说明Scfiadj对Scfi具有较强的解释力度，F值为397.29，远大于10。第（2）列为因变量是BHAR30的第二阶段回归结果，结果显示，券商跟投（Scfi）与新股上市30日后股票市场反应（BHAR30）的估计系数为0.3983，t值为3.32，在1%水平上显著正相关。

第（3）列为第一阶段回归结果，同年度同行业（剔除本公司）企业券商跟投比例均值（Scfiadj）与券商跟投（Scfi）的估计系数为0.946，t值为17.05，在1%水平上显著正相关。关于第（3）列工具变量有效性的检验，Partial-R-sq=0.83，说明Scfiadj对Scfi具有较强的解释力度，F值为290.711，远大于10。第（4）列为因变量是BHAR60的第二阶段回归结果，结果显示，券商跟投（Scfi）与新股上市60日后股票市场反应（BHAR60）的估计系数为0.3374，t值为2.73，在1%水平上显著正相关。

第（5）列为第一阶段回归结果，同年度同行业（剔除本公司）企业券商跟投比例均值（Scfiadj）与券商跟投（Scfi）的估计系数为0.9452，t值为16.31，在1%水平上显著正相关。在第（5）列中工具变量有效性的检验中，Partial-R-sq=0.83，说明Scfiadj对Scfi具有较强的解释力度，F值为267.873，远大于10。第（6）列为因变量是BHAR90的第二阶段回归结果，结果显示，券商跟投（Scfi）与新股上市90日后股票市场反应（BHAR90）的估计系数为0.2370，t值为1.98，在5%水平上显著正相关。

根据第（1）列、第（3）列和第（5）列的检验结果可知，本书不存在弱工具变量问题。上述结果表明，使用工具变量处理可能的内生性问题之后，研究结论依然稳健。

表7-6　　工具变量法的检验影响

	(1)	(2)	(3)	(4)	(5)	(6)
	Scfi	BHAR30	Scfi	BHAR60	Scfi	BHAR90
Scfi		0.3983*** (3.32)		0.3374*** (2.73)		0.2370** (1.98)
Scfiadj	0.9547 (19.93)		0.9462 (17.05)		0.9452 (16.31)	
Lnsize	-0.0672 (-1.92)	0.2752** (2.18)	-0.0650 (-1.66)	0.2907** (1.97)	-0.0667 (-1.64)	0.1859 (1.34)
Lev	0.1485 (0.92)	-1.0812** (-2.20)	0.1675 (0.91)	-0.9790** (-2.25)	0.1571 (0.81)	-0.6873 (-1.37)
Top	-0.2275 (-1.00)	0.3629 (0.43)	-0.1306 (-0.58)	0.5303 (0.76)	-0.1263 (-0.49)	0.6787 (1.01)
Unprofit	0.0449 (0.45)	-0.1382 (-0.45)	0.0368 (0.36)	-0.0827 (-0.25)	0.0196 (0.18)	-0.4081 (-1.41)
Lnage	0.0125 (0.20)	-0.0120 (-0.05)	0.0191 (0.29)	0.0326 (0.12)	0.0295 (0.40)	0.1798 (0.56)
BIG4	-0.2423 (-2.21)	0.3678 (1.15)	-0.2395 (-2.27)	0.3456 (1.17)	-0.2473 (-2.12)	-0.0411 (-0.14)
Rdpro	-0.0004 (-0.85)	0.0002 (0.07)	-0.0007 (-1.13)	0.0003 (0.13)	-0.0007 (-0.95)	0.0026 (1.41)
Lntafr	-0.1072 (-1.03)	0.0110 (0.05)	-0.0944 (-0.84)	-0.0191 (-0.09)	-0.1002 (-0.85)	-0.1109 (-0.52)
Lniurf	0.0143 (0.14)	0.1717 (0.63)	0.0111 (0.09)	0.1691 (0.61)	0.0305 (0.23)	0.5222 (1.63)
Ispe	0.0499 (0.87)	0.0257 (0.14)	0.0556 (0.90)	0.0404 (0.20)	0.0583 (0.87)	-0.1321 (-0.61)
常数	7.9541 (5.09)	-6.3055 (-1.16)	7.6328 (4.82)	-5.5159 (-0.95)	7.4051 (4.48)	-8.7490 (-1.61)
行业	控制	控制	控制	控制	控制	控制
年份	控制	控制	控制	控制	控制	控制

续表

	(1)	(2)	(3)	(4)	(5)	(6)
	Scfi	BHAR30	Scfi	BHAR60	Scfi	BHAR90
R^2	0.8772	0.2106	0.8652	0.2232	0.8592	0.2139
Wald chi		5036.26		7121.53		4370.62
N	210	210	195	195	179	179

注：括号内为t值；*、**和***分别表示在10%、5%和1%的水平显著。

7.4.2 更换因变量为跌破发行价的检验

科创板公司上市后的股票市场反应也可以用公司股价是否跌破发行价来反映。相对于跌破发行价的股票来说，没有跌破发行价的股票市场反应更好。借鉴相关文献的做法，本书根据科创板新股上市后的股价数据，进一步整理出新股上市后股价跌破发行价的样本，设置变量新股跌破发行价（FD）为哑变量，如果科创板新股上市后区间最低价低于发行价则取值为1，否则为0。此外，本书还设置了变量新股跌破发行价幅度（FDrange），FDrange等于新股上市后研究区间最低价与发行价的差值除以发行价，并取绝对值，反映新股上市后区间最低价跌破发行价的幅度变化。本书在回归模型（7.2）的基础上，将因变量股票回报率（BHAR）替换为跌破发行价（FD）和跌破发行价幅度（FDrange），建立了模型（7.3）重新进行回归。

$$\begin{aligned} FD_{i,t}/FDrange_{i,t} = {} & \beta_0 + \beta_1 Scfi_{i,t} + \beta_2 Lnsize_{i,t-1} + \beta_3 Lev_{i,t-1} \\ & + \beta_4 Top_{i,t-1} + \beta_5 Unprofit_{i,t} + \beta_6 Lnage_{i,t-1} \\ & + \beta_7 BIG4_{i,t-1} + \beta_8 Rdpro_{i,t-1} + \beta_9 Lntafr_{i,t} \\ & + \beta_{10} Ispe_{i,t-1} + \sum Industry_{i,t} \\ & + \sum Year_{i,t} + \varepsilon_{i,t} \end{aligned} \tag{7.3}$$

表7-7列示了券商跟投对新股IPO后股价跌破发行价的检验回归结果。其中，第（1）列为新股跌破发行价的回归结果，券商跟投（Scfi）与新股IPO后跌破发行价（FD）的估计系数为-0.0759，t值为-2.40，在5%水平上显著负相关。结果表明，科创版上市公司券商跟投比例与新股

IPO后跌破发行价负相关，券商跟投比例越高，新股IPO后越不容易跌破发行价，研究结果进一步证明了券商跟投正向促进了新股IPO后的股票市场反应。第（2）列为新股跌破发行价幅度的回归结果，券商跟投（Scfi）与新股IPO后跌破发行价幅度（FDrange）的估计系数为-0.0741，t值为-1.66，在10%水平上显著负相关。结果说明，券商跟投比例越高，新股IPO后跌破发行价的幅度越低，同样验证了券商跟投正向影响新股IPO后短中期股票市场反应，降低了新股破发的程度。

表7-7　　券商跟投与新股上市后跌破发行价的关系检验

	(1)	(2)
	FD	FDrange
Scfi	-0.0759** (-2.40)	-0.0741* (-1.66)
Lnsize	-0.0414 (-0.97)	-0.0355 (-1.14)
Lev	0.3181 (1.54)	0.0398 (0.24)
Top	-0.0057 (-0.03)	0.0044 (0.02)
Unprofit	-0.1848 (-1.39)	0.0409 (0.42)
Lnage	-0.0599 (-0.74)	-0.0743 (-0.77)
BIG4	-0.0094 (-0.09)	0.0095 (0.10)
Rdpro	-0.0010 (-1.63)	0.1419 (0.70)
Lntafr	0.0568 (0.98)	-0.0129 (-0.25)
Ispe	-0.0359 (-0.46)	-0.0347 (-0.67)

续表

	(1)	(2)
	FD	FDrange
常数	0.3236 (0.24)	1.8756 (1.40)
行业	控制	控制
年份	控制	控制
R^2	0.1673	0.3631
N	215	49

注：括号内为t值；*、**和***分别表示在10%、5%和1%的水平显著。

7.4.3 对替代性解释"发行人高管及核心员工跟投"的检验

券商跟投对新股上市后股票市场反应的影响在理论上还存在一种替代性解释，即发行人高管及核心员工跟投导致新股上市后股票市场反应的差异。科创板新股发行在制度上有较大创新，其中之一是允许发行人高管及核心员工进行跟投，即在新股战略配售环节中纳入发行人高管及核心员工，而发行人高管及核心员工跟投类似于市场中的员工持股计划。现有文献表明员工持股计划具有激励效应，即员工持股计划将企业员工与股东利益紧密绑定在一起，通过更加积极地参与公司治理（Bova等，2015），有助于降低代理成本，进而提高公司经营绩效和长期价值。员工持股计划还具有信号传递效应，Thouraya和Loredana（2012）发现宣告实施员工持股计划的企业，向市场传递了积极信号，促进了股价上涨。Chang（1990）同样发现公司宣告员工持股计划后，能给股东带来正向的财富效应。王砾等（2017）发现外部投资人对公司公布员工持股计划公告的反应显著正相关。章卫东等（2016）发现员工持股计划与公司累计超额收益率显著正相关。那么，发行人高管及核心员工跟投科创板新股后，可能激励跟投高管及核心员工积极参与公司治理，有效缓解代理问题，并通过信号传递效应，促使公司上市后股票市场正向表现。即券商跟投对新股IPO后股票市场反应的影响可能是发行人高管及核心员工跟投行为产生的。为排除此替代性假说，本书在回归模型（7.2）中增加了发行人高管及核心员工跟投比例（CSfi）的这一变量，建立了模型（7.4）重新进行回归。

$$\begin{aligned} BHARX_{i,t} = {} & \beta_0 + \beta_1 Scfi_{i,t} + \beta_2 CSfi_{i,t} + \beta_3 Lnsize_{i,t-1} + \beta_4 Lev_{i,t-1} \\ & + \beta_5 Top_{i,t-1} + \beta_6 Unprofit_{i,t} + \beta_7 Lnage_{i,t-1} \\ & + \beta_8 BIG4_{i,t-1} + \beta_9 Rdpro_{i,t-1} + \beta_{10} Lntafr_{i,t} \\ & + \beta_{11} Lniurf_{i,t} + \beta_{12} Ispe_{i,t-1} + \sum Industry_{i,t} \\ & + \sum Year_{i,t} + \varepsilon_{i,t} \end{aligned} \tag{7.4}$$

回归结果如表7－8所示，在回归模型中控制了发行人高管及核心员工跟投比例影响因素后，发行人高管及核心员工跟投（CSfi）与股票市场反应（BHAR30/BHAR60/BHAR90）的估计系数为正，但未通过显著性检验。而券商跟投（Scfi）与股票市场反应（BHAR30/BHAR60/BHAR90）的估计系数分别为0.3346、0.2876和0.1855，t值分别为3.07、2.37和1.71，至少在10%的水平上显著正相关，这说明在控制了发行人高管及核心员工跟投比例因素后本书的研究结论仍然保持不变。

表7－8　　发行人高管及核心员工跟投的检验结果

	(1)	(2)	(3)	(4)
	BHAR30	BHAR60	BHAR90	BHAR120
Scfi	0.3346*** (3.07)	0.2876** (2.37)	0.1855* (1.71)	0.0698 (0.51)
CSfi	1.2939 (0.76)	0.5267 (0.28)	0.9159 (0.54)	0.2629 (0.13)
Lnsize	0.2201 (1.59)	0.2559 (1.57)	0.1415 (0.89)	0.0312 (0.16)
Lev	−1.0346** (−1.98)	−0.9462** (−2.01)	−0.6605 (−1.20)	−0.6622 (−1.18)
Top	0.4115 (0.45)	0.5512 (0.72)	0.7076 (0.95)	0.6382 (0.76)
Unprofit	−0.0978 (−0.29)	−0.0637 (−0.18)	−0.3877 (−1.21)	−0.2355 (−0.41)

续表

	(1)	(2)	(3)	(4)
	BHAR30	BHAR60	BHAR90	BHAR120
Lnage	-0.0102 (-0.04)	0.0314 (0.11)	0.1817 (0.52)	0.1863 (0.38)
BIG4	0.3357 (0.95)	0.3293 (0.99)	-0.0674 (-0.21)	0.0200 (0.05)
Rdpro	-0.0000 (-0.01)	0.0001 (0.05)	0.0024 (1.21)	0.0018 (0.65)
Lntafr	-0.0164 (-0.07)	-0.0277 (-0.12)	-0.1236 (-0.52)	-0.3003 (-1.30)
Lniurf	0.1805 (0.62)	0.1629 (0.54)	0.5243 (1.49)	1.1933** (2.59)
Ispe	0.0518 (0.25)	0.0551 (0.25)	-0.1130 (-0.47)	-0.0707 (-0.21)
常数	-4.5872 (-0.79)	-4.3332 (-0.68)	-7.4545 (-1.29)	-12.4688 (-1.62)
行业	控制	控制	控制	控制
年份	控制	控制	控制	控制
R^2	0.2143	0.2247	0.2161	0.2105
N	210	195	179	150

注：括号内为t值；*、** 和 *** 分别表示在10%、5%和1%的水平显著。

7.4.4 对替代性解释“产业资本战略跟投”的检验

券商跟投对新股上市后股票市场反应的影响在理论上还存在一种替代性解释，即产业资本战略跟投导致新股上市后股票市场反应产生差异。前文已经论述了科创板新股战略配售环节中产业资本战略跟投类似于“基石投资者”。由于产业资本战略跟投有12个月的锁定期，产业资本战略跟投在市场中可能通过发挥声誉效应、认证效应和持续督导效应显著影响新股发行上市后的股票市场反应。

为解决这一可能的遗漏变量问题，本书在回归模型（7.2）中增加了产业资本战略跟投（INCPfi）的这一变量，建立了模型（7.5）重新进行回归。

$$BHARX_{i,t} = \beta_0 + \beta_1 Scfi_{i,t} + \beta_2 INCPfi_{i,t} + \beta_3 Lnsize_{i,t-1} + \beta_4 Lev_{i,t-1} + \beta_5 Top_{i,t-1} + \beta_6 Unprofit_{i,t} + \beta_7 Lnage_{i,t-1} + \beta_8 BIG4_{i,t-1} + \beta_9 Rdpro_{i,t-1} + \beta_{10} Lntafr_{i,t} + \beta_{11} Lniurf_{i,t} + \beta_{12} Ispe_{i,t-1} + \sum Industry_{i,t} + \sum Year_{i,t} + \varepsilon_{i,t} \quad (7.5)$$

回归结果如表7-9所示，产业资本战略跟投（INCPfi）与股票市场反应（BHAR30/BHAR60/BHAR90）的估计系数为正，但未通过显著性检验。而券商跟投（Scfi）与股票市场反应（BHAR30/BHAR60/BHAR90）的估计系数分别为0.3433、0.2970和0.1995，t值分别为3.14、2.48和1.89，至少在10%的水平上显著正相关，这说明在控制了产业资本战略跟投比例因素后本书的研究结论仍然保持不变。

表7-9 产业资本战略跟投的检验结果

	(1)	(2)	(3)	(4)
	BHAR30	BHAR60	BHAR90	BHAR120
Scfi	0.3433*** (3.14)	0.2970** (2.48)	0.1995* (1.89)	0.0849 (0.64)
INCPfi	0.6561 (1.06)	0.6895 (0.85)	0.8830 (1.13)	1.1294 (1.21)
Lnsize	0.1885 (1.34)	0.2046 (1.22)	0.0770 (0.49)	-0.0896 (-0.49)
Lev	-1.0094* (-1.93)	-0.9191* (-1.97)	-0.6351 (-1.17)	-0.6540 (-1.19)
Top	0.4561 (0.49)	0.6164 (0.80)	0.7940 (1.06)	0.7812 (0.91)
Unprofit	-0.0819 (-0.25)	-0.0289 (-0.08)	-0.3490 (-1.13)	-0.1357 (-0.25)
Lnage	-0.0012 (-0.00)	0.0438 (0.15)	0.1968 (0.56)	0.1910 (0.40)

续表

	(1)	(2)	(3)	(4)
	BHAR30	BHAR60	BHAR90	BHAR120
BIG4	0.3200 (0.96)	0.3018 (0.99)	-0.0968 (-0.32)	-0.0130 (-0.03)
Rdpro	-0.0000 (-0.00)	-0.0001 (-0.04)	0.0022 (1.10)	0.0012 (0.43)
Lntafr	-0.0171 (-0.07)	-0.0379 (-0.16)	-0.1404 (-0.58)	-0.3416 (-1.40)
Lniurf	0.1856 (0.62)	0.1786 (0.58)	0.5530 (1.52)	1.2400*** (2.64)
Ispe	0.0804 (0.39)	0.0966 (0.44)	-0.0551 (-0.23)	0.0373 (0.11)
常数	-4.1101 (-0.72)	-3.5119 (-0.57)	-6.5113 (-1.17)	-10.2970 (-1.52)
行业	控制	控制	控制	控制
年份	控制	控制	控制	控制
R^2	0.2189	0.2328	0.2279	0.2288
N	210	195	179	150

注：括号内为t值；*、**和***分别表示在10%、5%和1%的水平显著。

7.4.5 增加控制变量的检验

现有研究表明企业盈利能力和承销商声誉与新股上市后股票市场反应具有相关性。Chemmanur和Fulghieri（1994）发现新股盈利质量越好，其发行上市后的长期股票收益率就越高。张腾文和黄友（2008）发现公司经营利润率与股价正相关。陈信元等（2002）发现公司会计收益和净资产越高，市场定价也就越高。管悦和冯忠磊（2020）测算了公司盈利能力对股票估值的正向影响。Michaely和Shaw（1994）以及Carter等（1998）发现承销商的声誉对IPO长期回报有显著正面影响，其承销的IPO项目的质量高，显示了声誉资本的价值。因此，为保障研究结论的可靠性，本书根据现有文献观点分别控制新股上市后的资产收益率（Roa）和券商声誉（Reputation）。

表7-10列示了增加相关控制变量的检验结果，第（1）列至第（3）列是将新股上市后的资产收益率（Roa）加入回归模型（7.2）中的回归结果，第（1）列因变量为BHAR30，新股上市后的资产收益率（Roa）与新股IPO短期股票市场反应（BHAR30）的估计系数为-0.4628，t值为-0.85，未通过显著性检验；而券商跟投（Scfi）与新股IPO短期股票市场反应（BHAR30）的估计系数为0.3426，t值为3.11，在1%水平上显著正相关。第（2）列因变量为BHAR60，新股上市后的资产收益率（Roa）与新股IPO短期股票市场反应（BHAR60）的估计系数为-0.2283，t值为-0.42，未通过显著性检验；而券商跟投（Scfi）与新股IPO短期股票市场反应（BHAR60）的估计系数为0.2911，t值为2.38，在5%水平上显著正相关。第（3）列因变量为BHAR90，新股上市后的资产收益率（Roa）与新股IPO中期股票市场反应（BHAR90）的估计系数为-0.3851，t值为-0.59，未通过显著性检验；而券商跟投（Scfi）与新股IPO中期股票市场反应（BHAR90）的估计系数为0.1911，t值为1.73，在10%水平上显著正相关。

第（4）列至第（6）列是将券商声誉（Reputation）加入回归模型（7.2）中的回归结果，第（4）列因变量为BHAR30，券商声誉（Reputation）与新股IPO短期股票市场反应（BHAR30）的估计系数为0.0895，t值为1.14，未通过显著性检验；而券商跟投（Scfi）与新股IPO短期股票市场反应（BHAR30）的估计系数为0.3489，t值为3.11，在1%水平上显著正相关。第（5）列因变量为BHAR60，券商声誉（Reputation）与新股IPO短期股票市场反应（BHAR60）的估计系数为0.0213，t值为0.28，未通过显著性检验；而券商跟投（Scfi）与新股IPO短期股票市场反应（BHAR60）的估计系数为0.2906，t值为2.40，在5%水平上显著正相关。第（6）列因变量为BHAR90，券商声誉（Reputation）与新股IPO中期股票市场反应（BHAR90）的估计系数为-0.0103，t值为-0.10，未通过显著性检验；而券商跟投（Scfi）与新股IPO中期股票市场反应（BHAR90）的估计系数为0.1841，t值为1.73，在10%水平上显著正相关。

上述结果表明，在控制了新股上市后的资产收益率和券商声誉因素后，本章的研究结论仍然稳健。

表 7-10 增加控制变量的检验结果

	(1)	(2)	(3)	(4)	(5)	(6)
	BHAR30	BHAR60	BHAR90	BHAR30	BHAR60	BHAR90
Scfi	0.3426*** (3.11)	0.2911** (2.38)	0.1911* (1.73)	0.3489*** (3.11)	0.2906** (2.40)	0.1841* (1.73)
Lnsize	0.2439* (1.82)	0.2658* (1.67)	0.1590 (1.07)	0.2427* (1.80)	0.2650 (1.65)	0.1625 (1.08)
Lev	-0.8006 (-1.61)	-0.8440* (-1.73)	-0.4972 (-0.90)	-1.0909** (-2.11)	-0.9570** (-2.06)	-0.6499 (-1.21)
Top	0.4067 (0.44)	0.5451 (0.71)	0.7007 (0.94)	0.3523 (0.38)	0.5291 (0.68)	0.6965 (0.92)
Unprofit	-0.1527 (-0.45)	-0.0897 (-0.25)	-0.4350 (-1.32)	-0.1110 (-0.34)	-0.0710 (-0.20)	-0.4029 (-1.24)
Lnage	0.0080 (0.03)	0.0413 (0.14)	0.1977 (0.57)	-0.0089 (-0.03)	0.0314 (0.10)	0.1738 (0.49)
BIG4	0.3494 (1.01)	0.3348 (1.03)	-0.0583 (-0.19)	0.3158 (0.91)	0.3274 (1.02)	-0.0483 (-0.15)
Rdpro	0.0003 (0.09)	0.0004 (0.18)	0.0030 (1.26)	0.0001 (0.02)	0.0001 (0.07)	0.0025 (1.23)
Lntafr	0.0149 (0.06)	-0.0120 (-0.05)	-0.0991 (-0.42)	-0.0188 (-0.08)	-0.0242 (-0.10)	-0.1122 (-0.47)
Lniurf	0.1648 (0.56)	0.1554 (0.51)	0.5147 (1.44)	0.1587 (0.54)	0.1519 (0.50)	0.5110 (1.45)
Ispe	0.0385 (0.19)	0.0484 (0.22)	-0.1252 (-0.53)	0.0285 (0.14)	0.0458 (0.20)	-0.1234 (-0.51)
Roa	-0.4628 (-0.85)	-0.2283 (-0.42)	-0.3851 (-0.59)			
Reputation				0.0895 (1.14)	0.0213 (0.28)	-0.0103 (-0.10)
常数	-5.4884 (-0.94)	-4.7516 (-0.76)	-8.1863 (-1.40)	-5.4705 (-0.95)	-4.5791 (-0.73)	-7.7013 (-1.36)
行业	控制	控制	控制	控制	控制	控制

续表

	(1)	(2)	(3)	(4)	(5)	(6)
	BHAR30	BHAR60	BHAR90	BHAR30	BHAR60	BHAR90
年份	控制	控制	控制	控制	控制	控制
R^2	0.2141	0.2248	0.2162	0.2177	0.2247	0.2151
N	210	195	179	210	195	179

注：括号内为t值；*、** 和 *** 分别表示在10%、5%和1%的水平显著。

7.5 进一步分析

7.5.1 券商跟投对新股IPO后股价信息含量的检验分析

本章理论分析部分论述了券商跟投能有效缓解券商和发行人的委托代理问题。首先，从委托代理关系看，券商成为公司股东，公司上市后，券商会降低逆向选择或道德风险的委托代理问题，改善公司的信息环境，降低信息不对称风险，影响公司上市后的特有价值，从而提升公司股价特质信息含量。其次，从锁定期限看，券商跟投有24个月的锁定期，较长的锁定期会促使券商在持续督导中更加积极，券商能充分发挥其信息挖掘功能和信息生产角色（Booth和Smith，1986），通过发挥其专业知识和信息优势，进而增加公司上市后的信息透明度和交易成本，发挥其降低公司信息不对称的作用（李金甜等，2020），改善公司会计信息质量。陈艳等（2015）发现公司会计信息质量提升，会促进IPO股价信息含量的提升。本书进一步检验券商跟投是否会对新股IPO后的股价信息含量产生影响，进而检验券商跟投对新股上市后股票市场反应的经济后果。

本书借鉴Morck等（2000）、钟覃琳和陆正飞（2018）等人的做法，首先采用以下回归模型来估计市场上的风险：

$$R_{i,t} = \alpha_i + \beta_i \times R_{m,t} + \varepsilon_{i,t} \tag{7.6}$$

其中，$R_{i,t}$表示股票i的周收益率，$R_{m,t}$表示市场的周收益率，回归方

程的决定系数 R^2 表示公司股价变动能被市场波动所解释的部分。回归方程中未被解释的部分则代表了公司层面的特质风险（$1-R^2$）。通过对 R^2 按照模型（7.7）处理得到股价信息含量度量指标，其中股价信息含量（Syn）数值越大，表示信息含量越高。

$$Syn_{i,t} = \log\left(\frac{1-R^2}{R^2_{i,t}}\right) \tag{7.7}$$

为检验券商跟投对新股IPO后股价信息含量的影响，本书进一步构建以下多元回归模型：

$$\begin{aligned} Syn_{i,t} = {} & \beta_0 + \beta_1 Scfi_{i,t} + \beta_2 Scfi_{i,t} \times Scfi_{i,t} + \beta_3 Lnsize_{i,t-1} + \beta_4 Lev_{i,t-1} \\ & + \beta_5 Top_{i,t-1} + \beta_6 Unprofit_{i,t-1} + \beta_7 Lnage_{i,t-1} + \beta_8 Rdpro_{i,t-1} \\ & + \beta_9 DA_{i,t-1} + \beta_{10} Turnover_{i,t-1} + \sum Industry_{i,t} \\ & + \sum Year_{i,t} + \varepsilon_{i,t} \end{aligned} \tag{7.8}$$

其中的被解释变量为股价信息含量（Syn），解释变量为券商跟投（Scfi）及券商跟投的平方项（Scfi × Scfi）。模型（7.8）中的控制变量具体包括公司规模（Lnsize）、资产负债率（Lev）、资产收益率（Roa）、第一大股东持股比例（Top）、企业上市是否尚未盈利（Unprofit）、企业成立年限（Lnage）、研发支出（Rdpro）、信息质量（DA）、股票换手率（Turnover）以及控制行业和年份效应。

表7-11列示了券商跟投对新股IPO后股价信息含量的检验结果。其中，第（1）列为不控制相关控制变量的回归结果，券商跟投（Scfi）与股价信息含量（Syn）的估计系数为-0.0687，t值为-1.82，在10%水平上显著负相关；券商跟投平方项（Scfi × Scfi）与股价信息含量（Syn）的估计系数为0.0065，t值为2.21，在5%水平上显著正相关。第（2）列为控制相关控制变量的回归结果，券商跟投（Scfi）与股价信息含量（Syn）的估计系数为-0.1005，t值为-1.84，在10%水平上显著负相关；券商跟投平方项（Scfi × Scfi）与股价信息含量（Syn）的估计系数为0.0079，t值为1.85，在10%水平上显著正相关。结果说明券商跟投在初期对新股IPO后的股价信息含量有抑制作用，但随着券商跟投比例的增加，券商跟投比例会显著正向促进股价信息含量，券商跟投比例与股价信息含量呈正“U”形关系，而不是简单的线性关系。

表 7－11　　券商跟投对新股 IPO 后股价信息含量的检验结果

	(1)	(2)
	Syn	Syn
Scfi	−0.0687* (−1.82)	−0.1005* (−1.84)
Scfi × Scfi	0.0065** (2.21)	0.0079* (1.85)
Lnsize		−0.0248 (−1.35)
Lev		−0.1255 (−1.35)
Roa		0.2091 (1.58)
Top		−0.1714* (−1.67)
Unprofit		−0.0189 (−0.22)
Lnage		−0.0080 (−0.13)
Rdpro		−0.0023 (−0.62)
DA		−0.2495 (−1.51)
Turnover		−0.0006 (−0.32)
常数	0.4322*** (3.90)	1.1556** (2.38)
行业	控制	控制
年份	控制	控制
R^2	0.0863	0.2169
N	106	106

注：括号内为 t 值；*、** 和 *** 分别表示在 10%、5% 和 1% 的水平显著。

7.5.2 券商跟投对新股 IPO 后股票流动性的检验分析

根据金融中介理论的观点，金融中介在市场中主要起着信息传递和认证的作用，券商在新股 IPO 中不仅扮演着金融中介的角色，还由于跟投制度的影响，扮演着公司股东的角色。现有文献表明，券商等金融中介的声誉会影响企业会计信息质量、IPO 定价和市场表现（Carter 和 Manster，1990；Chen 等，2019）。由于锁定期和上市持续督导作用的约束，券商会强化对企业信息披露行为的持续督导，起到一定的公司治理作用，从而吸引更多的投资者，促进股票交易（李金甜等，2020）。此外，券商跟投还会增加个股交易的信息透明度，利用其专业知识和信息解读优势，通过券商分析师撰写分析报告，提供更为全面的信息，降低企业与投资者之间的信息不对称程度和投资者交易成本，增加该公司的股票流动性。Barry 和 Brown（1985）指出，提高信息披露水平可以降低投资者对公司特有信息估计的偏差，增加股票流动性。本书进一步检验券商跟投是否对新股 IPO 后的股票流动性产生影响，进而检验券商跟投对新股上市后股票市场反应的经济后果。

借鉴 Amihud（2002）的做法，选取市场冲击指标 Amihud 指标作为股票流动性代理指标，该指标为股票非流动性指标，指标越大，表示股票流动性越差。具体计算公式如下：

$$Illiq_{i,t} = 10^{8} \times \frac{1}{D_{i,t}} \sum_{t=1}^{D_{i,t}} \frac{\left| R_{i,t,d} \right|}{Vold_{i,v,t,d}} \tag{7.9}$$

其中，$D_{i,t}$表示为股票 i 在 t 年内的有效交易天数；$R_{i,t,d}$表示为股票 i 在 t 年内第 d 天考虑现金红利再投资的日收益率；$Vold_{i,v,t,d}$表示股票 i 在 t 周期内第 d 天的日成交金额。

同时，本书还借鉴了 Roll（1984）的做法，选取 Roll 指标作为股票流动性代理指标，该指标同样为股票非流动性指标，指标越大，表示股票流动性越差。具体计算公式如下所示：

$$Roll = \begin{cases} \sqrt[2]{-\mathrm{cov}(\Delta P_t, \Delta P_{t-1})} & ,\text{当 } \mathrm{cov}(\Delta P_t, \Delta P_{t-1}) < 0 \\ 0 & ,\text{当 } \mathrm{cov}(\Delta P_t, \Delta P_{t-1}) \geqslant 0 \end{cases} \tag{7.10}$$

其中，P_t 表示单个股票在 t 年内考虑现金红利再投资的日收益率；cov（ΔP_t，ΔP_{t-1}）表示单个股票在 t 年内考虑现金红利再投资的日收益率的一阶差分序列协方差。

本书借鉴 Amihud（2002）、Roll（1984）、李金甜等（2020）等人的研究，构建多元回归模型检验券商跟投对科创板新股上市后股票流动性的影响，具体模型如下所示：

$$\begin{aligned} Illiq_{i,t}/Roll_{i,t} = & \beta_0 + \beta_1 Scfi_{i,t} + \beta_2 Scfi_{i,t} \times Scfi_{i,t} + \beta_3 Lnsize_{i,t-1} \\ & + \beta_4 Lev_{i,t-1} + \beta_5 Top_{i,t-1} + \beta_6 Unprofit_{i,t-1} \\ & + \beta_7 Lnage_{i,t-1} + \beta_8 Rdpro_{i,t-1} + \beta_9 DA_{i,t-1} \\ & + \sum Industry_{i,t} + \sum Year_{i,t} + \varepsilon_{i,t} \end{aligned} \tag{7.11}$$

模型（7.11）中的被解释变量为股票非流动性（Illiq/Roll），解释变量为券商跟投（Scfi）及券商跟投的平方项（Scfi × Scfi）。模型（7.11）中的控制变量具体包括公司规模（Lnsize）、资产负债率（Lev）、第一大股东持股比例（Top）、企业上市是否尚未盈利（Unprofit）、企业成立年限（Lnage）、研发支出（Rdpro）、信息质量（DA）以及控制行业、年份效应。

表7－12列示了券商跟投对新股IPO后股票流动性的检验结果。其中，第（1）列和第（2）列的因变量为Illiq，第（1）列为不控制相关控制变量的回归结果，券商跟投（Scfi）与股票非流动性（Illiq）的估计系数为0.0339，t值为9.57，在1%水平上显著正相关；券商跟投平方项（Scfi × Scfi）与股票非流动性（Illiq）的估计系数为－0.0026，t值为－7.83，在1%水平上显著负相关。第（2）列为控制相关控制变量的回归结果，券商跟投（Scfi）与股票非流动性（Illiq）的估计系数为0.0291，t值为8.48，在1%水平上显著正相关；券商跟投平方项（Scfi × Scfi）与股票非流动性（Illiq）的估计系数为－0.0023，t值为－7.66，在1%水平上显著负相关。第（3）列和第（4）列的因变量为Roll，第（3）列为不控制相关控制变量的回归结果，券商跟投（Scfi）与股票非流动性（Roll）的估计系数为0.0423，t值为2.46，在5%水平上显著正相关；券商跟投平方项（Scfi × Scfi）与股票非流动性（Roll）的估计系数为－0.0035，t值为－2.04，在5%水平上显著负相关。第（4）列为控制相关控制变量的回归结果，券商跟投（Scfi）与股票非流动性（Roll）的估计系数为0.0454，t值为2.50，

在5%水平上显著正相关；券商跟投平方项（Scfi × Scfi）与股票非流动性（Roll）的估计系数为 -0.0035，t值为 -2.08，在5%水平上显著负相关。

上述结果表明券商跟投与新股IPO后的股票非流动性显著正相关，券商跟投比例的平方项与股票非流动性显著负相关，说明当券商跟投比例较低时，会抑制股票的流动性，但随着跟投比例提高到一定程度，券商跟投比例越高，股票流动性越高。即券商跟投比例与股票流动性呈正"U"形关系，而不是简单的线性关系。这一结果与前文券商跟投与股价信息含量关系的结果一致，券商跟投比例较低时会通过降低股价信息含量而抑制股票流动性，但随着跟投比例提高到一定程度，券商跟投则会通过提高股价信息含量而促进股票流动性提升。

表7-12　券商跟投对新股IPO后股票流动性的检验结果

	(1)	(2)	(3)	(4)
	Illiq	Illiq	Roll	Roll
Scfi	0.0339*** (9.57)	0.0291*** (8.48)	0.0423** (2.46)	0.0454** (2.50)
Scfi * Scfi	-0.0026*** (-7.83)	-0.0023*** (-7.66)	-0.0035** (-2.04)	-0.0035** (-2.08)
Lnsize		-0.0034** (-2.05)		0.0058 (0.82)
Lev		-0.0010 (-0.17)		0.0315 (0.78)
Roa		-0.0060 (-0.87)		-0.0435 (-1.00)
Top		0.0086 (1.09)		0.0728 (1.57)
Unprofit		-0.0022 (-0.65)		-0.0280 (-1.60)
Lnage		0.0003 (0.08)		0.0091 (0.58)
Rdpro		-0.0000 (-0.77)		-0.0001 (-0.42)

续表

	(1)	(2)	(3)	(4)
	Illiq	Illiq	Roll	Roll
DA		0.0036 (0.21)		0.0540 (0.83)
常数	-0.0967*** (-9.45)	-0.0185 (-0.49)	0.0102 (0.22)	-0.1810 (-1.06)
行业	控制	控制	控制	控制
年份	控制	控制	控制	控制
R^2	0.4614	0.4883	0.1044	0.1430
N	215	215	210	210

注：括号内为t值；*、**和***分别表示在10%、5%和1%的水平显著。

7.5.3 券商跟投对新股IPO后股价崩盘风险的检验分析

现有文献表明，当存在信息不对称时，公司坏消息累积和瞬间释放、管理层过度投资失败是造成公司股价暴跌风险的重要原因。上市公司信息含量越低，公司未来股价崩盘风险越高（Jin和Myers，2006；Hutton等，2009）。在科创板券商跟投制度下，兼具“保荐人”和“股东”双重身份的券商，会通过缓解委托人和代理人之间的代理成本，降低企业与投资者之间的信息不对称程度，让外部投资者了解公司更多的信息，进而提高公司的信息透明度，降低公司股价崩盘风险（许年行等，2012）。此外，由于锁定期和上市持续督导作用的约束，券商会强化对企业经营风险、违规风险、募集资金违规使用等违规行为的持续督导，从而降低公司违规投资负现值项目等投资风险的概率，从而缓解股价未来大幅下跌的概率。本书进一步检验券商跟投是否对新股IPO后的股价崩盘风险产生影响，进而检验券商跟投对新股上市后股票市场反应的经济后果。

本书借鉴Kim等（2011）和许年行等（2012）的做法，采用三种方法来度量上市公司股价崩盘风险。具体度量方法如下所示：

首先，每年股票i的周收益数据的估计采用下列模型进行回归：

$$R_{i,t} = \alpha + R_{m,t-2} + R_{m,t-1} + R_{m,t} + R_{m,t+1} + R_{m,t+2} + \varepsilon_{i,t} \tag{7.12}$$

其中，$R_{i,t}$为股票i第t周考虑现金红利再投资的收益率，$R_{m,t}$为沪深A股全部上市公司在第t周经流通市值加权的平均收益率。本书借鉴许年行等（2012）的做法，在方程（7.12）中加入市场收益的滞后一期、滞后二期、超前一期和超前二期数据，以调整股票非同步性交易的影响。股票i在第t周的公司特有收益为$W_{i,t} = \ln(1 + \varepsilon_{i,t})$，$\varepsilon_{i,t}$为方程（7.12）的回归残差。

其次，基于$W_{i,t}$构造以下两个股价崩盘风险的变量：

（1）负收益偏态系数 NCSKEW

股票价格崩盘风险的第一个具体衡量指标是负收益偏态系数（NCSKEW），它反映了收益分布的不对称性。偏斜度的负（正）值表示数据偏左（右）。NCSKEW的计算方法是：取每年特定于公司的周收益率的负数，然后将其标准化为特定于公司的周收益率的标准差的三次方。具体而言，对于t年的每个公司i，NCSKEW计算如下：

$$NCSKEW_{i,t} = -\frac{n(n-1)^{3/2}\sum W_{i,t}^{3}}{(n-1)(n-2)\left(\sum W_{i,t}^{2}\right)^{3/2}} \tag{7.13}$$

其中，n为每年股票i的交易周数。NCSKEW的数值越大，表示偏态系数负的程度越严重，上市公司股价的崩盘风险越大。

（2）收益上下波动比率 DUVOL

第二个具体衡量股价崩盘风险的指标是收益上下波动比率（DUVOL）。它由Chen等（2001）开发，随后Hutton等（2009）进行了拓展。为了估计DUVOL，本书将具体的周回报分为下跌周和上涨周。下跌（上涨）周指公司特定周回报低于（高于）年平均周回报的周。对于下跌周和上涨周的样本，进一步分别计算公司特定周收益率的标准差。DUVOL是“下降”周的标准差与“上升”周的标准差之比的自然对数，计算方法见方程(7.13)：

$$DUVOL_{i,t} = \log\frac{(n_u - 1)\sum_{down} W_{i,t}^{2}}{(n_d - 1)\sum_{up} W_{i,t}^{2}} \tag{7.14}$$

其中，n_u和n_d分别为股票i的周特有收益$W_{i,t}$大于或小于年平均收益W_i的周数。DUVOL的数值越大，代表收益率分布更倾向于左偏，公司股价崩盘风险越大。

(3) 股价崩盘风险哑变量Crash

第三个指标为指示函数，当股票i在一年中存在不满足公式（7.15）时，变量取值为1，表示该股票发生了崩盘事件，否则为0。

$$Crash_{i,t} = 1[\exists t, W_{j,t} \leq Average(W_{j,t}) - 3.09\sigma_{j,t}] \quad (7.15)$$

其中，$\sigma_{i,t}$表示为股票i第t年周持有收益的标准差，3.09个标准差对应于正态分布概率小于1%的区域。

本书借鉴Kim等（2011）和许年行等（2012）等人的研究，构建多元回归模型检验券商跟投对科创板新股上市后股价崩盘风险的影响，具体模型如下所示：

$$\begin{aligned} NCSKEW_{i,t}/DUVOL_{i,t}/Crash_{i,t} = {} & \beta_0 + \beta_1 Scfi_{i,t} + \beta_2 Lnsize_{i,t-1} + \beta_3 Lev_{i,t-1} \\ & + \beta_4 Roa_{i,t-1} + \beta_5 Top_{i,t-1} + \beta_6 Unprofit_{i,t-1} \\ & + \beta_7 Lnage_{i,t-1} + \beta_8 Rdpro_{i,t-1} + \beta_9 DA_{i,t-1} \\ & + \beta_{10} Turnover_{i,t-1} + \sum Industry_{i,t} \\ & + \sum Year_{i,t} + \varepsilon_{i,t} \end{aligned} \quad (7.16)$$

模型（7.16）中的被解释变量为股价崩盘风险（NCSKEW/DUVOL/Crash），解释变量为券商跟投（Scfi）。模型（7.16）中的控制变量具体包括公司规模（Lnsize）、资产收益率（Roa）、第一大股东持股比例（Top）、企业上市是否尚未盈利（Unprofit）、企业成立年限（Lnage）、研发支出（Rdpro）、信息质量（DA）、股票换手率（Turnover）以及控制行业、年份效应。

表7-13列示了券商跟投对新股IPO后股价崩盘风险的检验结果。其中，第（1）列因变量为采用分市场流通市值平均法计算的负收益偏态系数NCSKEW1，券商跟投（Scfi）与负收益偏态系数（NCSKEW1）的估计系数为-0.1564，t值为-1.96，在10%水平上显著负相关；第（2）列因变量为采用分市场总市值平均法计算的负收益偏态系数NCSKEW2，券商跟投（Scfi）与负收益偏态系数（NCSKEW2）的估计系数为-0.1420，

t值为-1.80，在10%水平上显著负相关。第（3）列因变量为采用分市场流通市值平均法计算的上下波动比率DUVOL1，券商跟投（Scfi）与上下波动比率（DUVOL1）的估计系数为-0.1072，t值为-2.35，在5%水平上显著负相关；第（4）列因变量为采用分市场总市值平均法计算的上下波动比率DUVOL2，券商跟投（Scfi）与上下波动比率（DUVOL2）的估计系数为-0.1096，t值为-2.80，在1%水平上显著负相关。第（5）列因变量为采用综合市场流通市值平均法计算的崩盘风险哑变量Crash1，券商跟投（Scfi）与崩盘风险哑变量（Crash1）的估计系数为-0.0577，t值为-1.88，在10%水平上显著负相关；第（6）列因变量为采用综合市场总市值平均法计算的崩盘风险哑变量Crash2，券商跟投（Scfi）与崩盘风险哑变量（Crash2）的估计系数为-0.0633，t值为-2.06，在5%水平上显著负相关。

上述结果说明券商跟投与股价崩盘风险显著负相关，券商在公司上市后会通过持续监督方式，提升公司治理水平和信息透明度，降低公司未来股价崩盘风险发生的概率。

表7-13　券商跟投对新股IPO后股价崩盘风险的检验结果

	(1)	(2)	(3)	(4)	(5)	(6)
	NCSKEW1	NCSKEW2	DUVOL1	DUVOL2	Crash1	Crash2
Scfi	-0.1564* (-1.96)	-0.1420* (-1.80)	-0.1072** (-2.35)	-0.1096*** (-2.80)	-0.0577* (-1.88)	-0.0633** (-2.06)
Lnsize	-0.0843 (-0.97)	-0.0928 (-1.11)	-0.0519 (-0.90)	-0.0688 (-1.23)	-0.0476 (-0.93)	-0.0594*** (-2.73)
Lev	0.6425 (1.59)	0.6662* (1.73)	0.3694 (1.40)	0.4069 (1.58)	0.3610*** (2.93)	0.3029*** (3.42)
Roa	0.8650* (1.75)	0.6312 (1.34)	0.4314 (1.36)	0.2605 (0.81)	0.0092 (0.06)	0.1137 (1.14)
Top	-0.7194 (-1.48)	-0.7013 (-1.50)	-0.2916 (-0.84)	-0.3002 (-0.89)	0.0408 (0.35)	0.0236 (0.22)

续表

	(1)	(2)	(3)	(4)	(5)	(6)
	NCSKEW1	NCSKEW2	DUVOL1	DUVOL2	Crash1	Crash2
Unprofit	-1.0071*** (-4.04)	-0.9103*** (-3.40)	-0.5300*** (-2.76)	-0.4445* (-1.95)	-0.0739 (-1.09)	-0.0904* (-1.80)
Lnage	-0.3844 (-1.58)	-0.2665 (-1.14)	-0.2899 (-1.62)	-0.2992 (-1.61)	-0.0388 (-0.57)	-0.1025** (-2.28)
Rdpro	0.0503*** (3.70)	0.0496*** (3.52)	0.0197** (2.13)	0.0224** (2.05)	0.0010 (0.23)	0.0030 (1.10)
DA	-1.1411 (-1.64)	-1.0709 (-1.55)	-0.4093 (-0.96)	-0.5006 (-1.10)	0.2728 (1.05)	0.3483 (1.54)
Turnover	0.0097 (0.90)	0.0069 (0.66)	0.0045 (0.51)	0.0030 (0.32)	-0.0037 (-1.06)	-0.0003 (-0.21)
常数	1.8371 (0.90)	1.7209 (0.87)	1.1715 (0.82)	1.8552 (1.36)	1.2649 (1.15)	1.6278*** (2.72)
行业	控制	控制	控制	控制	控制	控制
年份	控制	控制	控制	控制	控制	控制
R^2	0.3650	0.3511	0.3475	0.3115	0.3766	0.5182
N	102	102	102	102	102	102

注：括号内为t值；*、**和***分别表示在10%、5%和1%的水平显著。

7.5.4 券商跟投、券商持续监督与新股IPO后股票市场反应

IPO后公司的股票市场反应与券商持续督导的质量密切相关，本书认为，从主观上看，券商跟投金额越大，跟投收益与公司股票市场反应的相关性越强，因此跟投券商的持续监督动力也越强。从客观上看，券商与发行人的地理距离越近，券商持续督监督越便捷，持续监督的效果也越好。基于此，本书将从券商跟投金额及券商与发行人的地理距离两

个方面衡量券商跟投的持续监督情况。

(1) 基于券商跟投金额的视角

本书以保荐机构（承销商）在本次发行战略配售中的获配金额作为券商跟投金额代理变量，考察券商跟投金额对券商跟投比例和IPO后股票市场反应的调节关系。按照跟投金额的大小分组，把跟投金额大于中位数的样本作为跟投金额较大组，跟投金额小于中位数的样本作为跟投金额较小组；跟投金额较大组的持续监督动力大于跟投金额较小组。

表7-14列示了券商跟投比例、跟投金额与股票市场反应的分组检验结果。其中，第（1）列和第（2）列因变量为BHAR30分组回归结果，第（1）列为跟投金额较小组，券商跟投（Scfi）与股票短期市场反应（BHAR30）的估计系数为0.7692，t值为1.24，未通过显著性检验；第（2）列为跟投金额较大组，券商跟投（Scfi）与股票短期市场反应（BHAR30）的估计系数为0.2164，t值为2.83，在1%水平上显著正相关。对比第（1）列和第（2）列结果可知，券商跟投（Scfi）对股票短期市场反应（BHAR30）的优化影响在跟投金额较大组中显著为正。

第（3）列和第（4）列因变量为BHAR60分组回归结果，第（3）列为跟投金额较小组，券商跟投（Scfi）与股票短期市场反应（BHAR60）的估计系数为0.5853，t值为1.21，未通过显著性检验；第（4）列为跟投金额较大组，券商跟投（Scfi）与股票短期市场反应（BHAR60）的估计系数为0.1542，t值为1.68，在10%水平上显著正相关。对比第（3）列和第（4）列结果可知，券商跟投（Scfi）对股票短期市场反应（BHAR60）的优化影响在跟投金额较大组中显著为正。

第（5）列和第（6）列因变量为BHAR90分组回归结果，第（5）列为跟投金额较小组，券商跟投（Scfi）与股票中期市场反应（BHAR90）的估计系数为0.3655，t值为1.52，未通过显著性检验；第（6）列为跟投金额较大组，券商跟投（Scfi）与股票中期市场反应（BHAR90）的估计系数为0.1160，t值为1.10，未通过显著性检验。

上述结果总体说明券商跟投对新股IPO后股票市场反应的正向效应主要在跟投金额较大组显著，即券商跟投金额越大，跟投券商对公司的持续监督动力越强，越能促进公司上市后股票市场正向反应。

表7-14 券商跟投比例、跟投金额与新股IPO后股票市场反应的检验结果

	(1)	(2)	(3)	(4)	(5)	(6)
	BHAR30	BHAR30	BHAR60	BHAR60	BHAR90	BHAR90
	跟投金额较小组	跟投金额较大组	跟投金额较小组	跟投金额较大组	跟投金额较小组	跟投金额较大组
Scfi	0.7692 (1.24)	0.2164*** (2.83)	0.5853 (1.21)	0.1542* (1.68)	0.3655 (1.52)	0.1160 (1.10)
Lnsize	0.9616** (2.59)	0.1150 (0.92)	0.9455** (2.18)	0.1116 (0.72)	0.6677* (1.91)	0.1256 (0.70)
Lev	-3.5432*** (-3.00)	0.0762 (0.13)	-3.1141*** (-3.12)	0.0544 (0.08)	-2.6243*** (-2.99)	0.5425 (0.68)
Top	0.5902 (0.36)	-0.0062 (-0.01)	1.1277 (0.85)	-0.1357 (-0.17)	0.9028 (0.73)	0.4080 (0.38)
Unprofit	-0.2537 (-0.54)	-0.2051 (-0.47)	-0.4794 (-1.42)	-0.0768 (-0.12)	-0.2521 (-0.60)	-0.7416 (-1.07)
Lnage	-0.0430 (-0.09)	0.2815 (1.12)	-0.0269 (-0.06)	0.1885 (0.47)	0.2462 (0.40)	-0.0494 (-0.11)
BIG4	0.8916 (0.75)	0.3885 (1.30)	0.3011 (0.39)	0.5595 (1.63)	-0.0756 (-0.12)	0.3529 (0.96)
Rdpro	0.0425* (1.73)	0.0003 (0.10)	0.0463** (2.23)	-0.0013 (-0.48)	0.0360 (1.59)	0.0006 (0.21)
Lntafr	-0.0724 (-0.15)	0.0775 (0.41)	-0.0300 (-0.07)	0.0485 (0.25)	-0.0129 (-0.03)	-0.1911 (-0.80)
Lniurf	0.4602 (1.04)	0.0023 (0.01)	0.2371 (0.63)	0.1225 (0.30)	0.7777 (1.33)	0.4792 (1.10)
Ispe	0.0710 (0.19)	0.0375 (0.13)	0.1082 (0.28)	-0.0572 (-0.16)	-0.1071 (-0.33)	-0.3546 (-0.84)
常数	-24.9661** (-2.07)	-5.9993 (-1.05)	-20.7272 (-1.59)	-7.6328 (-1.01)	-33.0356** (-2.59)	-3.5292 (-0.48)

续表

	(1)	(2)	(3)	(4)	(5)	(6)
	BHAR30	BHAR30	BHAR60	BHAR60	BHAR90	BHAR90
	跟投金额较小组	跟投金额较大组	跟投金额较小组	跟投金额较大组	跟投金额较小组	跟投金额较大组
行业	控制	控制	控制	控制	控制	控制
年份	控制	控制	控制	控制	控制	控制
R^2	0.3647	0.2819	0.4325	0.2582	0.3827	0.4226
N	104	106	95	100	87	92

注：括号内为 t 值；*、** 和 *** 分别表示在 10%、5% 和 1% 的水平显著。

(2) 基于地理距离的视角

由于交通成本是影响信息不对称的重要因素之一，较多学者关注到地理距离对经济主体的影响。一方面，券商和上市公司地理距离的邻近，能够为券商节省获取有效信息的交通成本，降低经济主体之间的信息不对称（刘文军，2014）。大量研究表明，地理距离越近，“信息优势”越明显，主要表现为识别风险、搜寻信息和代理成本都更低（Lerner，1995；Coval 和 Moskowitz，2001）。另一方面，地理距离也会影响上市公司的经营绩效、公司治理水平（Kalnins 和 Lafontaine，2013；Kang 和 Kim，2005），并影响到资本市场的交易结构和资产定价效率（Coval 和 Moskowitz，2001；Ivkovic' 和 Weisbenner，2005）。黄张凯等（2016）研究发现，地理距离越远，搜集信息的成本越高，公司需要提供更高的发行抑价作为补偿，高铁带来的信息便利弥补了地理距离对 IPO 抑价的影响。

本书借鉴 Jensen 等（2015）、范黎波和尚铎（2020）的做法，利用 Stata 软件中的 Geodist 命令计算券商总部注册地与发行人注册地之间的球面距离，并以该距离的对数值作为券商与发行人地理距离的代理变量。券商总部注册地信息在企查查网站手工搜索得到，同时使用百度搜索进行核对。具体计算方法如下所示：

$$DISTANCE = 6371.04 \times Acrcos(C) \times \frac{\pi}{180} \tag{7.17}$$

$$C = \cos(latitude_i) \times \cos(longitude_i) \times \cos(latitude_j) \times \cos(longitude_j) + \cos(latitude_i) \times \sin(longitude_i) \times \cos(latitude_j) \times \sin(longitude_j) + \sin(longitude_i) \times \sin(longitude_j) \tag{7.18}$$

在方程（7.17）和方程（7.18）中，DISTANCE 为券商总部注册地与发行人注册地之间的球面距离（实际地理距离）；6371.04 为地球的平均半径；Acrcos（C）为券商总部注册地与发行人注册地之间距离的反三角函数值，C 为券商总部注册地与发行人注册地之间距离的空间夹角余弦值；$latitude_i$ 为券商总部注册地的纬度；$longitude_i$ 为券商总部注册地的经度；$latitude_j$ 为发行人注册地的纬度；$longitude_j$ 为发行人注册地的经度。按照中位数将 DISTANCE 变量分为地理距离较近组和地理距离较远组，地理距离越近，代表券商持续监督越便利，持续监督作用越强。

表 7－15 列示了券商跟投、地理距离与股票市场反应的分组检验结果。其中，第（1）列和第（2）列因变量为 BHAR30 分组回归结果，第（1）列为地理距离较近组，券商跟投（Scfi）与股票短期市场反应（BHAR30）的估计系数为 0.4175，t 值为 2.29，在 5% 水平上显著正相关；第（2）列为地理距离较远组，券商跟投（Scfi）与股票短期市场反应（BHAR30）的估计系数为 0.2030，t 值为 1.60，未通过显著性检验。对比第（1）列和第（2）列结果可知，券商跟投（Scfi）对股票短期市场反应（BHAR30）的优化影响在地理距离较近组中显著为正。

第（3）列和第（4）列因变量为 BHAR60 分组回归结果，第（3）列为地理距离较近组，券商跟投（Scfi）与股票短期市场反应（BHAR60）的估计系数为 0.3464，t 值为 1.69，在 10% 水平上显著正相关；第（4）列为地理距离较远组，券商跟投（Scfi）与股票短期市场反应（BHAR60）的估计系数为 0.2082，t 值为 1.51，未通过显著性检验。对比第（3）列和第（4）列结果可知，券商跟投（Scfi）对股票短期市场反应（BHAR60）的优化影响在地理距离较近组中显著为正。

第（5）列和第（6）列因变量为 BHAR90 分组回归结果，第（5）列为地理距离较近组，券商跟投（Scfi）与股票中期市场反应（BHAR90）的估计系数为 0.2624，t 值为 1.67，在 10% 水平上显著正相关；第（6）列为地理距离较远组，券商跟投（Scfi）与股票中期市场反应（BHAR90）

的估计系数为0.0965，t值为0.83，未通过显著性检验；券商跟投（Scfi）对股票中期市场反应（BHAR90）的优化影响在地理距离较近组中显著为正。

上述结果总体说明券商跟投对新股IPO后股票市场反应的正向效应主要在地理距离较近组显著，即跟投券商总部注册地离发行人总部注册地的地理距离越近，其跟投后对公司的持续监督越便利，越能提高公司上市后的股票市场反应。

表7-15　券商跟投、地理距离与新股IPO后股票市场反应的检验结果

	(1)	(2)	(3)	(4)	(5)	(6)
	BHAR30	BHAR30	BHAR60	BHAR60	BHAR90	BHAR90
	地理距离较近组	地理距离较远组	地理距离较近组	地理距离较远组	地理距离较近组	地理距离较远组
Scfi	0.4175** (2.29)	0.2030 (1.60)	0.3464* (1.69)	0.2082 (1.51)	0.2624* (1.67)	0.0965 (0.83)
Lnsize	0.4531* (1.79)	0.0956 (0.72)	0.4653 (1.53)	0.1487 (1.20)	0.3464 (1.32)	0.0925 (0.63)
Lev	-1.4192 (-1.53)	-0.9756 (-1.33)	-1.3364 (-1.52)	-0.8209 (-1.23)	-1.0263 (-1.08)	-0.7857 (-0.94)
Top	-1.3096 (-1.09)	1.1031 (0.77)	-0.5704 (-0.54)	0.5593 (0.48)	0.2493 (0.21)	-0.0677 (-0.07)
Unprofit	-1.0618 (-1.48)	0.7310 (1.54)	-0.9823 (-1.52)	0.7654 (1.37)	-0.9730 (-1.32)	0.2916 (0.95)
Lnage	0.0746 (0.13)	0.0431 (0.15)	0.3023 (0.53)	-0.0980 (-0.28)	0.2726 (0.41)	0.4513 (1.13)
BIG4	0.7236 (1.26)	0.0595 (0.15)	0.8883 (1.41)	0.1758 (0.57)	0.6367 (1.15)	-0.4138 (-1.10)
Rdpro	0.0079** (2.04)	-0.0044** (-2.60)	0.0033 (0.85)	0.0665*** (3.28)	0.0034 (0.89)	0.0866*** (4.85)
Lntafr	0.0011 (0.00)	-0.2019 (-0.60)	0.0347 (0.11)	-0.6390** (-2.02)	-0.0369 (-0.11)	-0.8567** (-2.54)
Lniurf	0.8448** (2.01)	0.0112 (0.03)	0.7926* (1.71)	0.2742 (0.76)	1.1517** (2.17)	0.6212 (1.41)

续表

	(1)	(2)	(3)	(4)	(5)	(6)
	BHAR30	BHAR30	BHAR60	BHAR60	BHAR90	BHAR90
	地理距离较近组	地理距离较远组	地理距离较近组	地理距离较远组	地理距离较近组	地理距离较远组
lspe	-0.2735 (-0.84)	-0.0969 (-0.30)	-0.2516 (-0.69)	-0.0578 (-0.19)	-0.0917 (-0.22)	-0.5515* (-1.97)
常数	-26.7468*** (-2.65)	5.0766 (1.02)	-23.9913** (-2.05)	9.1693** (2.17)	-28.8204*** (-2.77)	7.1301 (1.50)
行业	控制	控制	控制	控制	控制	控制
年份	控制	控制	控制	控制	控制	控制
R^2	0.3276	0.3518	0.2986	0.4930	0.2822	0.5146
N	104	106	97	98	88	91

注：括号内为t值；*、**和***分别表示在10%、5%和1%的水平显著。

7.5.5 券商跟投、发行人创新能力与新股IPO后股票市场反应

对科创板企业而言，公司的创新能力是影响公司未来收益的重要因素，而基于公司价值的IPO股票市场反应也会受到创新能力的影响。基于此，本书考察发行人创新能力对券商跟投与新股IPO后股票市场反应的调节作用。

本书以招股说明书和年报中技术人员占比衡量公司创新能力。按照核心技术人员比重的中位数分为技术人员占比较高组和技术人员占比低较组，分别表示创新能力较高组和创新能力较低组。

表7-16列示了券商跟投、创新能力与股票市场反应的分组检验结果。其中，第（1）列和第（2）列因变量为BHAR30分组回归结果，第（1）列为创新能力较低组，券商跟投（Scfi）与股票短期市场反应（BHAR30）的估计系数为0.2637，t值为1.59，未通过显著性检验；第（2）列为创新能力较高组，券商跟投（Scfi）与股票短期市场反应（BHAR30）的估计系数为0.4278，t值为2.44，在5%水平上显著正相关。对比第（1）列

和第（2）列结果可知，券商跟投（Scfi）对股票短期市场反应（BHAR30）的优化影响在创新能力较高组中显著为正。

第（3）列和第（4）列因变量为BHAR60分组回归结果，第（3）列为创新能力较低组，券商跟投（Scfi）与股票短期市场反应（BHAR60）的估计系数为0.1938，t值为1.51，未通过显著性检验；第（4）列为创新能力较高组，券商跟投（Scfi）与股票短期市场反应（BHAR60）的估计系数为0.4458，t值为1.95，在10%水平上显著正相关。对比第（3）列和第（4）列结果可知，券商跟投（Scfi）对股票短期市场反应（BHAR60）的优化影响在创新能力较高组中显著为正。

第（5）列和第（6）列因变量为BHAR90分组回归结果，第（5）列为创新能力较低组，券商跟投（Scfi）与股票中期市场反应（BHAR90）的估计系数为0.1419，t值为0.93，未通过显著性检验；第（6）列为创新能力较高组，券商跟投（Scfi）与股票中期市场反应（BHAR90）的估计系数为0.2751，t值为1.68，在10%水平上显著正相关。对比第（5）列和第（6）列结果可知，券商跟投（Scfi）对股票中期市场反应（BHAR90）的优化影响在创新能力较高组中显著为正。

上述结果总体说明券商跟投对新股IPO后股票市场反应的正向效应主要在创新能力较高组显著，即公司创新能力越强，越能促进券商跟投对公司上市后股票市场反应的正向效应。

表7-16　券商跟投、创新能力与新股IPO后股票市场反应的检验结果

	(1)	(2)	(3)	(4)	(5)	(6)
	BHAR30	BHAR30	BHAR60	BHAR60	BHAR90	BHAR90
	创新能力较低组	创新能力较高组	创新能力较低组	创新能力较高组	创新能力较低组	创新能力较高组
Scfi	0.2637 (1.59)	0.4278** (2.44)	0.1938 (1.51)	0.4458* (1.95)	0.1419 (0.93)	0.2751* (1.68)
Lnsize	0.1044 (0.65)	0.4556* (1.66)	0.1219 (0.79)	0.5838 (1.60)	0.1855 (0.90)	0.2694 (0.85)
Lev	-0.8303 (-0.91)	-1.2669 (-1.49)	-0.3634 (-0.43)	-1.4548** (-2.18)	-0.1012 (-0.10)	-1.0924 (-1.56)

续表

	(1)	(2)	(3)	(4)	(5)	(6)
	BHAR30	BHAR30	BHAR60	BHAR60	BHAR90	BHAR90
	创新能力较低组	创新能力较高组	创新能力较低组	创新能力较高组	创新能力较低组	创新能力较高组
Top	1.4868 (0.89)	-0.5244 (-0.63)	1.7296 (1.41)	-0.5402 (-0.56)	1.3931 (1.12)	0.8363 (0.69)
Unprofit	-0.7595 (-1.05)	-0.1529 (-0.33)	-1.0036 (-1.41)	-0.1387 (-0.27)	-0.9585 (-1.37)	-0.4522 (-0.94)
Lnage	-0.3645 (-0.57)	0.4113 (1.42)	-0.1947 (-0.40)	0.5064 (1.11)	-0.1234 (-0.19)	0.7907 (1.56)
BIG4	1.0350 (1.47)	0.3514 (0.99)	0.6275 (0.98)	0.7499* (1.87)	0.0526 (0.08)	0.3282 (0.59)
Lntafr	-0.2405 (-0.59)	0.2668 (0.94)	-0.2819 (-0.73)	0.3706 (1.04)	-0.2469 (-0.62)	0.3989 (1.08)
Lniurf	0.3988 (0.79)	-0.0012 (-0.00)	0.5122 (0.88)	-0.1353 (-0.36)	0.6047 (0.93)	0.0645 (0.13)
Ispe	0.5246 (1.35)	-0.4355 (-1.40)	0.7271* (1.87)	-0.5158 (-1.23)	0.5345 (1.30)	-0.7325 (-1.58)
常数	-1.3234 (-0.20)	-17.2755* (-1.70)	-2.7473 (-0.43)	-20.3259 (-1.62)	-7.0085 (-0.88)	-16.6985 (-1.65)
行业	控制	控制	控制	控制	控制	控制
年份	控制	控制	控制	控制	控制	控制
R^2	0.3045	0.2884	0.3653	0.3075	0.2993	0.3438
N	105	105	98	97	92	87

注：括号内为t值；*、**和***分别表示在10%、5%和1%的水平显著。

8 研究结论、政策建议与未来展望

8.1 研究结论

本书聚焦 IPO 定价这一核心，以 2019 年 7 月 22 日至 2020 年 12 月 31 日注册上市的 215 家科创板企业为研究对象，从 IPO 前询价报价、IPO 定价及 IPO 后股票市场反应三个方面，考察券商跟投对 IPO 定价效率及市场反应的影响关系，得到三个方面的结论。

第一，本书研究了 IPO 前科创板券商跟投对 IPO 询价定价的影响，主要研究结论如下。

（1）科创板券商跟投比例与询价机构意见分歧负相关。借鉴李冬昕等（2014）的做法，手工整理科创板企业询价阶段全部机构投资者的报价信息，以全部询价机构投资者申报价格的标准差构建 IPO 企业询价机构意见分歧指标作为因变量，以证券承销商所获得的战略配售数量占发行总数的比例作为自变量，研究发现，在其他条件一定的情况下，券商跟投比例与询价机构意见分歧负相关，即券商跟投比例越高，询价机构意见分歧越小。从统计意义上看，券商跟投比例每提高一个百分点，询价机构意见分歧可以下降 0.75 个百分点；从经济意义上看，券商跟投行为降低询价机构意见分歧的程度大约为 59%。研究结果表明，在询价阶段，券商跟投通过提高上市公司的信息披露程度，以及发挥券商的认证作用，有效缓解了资本市场的信息不对称程度，从而降低了询价机构投资者意见分歧。在使用工具变量、排除询价机构数量对意见分歧的影响、考虑 IPO 首发时尚未盈利样本、剔除新冠肺炎疫情暴发期间上市样本、增加控制变量等内生性和稳健性检验后，结果依然显著。本书的实证结果为信息不对称下提高询价机构报价的准确性提供了经验证据。

（2）从券商跟投对询价机构意见分歧的经济后果看，科创板券商跟投比例与新股发行价格修正程度负相关。本书以公司发行价格与新股初步询价区间中值的差额与新股初步询价区间中值的比例来度量公司发行价格的修正程度，考察券商跟投对新股发行价格修正程度的影响。结果发现，券商跟投比例与新股发行价修正程度的估计系数在1%水平上显著负相关。在对新股发行价修正程度进行市场指数调整作为稳健性测度后，券商跟投与经市场指数调整后新股发行价修正程度仍然在1%水平上显著负相关。即券商跟投比例越高，新股发行价修正程度越低，新股发行价越接近询价中值，说明券商跟投降低询价机构意见分歧后，起到了优化询价阶段的新股发行定价的作用。

（3）券商跟投降低了询价阶段券商的机会主义行为。本书进一步检验了询价定价流程中除机构报价外，券商跟投行为在其他流程是否会引起券商操纵新股询价定价。根据初步询价定价流程，在询价机构报价结束后，券商首先要确定新股发行价格区间，然后据此确定最终发行价格。为此，本书进行了三个逐层递进的检验：一是券商跟投对新股发行价格区间的影响，研究发现，券商跟投与新股IPO发行价格区间范围负相关，即券商跟投比例越高，新股IPO发行价格区间范围越小。二是进一步构建新股IPO初始估值折扣指标，检验新股发行价格区间范围缩小是否是因为券商对初始估值进行了打折。研究结果发现，券商跟投与新股IPO初始估值折扣不显著，说明券商跟投并不会引起新股初始估值打折。三是检验券商跟投是否影响券商操纵发行定价，券商跟投对新股IPO发行价操纵程度的检验结果显示，两者关系不显著，说明券商跟投也没有引起询价阶段的新股发行价格操纵。研究结果共同表明，询价阶段，IPO发行价格区间的缩小不是券商故意调低发行价格区间，也不是券商操纵发行定价，而是券商跟投降低了询价定价阶段的机会主义行为，使询价定价更为准确。

（4）科创板券商跟投不会影响分析师的新股预测，但能提振一级市场发行氛围。券商跟投与分析师新股发行价预测均值的检验结果显示，券商跟投对分析师新股发行价预测均值无显著性影响，说明跟投没有引起券商对分析师的新股发行价格预测进行干预。券商跟投对一级市场发行氛围的检验分析表明，券商跟投比例与网下申购总量和网下超额认购倍数均正相关，即券商跟投比例越高，新股网下申购总量和网下超额认购倍数越高，新股一级市场发行氛围越好，研究结果表明，券商跟投向一级市场传递了有利的市场信息，有利于提振一级市场的活跃度。

第二，本书研究了 IPO 时科创板券商跟投对 IPO 定价效率的影响，主要研究结论如下。

（1）科创板券商跟投比例与 IPO 定价效率正相关。考虑到 IPO 抑价率没有体现投资者情绪的影响，本书参考 Purnanandam 和 Swanminathan（2004）、Chemmanur 和 Krishnan（2012）以及俞红海等（2013）的思路，通过选择配对样本的方式来确定比较基准，用市盈率法度量科创板上市公司 IPO 定价效率，IPO 公司市盈率与可比公司市盈率的比值越低，说明定价效率越高。检验券商跟投比例与 IPO 定价效率的关系发现，券商跟投比例负向影响 IPO 公司市盈率比值，说明在其他条件一定的情况下，券商跟投比例越高，IPO 公司市盈率比值越低，IPO 定价效率越高。采用 IPO 公司市销率比值、IPO 公司市净率比值作为 IPO 公司市盈率比值的稳健性指标，仍然得到同样的结论。在使用工具变量法、对替代性解释“发行人高管及核心员工跟投”“产业资本战略跟投”“创业投资机构持股”的检验，以及剔除 IPO 首发时尚未盈利样本、剔除新冠肺炎疫情暴发期间上市样本和增加控制变量等一系列的内生性和稳健性检验后，模型结果依然显著。研究结果表明，券商跟投在 IPO 定价方面发挥了券商的治理作用，降低了承销商的机会主义行为，提高了 IPO 定价效率。实证结果拓展了 IPO 定价影响因素的研究范畴。

（2）IPO 公司盈余管理在券商跟投与 IPO 定价效率的关系中发挥了部分中介作用。采用温忠麟等（2005）的中介效应模型检验发现，券商跟投与 IPO 公司市盈率比值在 5% 水平上显著负相关，券商跟投与新股上市前的盈余管理水平在 5% 水平上显著负相关，而 IPO 公司市盈率比值与盈余管理水平在 10% 水平上显著正相关，说明盈余管理在券商跟投与新股定价效率之间起到了部分中介作用。也就是说，券商跟投比例对 IPO 定价效率的优化作用在很大程度上是通过降低发行公司 IPO 前的盈余管理程度实现的。这是因为，与一般券商相比，跟投强化了券商在备案辅导期的承销责任，跟投券商更有动力识别发行人的盈余管理行为，更有积极性直接参与发行人公司治理，从而提高了发行人的业绩质量，进而优化了IPO定价效率。本书的研究结论为降低发行人盈余管理、提高发行公司业绩质量提供了实证支持。

（3）券商声誉、发行人公司治理水平、投资者情绪，以及外部市场环境都对券商跟投与IPO定价效率之间的关系起到了积极的调节作用。本书分别从券商声誉、发行人公司治理、投资者情绪，以及外部市场环境等角度检验了其在券商跟投与IPO定价效率关系之中的调节作用。从券商声誉的视角看，无论是以经营业绩度量券商声誉，还是以监管分类等级衡量券商声誉，券商跟投对新股定价效率的优化作用都在券商声誉较高组更为显著；这是因为，声誉高的跟投券商更注重维护自己的声誉，从而强化了券商跟投对新股定价效率的优化作用。从发行人公司治理来看，券商跟投对新股定价效率的优化效应主要在独立董事比例较低组和股权制衡较低组显著，说明跟投券商在公司治理水平较低的公司发挥的治理效应更强。从投资者情绪看，券商跟投对新股定价效率的优化效应主要在投资者情绪较低组显著，即券商跟投会向投资者传递出对公司有利的信号，从而调动了投资者情绪，提高了IPO定价效率。从外部市场环境看，对于产品竞争越激烈的公司，券商跟投与新股定价效率的关系越显著；对于所处市场化进程较高地区的公司，券商跟投与新股定价效率的关系越显著；即较好的外部市场环境会强化券商跟投对新股定价效率的优化效应。上述研究结果共同表明，科创板券商跟投行为对券商治理功能的发挥起到了积极的作用。

第三，本书研究了IPO后科创板券商跟投对股票市场反应的影响，主要研究结论如下。

（1）科创板券商跟投比例与IPO后股票市场反应正相关。本书以新股不同期间内的股票长期回报率作为其股票市场反应的代理指标，考察了券商跟投对新股上市后30个、60个、90个、120个、150个、180个、210个、250个交易日的股票市场反应的影响。实证结果表明，总体上，券商跟投与IPO后股票市场反应正相关，即券商跟投提高了公司IPO后的股价表现。具体来说，券商跟投与IPO后30个交易日、60个交易日和90个交易日的股票回报率显著正相关，即券商跟投比例越高，新股IPO后短中期股票回报率越高。券商跟投与IPO后120个交易日、150个交易日、180个交易日、210个交易日和250个交易日的股票市场反应正相关，但结果不显著；这一方面可能是由于科创板推行时间尚短导致结果不显著，另一方面可能是目前跟投制度的配套制度不完善制约了券商持续督导功能的发挥。在使用工具变量法、替换因变量为新股IPO后跌破发行价、对替代性解释“发行人高管及核心员工跟投”“产业资本战略跟投”的检验，以及增加控制变量等内生性稳健性检验后，研究结果依然可靠。本书研究表明，券商跟投通过提高定价效率、缓解委托代理问题、发挥信号作用，对IPO后公司股票市场反应产生了正向促进作用。

（2）检验券商跟投与新股上市后股票市场反应的经济后果发现，券商跟投比例提高能促进券商发挥持续督导功能，提高公司IPO后的股价信息含量和股票流动性，降低公司股价崩盘风险。券商跟投对新股IPO后股价信息含量的检验分析表明，股价信息含量与券商跟投比例在10%水平显著负相关，与券商跟投比例的平方项在10%水平显著正相关，说明券商跟投比例与股价信息含量呈正“U”形关系，当跟投比例提高到一定程度时，股价信息含量随之提高。同样，券商跟投与IPO后股票流动性呈正“U”形关系，当跟投比例提高到一定程度时，股票流动性随之提高。此外，券商跟投与IPO后股价崩盘风险呈线性负相关，跟投比例越高，股价崩盘风险越小。上述研究结果证明了券商跟投比例提高能促进券商发挥持续督导功能，为未来放开券商跟投比例限制提供了数据支持。

（3）跟投金额、地理距离和发行人创新能力在券商跟投与IPO后股票市场反应的关系上发挥了积极的调节作用。在检验券商跟投金额的调节作用发现，券商跟投对新股IPO后股票市场反应的正向效应主要在跟投金额较大组显著，说明券商跟投金额越大，跟投收益与公司股票市场反应的相关性越强，跟投券商的持续监督动力也越强。在检验地理距离的调节作用发现，券商跟投对新股IPO后股票市场反应的正向效应主要在地理距离较近组显著，说明券商与发行人的地理距离越近，券商持续督监督越便捷，持续监督的效果也越好。在检验发行人创新能力的调节作用发现，券商跟投对新股IPO后股票市场反应的正向效应主要在创新能力较高组显著，即公司创新能力越强，越能激励跟投券商发挥持续监督功能，进而促进券商跟投对公司上市后股票市场反应的正向效应。

8.2 政策建议

新股发行定价一直是困扰资本市场的“老大难”问题，本书从券商跟投的新视角出发，试图解决新股发行定价低效及长期表现低迷的问题。根据研究结论，针对不同的市场参与主体，本书提出如下政策建议。

8.2.1 放开券商跟投比例限制，完善券商跟投相关配套制度

本书的研究发现，科创板券商跟投制度有效发挥了跟投券商的治理功能，提高了IPO定价效率，正向促进了公司股票市场反应。具体来说，券商跟投比例越高，询价机构意见分歧越低，新股发行价修正程度越小；券商跟投比例越高，IPO公司盈余管理程度越低，IPO定价效率越高；券商跟投比例越高，公司股票IPO市场反应越好。鉴于券商跟投制度的治理效应，本书建议监管部门进一步完善券商跟投制度及相关配套制度，充分发挥制度优势，并从以下几个方面着力。

第一，建议放开券商跟投比例上限。本书研究结果表明，跟投券商治理效应的发挥取决于券商跟投的比例，跟投比例越高，券商越有动机降低信息不对称，充分发挥声誉机制、认证功能和信号作用，提高IPO定价效率及市场反应；进一步研究发现，券商跟投比例与IPO后的股价信息含量、股票流动性呈正“U”形关系，跟投比例越高公司股价信息含量越高、股票流动性越强，同时还能降低公司股价崩盘风险；此外，跟投比例的提高并不会引起券商操作发行价格区间和发行定价。基于此，建议监管部门放开券商跟投比例上限。放开跟投比例上限，将跟投多少的自由权交还券商，可以充分发挥市场配置资源的有效性；而且放开跟投比例上限并不意味着券商跟投比例大幅提高、风险加大，作为理性经济人的券商会综合考虑发行公司情况以及资本金约束，确定跟投保荐公司的比例，更好地发挥跟投券商的治理作用。从市场情况看，科创板券商跟投一年多以来，承销商保荐承销跟投比例基本都达到跟投制度要求的上限值，也从侧面反映了

当前制度所制定的券商跟投比例上限不符合市场需求。

第二，建议将全面性强制跟投调整为差异化强制跟投。当前科创板企业实施的券商全面性强制跟投制度，在推动券商审慎尽职保荐方面发挥了巨大作用，同时也快速消耗了券商的资本金，限制了资本金规模小的券商参与科创板承销，可能造成券商跟投制度效果打折。全面性强制跟投制度制定的初衷是为了更好地保障科创板投资者利益，降低科创板企业投资风险，也就是说对于高风险、不确定性强的企业，实施强制跟投是极为必要的；而对于一般企业，实施强制跟投则可能束缚券商资本金，降低券商参与科创板注册制的积极性。由此，建议将全面性强制跟投调整为差异化强制跟投，按照申请注册上市的五个标准，放开标准一的强制跟投，仅对标准二、三、四、五以及红筹企业、存在表决权差异安排的企业进行强制跟投。科创板企业上市标准一要求 IPO 企业“预计市值不低于人民币 10 亿元，最近两年净利润均为正且累计净利润不低于人民币 5000 万元，或者预计市值不低于人民币 10 亿元，最近一年净利润为正且营业收入不低于人民币 1 亿元”，对企业盈利能力有明确要求，发行市值又是最低，风险较小，对这类企业由承销商自主决定是否跟投，并不会损害投资者利益；同时上市标准一的企业占比最多，取消强制跟投能够最大限度调动券商参与积极性。

第三，进一步完善科创板信息披露制度，确保跟投制度效果的发挥。研究结果表明，券商跟投有效促进了券商治理功能的发挥，降低了券商的机会主义动机，对 IPO 定价效率及市场反应产生了积极影响。但是券商跟投制度效用的发挥离不开科创板信息披露制度的完善，信息披露制度是券商跟投制度的基础。要进一步完善信息披露制度，可以从以下几个方面努力：一是重构交易所和证监会的关系，用法律保障交易所的独立性。目前，科创板注册制中证监会和交易所的职责分工仍不够明确，交易所虽然名为自律组织，实则隶属于证监会，导致其在审核和问责方面的独立性不足。因此，建议尽快以法律形式明确交易所在科创板注册发行中的职责，以解决其独立性和问责权力不足导致的信息披露审核问题。二是构建信息披露正反激励机制。目前，科创板的招股说明书和问询报告动辄百页，券商为了免责，事无巨细地披露信息，导致信息披露的质量不高，专业机构和投资者关注度也不高。因此，建议证监会和交易所出台新的指引，要求券商和发行人在撰写招股说明书和问询函答复的内容时必须要有准确的依据、明确的观点，没有依据的内容需要董事会确认方能披露，不以字数论英雄。此外，对于虚假披露或夸大事实的行为予以严惩，达到杀一儆百的目的。三是强化整体信息披露流程，除了规范券商在IPO前招股说明书等方面的信息披露外，还应该督促券商及时披露询价阶段的公司价值投资报告，以及IPO后上市企业的重要信息，使市场信息传递更加及时、透明和充分，提高市场效率。

第四，完善科创板外部市场环境。本书研究发现，外部市场环境在券商跟投与新股定价效率的关系中发挥着调节作用，对于产品竞争越激烈的上市公司，券商跟投与新股定价效率的关系越显著；对于市场化进程高地区的上市公司，券商跟投与新股定价效率的关系越显著。因此，建议政府有关部门，一方面打破行业垄断，改善行业地方保护环境，吸引市场主体积极参与，促进行业形成良性竞争的环境；另一方面，加快政府职能转变，加大“放管服”改革力度，构建“亲清”政商关系，营造良好的营商环境，加快推动地区市场化进程。

8.2.2 加强券商责任认定，充分发挥跟投券商的治理功能

在股票发行注册制背景下，信息披露构成了IPO前询价、IPO定价、IPO后股票市场反应等所有环节的核心部分。作为信息披露的“指挥者”，在科创板注册制下，券商的作用也从发行人和投资者的“中介”转移到股票发行“前台”，因此，在科创板注册制改革推进过程中，要厘清券商职责的责任定位，明确“信息披露第一责任人”作用的同时，还要压实券商信息披露的“把关”职责，充分发挥其作为证券市场“看门人”的作用。本书研究结论表明，券商跟投对IPO定价效率的正向促进作用的发挥，主要是通过跟投券商的“认证”和“声誉”功能，缓解了资本市场的信息不对称程度和委托代理问题，进而实现了IPO询价、IPO定价效率提升，并促进了IPO后股票市场反应向好。因此，从券商角度来看，加强注册制下跟投券商的责任认定，可以最大限度地发挥跟投券商的治理作用。

第一，督促券商加强内控合规建设。券商跟投要求券商用自己资金认

购保荐公司战略配售股份，相当于为券商带来了一项新的利润收入来源，同时也可能带来投资失败的风险。为此，建议监管部门督促跟投券商加强内部控制，严格执行内部“防火墙”制度，将跟投收益与券商在二级市场的投资收益严格分开，尽可能降低跟投风险对券商经营的影响。

第二，建立完备的声誉评价与约束机制。本书研究结果表明，券商声誉在券商跟投与新股定价效率方面发挥了调节作用，无论是以经营业绩还是以监管分类等级衡量券商声誉，在券商声誉较高组，券商跟投对新股定价效率的优化作用更显著。这说明声誉高的跟投券商更注重维护自己的声誉，从而强化了券商跟投对新股定价效率的优化作用。因此，一方面，提高声誉的激励作用。由于券商经营业绩好也被视为声誉高的表现，有关部门要激励券商提高专业执业能力和公司经营业绩，重视声誉机制的作用，为券商维护好利用好自己的声誉效应构建良好的环境。另一方面，也要发挥声誉的惩罚作用。由于监管评级在市场上充当了声誉评价标准，要充分发挥监管评级在声誉方面的独特作用，建议证监会在对券商进行评级时，除了结合公司业务、风控能力、合规状况外，还要加大违规处罚在评级指标体系中的权重，一旦券商发生违规造假事件，则当年度的评级“一票否决”，加大声誉损失成本。通过激励和惩罚机制共同约束券商行为，促进跟投券商治理效应的发挥。

第三，强化券商持续督导责任落实。本书研究结果表明，券商跟投通过提高定价效率、缓解委托代理问题、发挥信号作用，对 IPO 后公司股票市场反应产生了正向促进作用。进一步地，券商跟投对新股 IPO 后股票市场反应的正向效应主要在跟投金额较大组和地理距离较近组显著，表明券商跟投促使券商有效发挥了持续监督作用。然而，目前券商虽然对上市公司负有持续督导的义务，但其职责比较模糊，因此，建议监管部门明确券商在公司上市前、上市中、上市后应该履行的义务，尤其是在上市后的持续督导期内，通过制度文件强化券商监督保荐企业信息披露的义务、明确未履行义务的惩罚机制，为最大限度发挥券商“信息中介”作用提供制度保障。此外，鉴于券商跟投保荐公司的股份有 24 个月的锁定期，在锁定期内进一步强化券商这一特殊“投资者”的治理作用，当然也要出台配套制度约束券商的机会主义行为。

8.2.3 引导发行方完善公司治理，提高公司IPO定价效率

第一，规范企业盈余管理，引导发行方降低盈余管理动机。为了获得股票发行资格，拟上市公司有强烈的动机进行盈余管理，本书研究发现，券商跟投降低了公司IPO前的盈余管理水平，从而提升了IPO定价效率。从发行方来看，在券商跟投情况下，盈余管理的行为容易被券商识破；而且券商跟投还降低了发行人与券商合谋调整盈余的动机。上市公司IPO前盈余管理水平越低，越能提升公司价值和市值，为股东带来实际收益，起到保护中小投资者的作用。基于此，本书建议有关部门要进一步规范会计准则，减少企业盈余管理的空间；加强对券商的监督和管理，加大违法处罚的力度，充分发挥券商的专业功能，在IPO上市前尽职调查，使上市公司盈余管理程度真正下降，确保经营业绩真实可靠，提高公司治理水平。

第二，为跟投券商治理效应的发挥提供制度保障。本书研究结果表明，发行人公司治理在券商跟投与新股定价效率的关系上发挥了调节作用，对于独立董事比例较低组和股权制衡比例较低组，券商跟投对新股定价效率的促进作用更为显著，说明跟投券商公司治理水平低的企业发挥的治理效应更强。因此，要进一步跟投券商对科创板上市公司的监督治理功能。比如，在注册问询环节，提高对科创板企业的公司治理水平的关注度，强化券商在尽职辅导期深入发行人的公司治理；再如，在IPO后明确券商可以列席股东大会、董事会和监事会，并且通过制度规定赋予券商直接参与IPO公司内部治理的一定权力，充分发挥券商的专业能力。此外，还要引导科创板上市公司进一步提高创新能力，为跟投券商持续督导作用最大限度地发挥提供良好的公司环境，进而实现公司市场价值的最大化。

8.2.4 促进询价对象合理报价，培育机构投资者价值投资理念

询价机构投资者理性、审慎报价是IPO定价市场化的基础。本书研究发现，券商跟投行为促使券商强化信息披露和充分发挥认证功能，降低了

询价机构意见分歧，从而提高了询价效率。进一步研究发现，券商跟投并未减少参与报价的机构投资者数量，而且跟投还能提高一级市场发行氛围。研究结果表明，券商跟投有助于驱使投资者理性报价。但促进询价对象合理报价不仅仅是券商的职责，也是监管部门的责任，因此建议监管部门制定相关政策措施，引导询价对象合理估值，促进 IPO 定价的准确性。

第一，加强对机构投资者的报价监管。科创板企业的科技属性和初创属性决定了对其定价难度较大，因此，在机构投资者询价阶段，可以强制要求询价投资者撰写估值报告并提交证券交易所备查，增强机构报价的科学性。同时，为了避免机构投资者恶性竞争，还需要加大对违规报价的惩处力度，建立询价对象黑名单，将乱报价、随意报价、扰乱市场定价的投资者拉入黑名单，暂停或取消其参与询价的资格。此外，由于机构投资者一般是“代客理财”，还可以加强资金委托人对机构投资者的约束，从而使机构投资者报价更为审慎。

第二，积极培育机构投资者价值投资理念。与国外成熟资本市场相比，我国股市投机氛围较重，机构投资者发展仍不成熟，科创板风险相对较高，因此需要加强对投资者投资科创板的入市教育，比如证监会通过官方渠道详细披露科创板的制度细则，引导投资者学习关注；或者通过互联网媒体在投资者参与之前进行风险能力认知培训，以保证投资者对科创板有基本的了解。同时，对科创板企业估值方法进行统一，积极引导机构投资进行价值投资，减少投机行为，促进资本市场稳定。

8.3 未来研究展望

本书以科创板 IPO 企业为研究场景，考察了券商跟投这一新现象对 IPO 定价效率及市场反应的影响，得到了一些有价值的结论及政策建议。但是由于科创板开板时间较短，本书还存在进一步拓展的空间。

一是跟投锁定期满后券商的行为研究。跟投制度的一个重要规定是对券商跟投的股份设置了 24 个月的锁定期，那么锁定期结束后，券商是立即减持跟投股份，还是继续持有跟投股份？如果券商减持股份，那么是否存在最大化利益的机会主义行为，对上市公司的公司治理将产生什么影响，如何发挥跟投券商的治理效应?

二是券商跟投对公司长期市场反应的影响。受制于科创板成立时间较短，本书研究券商跟投对IPO后股票市场反应的影响最长只到上市后250天，从实证结果看，券商跟投与公司短中期股票市场反应显著正相关，券商跟投公司长期股票市场反应正相关却不显著，那么随着时间拉长，券商跟投与公司长期股票市场反应的关系如何呢？科创板企业在引入跟投制度后，能否缓解新股长期的“赢者诅咒”?

三是如何有效发挥跟投券商的长期治理功能？从目前的研究结论看，科创板券商跟投制度有效降低了跟投券商的机会主义行为，通过跟投券商治理功能的发挥，提高了IPO定价效率。然而，券商跟投对公司股票长期市场反应的影响并不突出。这极有可能是跟投券商没有充分发挥长期治理功能造成的。数据统计显示，215家科创板上市公司中只有5家的董事会成员包括了跟投券商，大部分跟投券商都没有直接参与公司治理。受数据样本的限制，目前难以检验科创板跟投券商直接参与IPO公司治理对股票市场反应的影响，如何有效发挥跟投券商的长期治理功能？这一问题有待未来进一步探讨。

参考文献

[1] 白雪，赵文耀，郑建明．承销商——审计师合作关系、盈余管理与 IPO 定价 [J]．山西财经大学学报，2017，39 (11)：43 – 55.

[2] 白云霞，严梦莹，钟宁桦．保荐代表人变更与保荐制度的有效性——基于定向增发的实证研究 [J]．金融研究，2014 (3)：138 – 151.

[3] 卞世博，贾德奎，阎志鹏．招股说明书负面语调与 IPO 表现 [J]．系统管理学报，2020，29 (6)：1025 – 1033.

[4] 陈大鹏，施新政，陆瑶，等．员工持股计划与财务信息质量 [J]．南开管理评论，2019，22 (1)：166 – 180.

[5] 陈工孟，俞欣，寇祥河．风险投资参与对中资企业首次公开发行折价的影响——不同证券市场的比较 [J]．经济研究，2011 (5)：74 – 85.

[6] 陈国进，张贻军，王景．异质信念与盈余惯性——基于中国股票市场的实证分析 [J]．当代财经，2008 (7)：43 – 48.

[7] 陈健，贾隽．分析师盈利预测和行业估值对 IPO 定价的影响 [J]．证券市场导报，2014 (7)：15 – 20.

[8] 陈鹏程，周孝华．媒体情绪与 IPO 市场表现——询价制下的理论与实证 [J]．管理评论，2016，28 (7)：22 – 30.

[9] 陈鹏程，周孝华．市场条件、承销商声誉与 IPO 定价 [J]．技术经济，2015，34 (8)：107 – 115.

[10] 陈胜蓝．财务会计信息与 IPO 抑价 [J]．金融研究，2010 (5)：152 – 165.

[11] 陈祥有．我国 A 股发行公司 IPO 前盈余管理的影响因素实证研究 [J]．北京工商大学学报 (社会科学版)，2009，24 (6)：66 – 72.

[12] 陈信元，张田余，陈冬华．净资产、剩余收益与市场定价：会

计信息的价值相关性［J］. 金融研究，2002（4）：59－70.

［13］陈训波，贺炎林．中国IPO定价效率研究——基于IPO抑价率和EFF值的比较分析［J］. 经济理论与经济管理，2013（8）：47－59.

［14］陈邑早，陈艳，王圣媛．以科创板注册制为起点建设高质量信息披露制度［J］. 学习与实践，2019（4）：35－42.

［15］陈邑早，王圣媛．论中国式注册制信息披露革新：理念、实践与建议［J］. 当代经济管理，2019，41（12）：22－28.

［16］陈运佳，吕长江，黄海杰，等．上市公司为什么选择员工持股计划？——基于市值管理的证据［J］. 会计研究，2020（5）：91－103.

［17］陈运森，宋顺林．美名胜过大财：承销商声誉受损冲击的经济后果［J］. 经济学（季刊），2018，17（1）：431－448.

［18］崔学刚．公司治理机制对公司透明度的影响——来自中国上市公司的经验数据［J］. 会计研究，2004（8）：72－80，97.

［19］戴亦一，潘越，陈静．双重保荐声誉、社会诚信与IPO过会［J］. 金融研究，2014（6）：146－161.

［20］邓颖惠，廖理，王正位．风险投资的认证作用——来自网贷市场的证据［J］. 投资研究，2018，37（3）：92－115.

［21］董秀良，刘佳宁，满媛媛．注册制下科创板首发定价合理性及高回报成因研究［J］. 上海财经大学学报，2020，22（6）：65－78.

［22］杜俊涛，周孝华，杨秀苔．中国证券市场IPOs长期表现的实证研究［J］. 中国软科学，2003（11）：46－51，5.

［23］段云龙，王帅杰，杨玮玮．基于投资者情绪的IPO首日超额收益和长期绩效研究［J］. 云南财经大学学报，2015，31（6）：90－101.

［24］范黎波，尚铎．“近水楼台”还是“舍近求远”：独立董事地理距离对掏空程度的影响［J］. 当代财经，2020（6）：138－148.

［25］方军雄．Pre－IPO券商股权投资：鉴证功能还是独立受损？［J］. 证券市场导报，2012（1）：59－69.

［26］方军雄．市场化进程与资本配置效率的改善［J］. 经济研究，2006（5）：50－61.

［27］方先明，张若璇．新股收益、长期表现与股票市场质量：不败新股的长期弱势现象研究［J］. 中国工业经济，2020（12）：64－82.

[28] 付雷鸣，万迪昉，张雅慧．R&D 投入水平影响 IPO 抑价吗——基于创业板上市公司的研究 [J]. 经济与管理研究，2011 (11)：52-60.

[29] 高敬忠，杨朝．IPO 制度改革、盈余管理与 IPO 定价效率 [J]. 贵州财经大学学报，2020 (1)：21-36.

[30] 高雷，宋顺林．公司治理与公司透明度 [J]. 金融研究，2007 (11)：28-44.

[31] 管悦，冯忠磊．财务信息披露、市场反应与股票估值——来自 A 股市场的经验证据 [J]. 投资研究，2020，39 (3)：85-97.

[32] 郭海星，万迪昉，吴祖光．承销商值得信任吗——来自创业板的数据 [J]. 南开管理评论，2011 (3)：101-109.

[33] 郭海星，万迪昉，吴祖光．承销商值得信任吗——来自创业板的证据 [J]. 南开管理评论，2011，14 (3)：101-109.

[34] 郭泓，赵震宇．承销商声誉对 IPO 公司定价、初始和长期回报影响实证研究 [J]. 管理世界，2006 (3)：122-128.

[35] 韩立岩，伍燕然．投资者情绪与 IPOs 之谜——抑价或者溢价 [J]. 管理世界，2007 (3)：51-61.

[36] 韩鹏，沈春亚．研发投入、风险资本与 IPO 抑价——基于创业板 IPO 公司的实证研究 [J]. 管理评论，2017，29 (4)：12-24.

[37] 郝梅瑞，周观君．中国股票市场新股长期价格行为研究 [J]. 经济与管理研究，2006 (9)：53-59.

[38] 郝项超，苏之翔．重大风险提示可以降低 IPO 抑价吗？——基于文本分析法的经验证据 [J]. 财经研究，2014，40 (5)：42-53.

[39] 何平，李瑞鹏，吴边．机构投资者询价制下主承销商声誉能帮助公司降低 IPO 抑价吗？[J]. 投资研究，2014，33 (2)：35-53.

[40] 何青，周艺丹．投资者私人信息、市盈率限制与 IPO 抑价 [J]. 南开学报（哲学社会科学版），2020 (6)：71-83.

[41] 何贤杰，孙淑伟，朱红军，等．证券背景独立董事、信息优势与券商持股 [J]. 管理世界，2014 (3)：148-162，188.

[42] 胡丹，冯巧根．信息环境、审计质量与 IPO 抑价——以 A 股市场 2009~2011 年上市的公司为例 [J]. 会计研究，2013 (2)：78-85，95.

[43] 胡娜，周铭山，郭寿良，等．股权投资背景下券商独立性研究——

基于证券分析师研究报告的视角 [J]. 财经科学, 2014 (1): 28 – 37.

[44] 胡志强, 程丽媛, 胡渊. 询价制改革下机构报价行为的动态博弈研究 [J]. 武汉大学学报 (哲学社会科学版), 2017, 70 (5): 96 – 105.

[45] 胡志强, 庞一帆. 交叉上市、知情交易与IPO定价效率 [J]. 系统工程, 2019, 37 (5): 117 – 129.

[46] 胡志颖, 李瑾, 果建竹. 研发投入与IPO抑价: 风险投资的调节效应 [J]. 南开管理评论, 2015, 18 (6): 113 – 124.

[47] 黄登仕, 王辉. 科创板: 一种新的制度供给 [J]. 理论探讨, 2019 (5): 117 – 122.

[48] 黄剑, 林细雁, 潘昌辉. 科创板涨跌幅限制新规影响股价波动率吗 [J]. 金融经济学研究, 2020, 35 (2): 18 – 28.

[49] 黄娟, 刘果, 鲍吉. 我国创业板公司IPO抑价研究——基于PE/VC影响视角 [J]. 宏观经济研究, 2014 (11): 149 – 159.

[50] 黄亮华, 谢德仁. 核准制下IPO市场寻租研究——基于发审委员和承销商灰色关联视角 [J]. 中国工业经济, 2016 (3): 20 – 35.

[51] 黄顺武, 胡贵平. 保荐制度、过度包装与IPO定价效率关系研究 [J]. 证券市场导报, 2013 (8): 23 – 30.

[52] 黄顺武, 汪宁, 俞凯. IPO估值分歧关联: 机构报价差异与新股抑价波动 [J]. 贵州财经大学学报, 2018 (4): 21 – 34.

[53] 黄顺武, 王春明. IPO定价调整的福利效应 [J]. 贵州财经大学学报, 2020 (6): 38 – 46.

[54] 黄顺武, 俞凯, 贾捷. 询价制下IPO定价的演化博弈分析 [J]. 中国管理科学, 2018, 26 (12): 78 – 89.

[55] 黄瑜琴, 李莉, 陶利斌. 机构投资者报价行为、承销商定价策略与IPO市场表现研究 [J]. 金融研究, 2013 (7): 180 – 193.

[56] 黄张凯, 刘津宇, 马光荣. 地理位置、高铁与信息: 来自中国IPO市场的证据 [J]. 世界经济, 2016, 39 (10): 127 – 149.

[57] 江洪波. 基于非有效市场的A股IPO价格行为分析 [J]. 金融研究, 2007 (8): 90 – 102.

[58] 姜婷. 新股询价配给规则与IPO价格形成的进化博弈分析 [J]. 中国管理科学, 2014, 22 (6): 10 – 16.

[59] 蒋顺才，胡国柳，胡琦．主承销商声誉与IPO抑价率——基于中国A股市场的证据［J］．海南大学学报（人文社会科学版），2006（2）：259－264.

[60] 蒋亚含，李晓慧．强强联合真的是最优组合吗？——基于IPO中券商和企业组合的视角［J］．审计与经济研究，2019，34（6）：111－121.

[61] 李朝芳．科创板公司股权激励之多元业绩考核创新研究——基于科创板公司特征的视角［J］．当代经济管理，2020，42（8）：89－97.

[62] 李冬昕，李心丹，俞红海，等．询价机构报价中的意见分歧与IPO定价机制研究［J］．经济研究，2014，49（7）：151－164.

[63] 李慧云，刘镝．市场化进程、自愿性信息披露和权益资本成本［J］．会计研究，2016（1）：71－96.

[64] 李善民，陈旭．创业板IPO抑价、公司治理与发行特征——中国创业板和中小板上市公司的比较研究［J］．兰州大学学报（社会科学版），2011，39（5）：111－120.

[65] 李曜，宋贺．风险投资与券商联盟对创业板上市公司IPO首发折价率的影响研究［J］．财经研究，2016，42（7）：40－51.

[66] 梁伟亮．科创板实施下信息披露制度的两难困境及其破解［J］．现代经济探讨，2019（8）：125－132.

[67] 林华．上市公司与券商相互持股问题的实证研究——来自中国沪市A股的经验证据［J］．上海经济研究，2006（10）：57－65.

[68] 林晚发，刘颖斐，赵仲匡．承销商评级与债券信用利差：来自《证券公司分类监管规定》的经验证据［J］．中国工业经济，2019（1）：174－192.

[69] 林雨晨，林洪．承销商声誉的破发补偿效应——基于中国创业板IPO抑价率的实证研究［J］．北京工商大学学报（社会科学版），2014，29（1）：76－82，95.

[70] 刘剑蕾，栗媛．市场化进程对IPO抑价的影响研究——基于信息不对称理论视角［J］．国际金融研究，2019（6）：87－96.

[71] 刘江会，尹伯成，易行健．我国证券承销商声誉与IPO企业质量关系的实证分析［J］．财贸经济，2005（3）：9－16，96.

[72] 刘善存，林千惠，宋殿宇，等．机构投资者串谋对IPO价格的

影响［J］. 管理评论，2013，25（12）：15－24.

［73］刘生胜，郑冠群，宋林. 行政干预、一二级市场分歧与IPO定价效率［J］. 重庆大学学报（社会科学版），2019，25（1）：49－61.

［74］刘文军. 审计师的地理位置是否影响审计质量［J］. 审计研究，2014（1）：79－87.

［75］刘钰善，刘海龙. 新股询价发行中的价格区间与配售策略［J］. 管理工程学报，2009，23（1）：116－120，157.

［76］刘煜辉，沈可挺. 是一级市场抑价，还是二级市场溢价——关于我国新股高抑价的一种检验和一个解释［J］. 金融研究，2011（11）：183－196.

［77］刘志远，郑凯，何亚南. 询价对象之间是竞争还是合谋——基于IPO网下配售特征的分析［J］. 证券市场导报，2011（3）：35－44.

［78］刘志远，郑凯，何亚南. 询价制度第一阶段改革有效吗［J］. 金融研究，2011（4）：158－173.

［79］刘志云，史欣媛. 论证券市场中介机构"看门人"角色的理性归位［J］. 现代法学，2017，39（4）：94－106.

［80］柳建华，孙亮，卢锐. 券商声誉、制度环境与IPO公司盈余管理［J］. 管理科学学报，2017，20（7）：24－42.

［81］陆瑶，袁敏峰. 新股"破发"与IPO定价效率：基于股东特征的分析［J］. 清华大学学报（自然科学版），2014，54（3）：381－393＋401.

［82］罗琦，伍敬侗. 投资者关注与IPO首日超额收益——基于双边随机前沿分析的新视角［J］. 管理科学学报，2017，20（9）：46－60.

［83］吕东锴，蒋先玲，张婷. 卖空障碍、投资者情绪与股票价格异象［J］. 技术经济，2013（2）：97－103.

［84］吕红兵，朱奕奕. 证券市场参与者的监管职责审视与重构——以上海科创板注册制试点为背景［J］. 北京行政学院学报，2019（2）：92－100.

［85］潘胜文，吴川东. 涨幅限制、投资者情绪与IPO抑价［J］. 金融监管研究，2020（8）：84－101.

［86］潘越，戴亦一，刘思超. 我国承销商利用分析师报告托市了吗？［J］. 经济研究，2011，46（3）：131－144.

[87] 彭文平，刘健强．推荐类询价机构友情报价了吗？——基于新股询价制度第二阶段改革的研究 [J]. 经济评论，2015 (6): 144 - 158.

[88] 彭文平，吴华锋．IPO：为佣金而配售？——来自基金公司的证据 [J]. 华南师范大学学报（社会科学版），2014 (6): 103 - 112, 163.

[89] 彭志胜，宋福铁．IPO 定价制度市场化改革：基于询价对象范围、配售比、锁定期的视角 [J]. 系统管理学报，2017, 26 (1): 10 - 20.

[90] 皮天雷．国外声誉理论：文献综述、研究展望及对中国的启示 [J]. 首都经济贸易大学学报，2009, 11 (3): 95 - 101.

[91] 浦军，范丽，刘娟．转轨经济下 IPO 发行抑价问题研究——基于中国 A 股市场的实证分析 [J]. 管理世界，2010 (7): 180 - 181.

[92] 乔明哲，张玉利，凌玉，等．公司创业投资究竟怎样影响创业企业的 IPO 抑价——来自深圳创业板市场的证据 [J]. 南开管理评论，2017, 20 (1): 167 - 180.

[93] 邱冬阳，曹奥臣．风险投资参与改变了科创板 IPO 抑价吗？[J]. 投资研究，2020, 39 (7): 40 - 57.

[94] 邱国栋，王思阳．实际控制人的股权结构、智力资本背景与公司价值——基于科创板上市公司的经验证据 [J]. 财经问题研究，2020 (6): 113 - 121.

[95] 饶先成．科创板拟上市企业的专利风险识别及应对——基于 205 份科创板拟上市企业招股说明书的实证分析 [J]. 科技与法律，2020 (6): 31 - 40.

[96] 任泽宇．券商分类制度下的保荐人 IPO 声誉效应与责任——兼论《证券法》修法下的科创板保荐制度 [J]. 河北法学，2020, 38 (6): 167 - 178.

[97] 邵新建，何明燕，江萍，等．媒体公关、投资者情绪与证券发行定价 [J]. 金融研究，2015 (9): 190 - 206.

[98] 邵新建，洪俊杰，廖静池．中国新股发行中分析师合谋高估及其福利影响 [J]. 经济研究，2018, 53 (6): 82 - 96.

[99] 邵新建，王兴春，贾中正，等．投资银行—机构投资者关系、“捧场”与 IPO 中的利益问题 [J]. 金融研究，2019 (11): 170 - 188.

[100] 邵新建，薛熠，江萍，等．投资者情绪、承销商定价与 IPO 新

股回报率［J］. 金融研究，2013（4）：127－141.

［101］沈洪涛，王立彦，万拓. 社会责任报告及鉴证能否传递有效信号？——基于企业声誉理论的分析［J］. 审计研究，2011（4）：87－93.

［102］沈哲，林启洪. 承销商声誉、信息不对称和新股抑价：基于板块的新发现［J］. 上海金融，2013，（4）：84－89，118.

［103］宋双杰、曹晖、杨坤. 投资者关注与IPO异象——来自网络搜索量的经验证据［J］. 经济研究，2011，46（S1）：145－155.

［104］宋顺林，唐斯圆. 首日价格管制与新股投机：抑制还是助长？［J］. 管理世界，2019，35（1）：211－224.

［105］宋顺林，唐斯圆. 投资者情绪、承销商行为与IPO定价——基于网下机构询价数据的实证分析［J］. 会计研究，2016（2）：66－72，96.

［106］孙即，高苗苗. 香港市场基石投资者制度的实践与借鉴［J］. 证券市场导报，2021（1）：64－70.

［107］孙建华. 风险投资、IPO后公司业绩与市场表现——来自中国创业板上市公司的经验证据［J］. 山西财经大学学报，2015，37（9）：90－100.

［108］孙亮. 推进股票发行注册制改革的路径研究［J］. 上海经济研究，2015（7）：16－27.

［109］谭雪萍，孙自愿. 效率和公平视角下的IPO询价制改革有效性研究——来自中国A股市场的经验证据［J］. 南方经济，2014（10）：45－62.

［110］田剑英，沈思源. 我国证券公司直投业务的动作及其风险防范［J］. 投资研究，2011（4）：51－56.

［111］田岚，刘澄，皇甫玉婷. 投资者情绪与新股长期表现研究——来自我国创业板市场的证据［J］. 河北经贸大学学报，2016，37（4）：84－91.

［112］田业钧，张永林. 我国询价制的信息揭示效率——基于询价簿记信息的实证研究［J］. 上海金融，2013（4）：74－79，118.

［113］屠立峰，乔桂明，贝政新. 行业异质性、风险资本投资特征与上市公司IPO后长期收益［J］. 新金融，2017（11）：60－64.

［114］汪昌云，武佳薇，孙艳梅，等. 公司的媒体信息管理行为与IPO定价效率［J］. 管理世界，2015（1）：118－128.

［115］王砾，代昀昊，孔东民. 激励相容：上市公司员工持股计划的公告效应［J］. 经济学动态，2017（2）：37－50.

[116] 王美今，张松．中国新股弱势问题研究［J］．经济研究，2000（9）：49－56.

[117] 王睿，曹超，常盼盼．上市首日“破发”股票长期表现更差吗？［J］．财经理论与实践，2017，38（6）：59－63，77.

[118] 王小鲁，樊纲，余静文．中国分省份市场化指数报告（2016）［M］．北京：社会科学文献出版社，2017.

[119] 王欣荣．金融中介机构声誉对 IPO 融资超募有抑制作用吗？［J］．经济问题，2014（3）：54－60.

[120] 王珍．基于 IPO 长期收益趋势分行业的实证研究［J］．经济问题，2008（12）：100－102，122.

[121] 魏志华，曾爱民，吴育辉，等．IPO 补税影响 IPO 抑价吗？——基于信息不对称理论视角［J］．金融研究，2018（1）：191－206.

[122] 翁宵暐，王克明，吕长江．家族成员参与管理对 IPO 抑价率的影响［J］．管理世界，2014（1）：156－166.

[123] 吴松强，郑新宇．美日韩科创板建设的经验与借鉴［J］．科学管理研究，2020，38（2）：157－163.

[124] 吴晓晖，叶瑛．市场化进程、资源获取与创业企业绩效——来自中国工业企业的经验证据［J］．中国工业经济，2009（5）：77－86.

[125] 武长海，刘凯全．科创板机构投资者的功能定位与监管制度的完善［J］．江西社会科学，2020，40（8）：200－212.

[126] 夏芸，徐欣．公司内部治理与 IPO 超募资金的使用——来自中国证券市场的研究［J］．证券市场导报，2012（10）：28－34.

[127] 熊维勤，孟卫东，周孝华．新股询价发行中的配售规则对 IPO 抑价的影响［J］．中国管理科学，2006（4）：100－107.

[128] 熊艳，李常青，魏志华．媒体报道与 IPO 定价效率：基于信息不对称与行为金融视角［J］．世界经济，2014，37（5）：135－160.

[129] 徐光鲁，马超群，蔡宗武，等．信息获利、道德风险与询价机构报价［J］．系统工程理论与实践，2020，40（4）：817－830.

[130] 徐浩萍，陈超．会计盈余质量、新股定价与长期绩效——来自中国 IPO 市场发行制度改革后的证据［J］．管理世界，2009（8）：25－38.

[131] 徐浩萍，陈欣，陈超．国有企业 IPO 发行折价：基于政策信号

理论的解释［J］. 金融研究，2009（10）：133－149.

［132］徐浩萍，罗炜. 投资银行声誉机制有效性——执业质量与市场份额双重视角的研究［J］. 经济研究，2007（2）：124－136.

［133］徐浩萍，施海娜，金彧昉. 新股定价基础：历史业绩还是技术创新？——基于中国创业板市场的研究［J］. 金融研究，2017（4）：191－206.

［134］徐维隆，牟卫卫，孙子淇. 现金流权偏离、专利数量与IPO抑价［J］. 管理评论，2020，32（6）：56－61.

［135］徐妍，郑冠群. 询价机构意见分歧与IPO定价效率［J］. 经济问题，2016（4）：73－78.

［136］徐洋. 香港IPO市场基石投资的趋势和启示［R］. 上海：上海证券交易所，2016.

［137］徐志坚，汪丽. 承销商及其合作关系与IPO折价——基于多重代理理论的分析［J］. 南京社会科学，2013（9）：46－51.

［138］许昊，万迪昉，徐晋. 风险投资改善了新创企业IPO绩效吗？［J］. 科研管理，2016，37（1）：101－109.

［139］许荣，蒋庆欣，李星汉. 信息不对称程度增加是否有助于投行声誉功能发挥？——基于中国创业板制度实施的证据［J］. 金融研究，2013（7）：166－179.

［140］杨丹，林茂. 我国IPO长期市场表现的实证研究——基于超常收益率不同测度方法的比较分析［J］. 会计研究，2006（11）：61－68，95－96.

［141］杨记军，赵昌文. 中国IPO市场存在承销商托市吗［J］. 财经科学，2006（6）：30－37.

［142］杨其静，程商政，朱玉. VC真在努力甄选和培育优质创业型企业吗——基于深圳创业板上市公司的研究［J］. 金融研究，2015（4）：192－206.

［143］叶小杰，徐可. 科创板与创业板IPO信息披露差异研究——基于首批上市公司的比较分析［J］. 管理现代化，2020，40（4）：7－10.

［144］叶瑶，田利辉. 风险投资、公司治理与我国上市企业长期回报［J］. 投资研究，2018，37（1）：20－36.

［145］尹自永，王新宇，崔益嘉. IPO定价市场化时期的询价对象报价行为研究——基于中小板IPO询价簿记信息的证据［J］. 山西财经大学学报，2015，37（7）：11－22.

[146] 于富生，王成方．国有股权与IPO抑价—政府定价管制视角 [J]．金融研究，2012 (9)：155－167.

[147] 于晓红，张雪，李燕燕．公司内在价值、投资者情绪与IPO抑价——基于创业板市场的经验证据 [J]．当代经济研究，2013，1：86－90.

[148] 俞红海，李心丹，耿子扬．投资者情绪、意见分歧与中国股市IPO之谜 [J]．管理科学学报，2015，18 (3)：78－89.

[149] 俞红海，刘烨，李心丹．询价制度改革与中国股市IPO“三高”问题——基于网下机构投资者报价视角的研究 [J]．金融研究，2013 (10)：167－180.

[150] 詹欣，叶可，陈伟忠．配股权对询价效率影响的博弈分析 [J]．同济大学学报（自然科学版），2009，37 (6)：847－850.

[151] 张博，刘雯．基于股市异动的系统性风险分析——兼论科创板的影响 [J]．投资研究，2019，38 (10)：147－158.

[152] 张超．科技创新与企业发展——来自美国的微观证据及其对于科创板的启示 [J]．会计与经济研究，2019，33 (6)：96－108.

[153] 张航，刘艳妮．从进化博弈论角度分析我国新股发行制度改革[J]．中央财经大学学报，2009 (12)：48－52.

[154] 张剑．中国询价制度下询价对象的报价行为——基于IPO网下申购报价特征的实证分析 [J]．技术经济，2014，33 (2)：104－111.

[155] 张克菲．境外基石投资者制度及其对股价波动的影响 [R]．上海：上海证券交易所，2019.

[156] 张强，张宝．IPO发行成本与中介机构声誉——来自中国创业板市场的证据 [J]．证券市场导报，2011 (12)：4－10.

[157] 张群辉．科创板双重股权结构制度研究——基于投资者保护的视角 [J]．上海金融，2019 (9)：17－22.

[158] 张腾文，黄友．经营利润率、股东收益与股票价格的价值相关性研究 [J]．会计研究，2008 (4)：78－83.

[159] 张小成，孟卫东，熊维勤．投资者行为对IPO抑价影响的比较研究 [J]．中国管理科学，2009，17 (5)：175－182.

[160] 张小成，孟卫东，周孝华．询价下异质预期对IPO抑价的影响 [J]．中国管理科学，2008，16 (6)：168－175.

[161] 张晓东．市盈率管制、二级市场佣金与一级市场配售公平性——来自承销商申购剔除的证据［J］．中国工业经济，2020（6）：43－61.

[162] 张学勇，陈然，魏旭．承销商与重返IPO表现：基于信息不对称的视角［J］．经济研究，2020，55（1）：164－180.

[163] 张学勇，廖理，罗远航．券商背景风险投资与公司IPO抑价——基于信息不对称的视角［J］．中国工业经济，2014（11）：90－101.

[164] 张学勇，廖理．风险投资背景与公司IPO：市场表现与内在机理［J］．经济研究，2011，46（6）：118－132.

[165] 张学勇，张秋月．券商声誉损失与公司IPO市场表现——来自中国上市公司IPO造假的新证据［J］．金融研究，2018（10）：141－157.

[166] 张亦春，洪图．创业板IPO市盈率与超募率的影响因素研究——基于券商声誉及私募股权投资的实证分析［J］．厦门大学学报（哲学社会科学版），2012（3）：42－49.

[167] 张峥，欧阳珊．发行定价制度与IPO折价［J］．经济科学，2012（1）：73－85.

[168] 张宗新，滕俊樑．注册制询价改革能否提高IPO定价效率？——基于科创板试点注册制改革的研究视角［J］．上海金融，2020（8）：24－30.

[169] 章卫东，罗国民，陶媛媛．上市公司员工持股计划的股东财富效应研究——来自我国证券市场的经验数据［J］．北京工商大学学报（社会科学版），2016，31（2）：61－70.

[170] 赵岩，孙文琛．券商声誉、机构投资者持股与IPO抑价［J］．经济管理，2016，38（12）：112－131.

[171] 郑凯，阮永平，何雨晴．询价对象间关系网络的IPO定价后果研究［J］．管理科学学报，2017，20（7）：57－67.

[172] 钟覃琳，陆正飞．资本市场开放能提高股价信息含量吗？——基于“沪港通”效应的实证检验［J］．管理世界，2018，34（1）：169－179.

[173] 周冰，尤左伟，邓浩，等．科创板运行中相关风险点与防范研究［J］．证券市场导报，2020（1）：2－10，20.

[174] 周冬华．创业投资对科创板上市公司IPO抑价率的影响研究［J］．当代财经，2020（10）：138－148.

[175] 周孝华，姜婷，董耀武．两阶段询价制下的 IPO 价格形成与需求隐藏研究 [J]．系统工程学报，2013，28 (2)：187 - 193.

[176] 朱红军，陈世敏，张成．市场情绪、会计信息质量与 IPO 首日回报 [J]．财经研究，2013，39 (9)：70 - 81.

[177] 朱红军、钱友文．中国 IPO 高抑价之谜："定价效率观" 还是 "租金分配观"? [J]．管理世界，2010 (6)：28 - 40.

[178] 邹高峰，杨菲菲，曲丹．新股发行估值及其长期表现 [J]．天津大学学报（社会科学版），2017，19 (2)：132 - 138.

[179] 邹高峰，张维，徐晓婉．中国 IPO 抑价的构成及影响因素研究 [J]．管理科学学报，2012，15 (4)：12 - 22，30.

[180] 邹晓峰，傅强．基于增发新股交易操纵的国内承销商声誉模型 [J]．中国管理科学，2013，21 (6)：177 - 184.

[181] Abad. D. , M. Fuensanta Cutillas - Gomariz, J. P. Sánchez - Ballesta, et al. Real earnings management and information asymmetry in the equity market [J]. European Accounting Review, 2018, 27 (2): 209 - 235.

[182] Aharony, Joeseph, C. W. J. Lee, et al. Financial packaging of IPO firms in China [J]. Journal of Accounting Research, 2000, 38 (1): 103 - 126.

[183] Aissia D. B. IPO first - day returns: skewness preference, investor sentiment and uncertainty underlying factors [J]. Review of Financial Economics, 2014, 23 (3): 148 - 154.

[184] Alexander. L. , N. Vikram, S. Rajdeep. Hot markets, investor sentiment, and IPO pricing [J]. Journal of Business, 2006, 79 (4): 1667 - 1702.

[185] Allen F. & G. R. Faulhaber. Signalling by underpricing in the IPO market [J]. Journal of Financial Economics, 1989, 23 (2): 303 - 323.

[186] Amihud Y. Illiquidity and stock returns: cross - section and time - series effects [J]. Journal of Financial Markets, 2002, 5 (1): 31 - 56.

[187] Ang. J. S. & S. Zhang. Underwriting relationships: information Production Costs, underwriting Fees, and first mover advantage [J]. Review of Quantitative Finance and Accounting, 2006, 27 (2): 205 - 229.

[188] Baker. M. & J. Wurgler. Investor sentiment and the cross - section of stock returns [J]. Journal of Finance, 2006, 61 (4): 1645 - 1680.

[189] Baker. M., Wurgler. J., Y. Yuan. Global, local, and contagious investor sentiment [J]. Journal of Financial Economics, 2002, 104 (2): 272 – 297.

[190] Barry C. B. Initial public offering underpricing: the issuers view [J]. Journal of Finance, 1989, 44 (4): 1099 – 1103.

[191] Barry. C. B., Muscarella. C. J., J. W. P. Iii, et al. The role of venture capital in the creation of public companies: evidence from the going – public process [J]. Journal of Financial Economics, 1989, 27 (2): 447 – 471.

[192] Beatty. The cash flow and informational effects of employee stock ownership plans [J]. Journal of Financial Economics, 1995, 38 (2): 211 – 240.

[193] Beatty. R. & J. R. Ritter. Investment banking reputation, and the underpricing of initial public offerings [J]. Journal of Financial Economics, 1986, 15 (1 – 2): 213 – 232.

[194] Beatty. R. P. & I. Welch. Issuer expenses and legal liability in initial public offerings [J]. Journal of Law and Economics, 1996, 39 (2): 545.

[195] Bennouri. M. & S. Falconieri. The optimal design of IPOs: price vs quantity discrimination [J]. Review of Finance, 2008, 12 (4): 673 – 700.

[196] Ben R. A. & S. Kandel. Measuring investor sentiment with mutual fund flows [J]. Journal of Financial Economics, 2012, 104 (2): 363 – 382.

[197] Benston. G. J. & C. W. Smith. A transactions cost approach to the theory of financial intermediation [J]. Journal of Finance, 1976, 31 (2): 215 – 231.

[198] Benveniste. L. M. & P. A. Spindt. How investment bankers determine the offer price and allocation of new issues [J]. Journal of Financial Economics, 1989, 24 (2): 343 – 361.

[199] Benveniste. L. M. & W. J. Wilhelm. A comparative analysis of IPO proceeds under alternative regulatory environments [J]. Journal of Financial Economics,1990, 28 (1 – 2): 173 – 207.

[200] Bertrand. M. & S. Mullainathan. Enjoying the quiet life? Corporate governance and managerial preferences [J]. Journal of Political Economy, 2003, 111 (5): 1043 – 075.

[201] Biais. B. P. & J. C. Rochet. An optimal IPO mechanism [J]. Review

of Economic Studies, 2002, 69 (1): 117 -146.

[202] Booth L. C. Underwriter reputation and aftermarket performance of closed - end funds [J]. Journal of Financial Research, 2004, 27 (4): 539 -557.

[203] Booth. J. R. & R. L. Smith. Capital raising, underwriting and the certificateon process [J]. Journal of Financial Economics, 1986, 15 (1 -2): 261 -281.

[204] Bova, F. , Dou Y. W. ; Hope O. K. Employee ownership and firm disclosure [J]. Contemporary Accounting Research, 2015, 32 (2): 639 -673.

[205] Bradley. D. J. & B. D. Jordan. Partial adjustment to public information and IPO underpricing [J]. Journal of Financial and Quantitative Analysis, 2002, 37 (4): 595 -616.

[206] Brau. J. C. , R. B. Couch, N. K. Sutton. The desire to acquire and IPO long - run underperformance [J]. Journal of Financial and Quantitative Analysis, 2012, 47 (3): 493 -510.

[207] Brav. A. & P. Gompers. Mythor reality? The long - run underperformance of initial public offerings: evidence from venture and nonventure capital - backed companies [J]. Journal of Finance, 1997, 52 (5): 1791 -1821.

[208] Brennan M. & J. Franks. Underpricing, ownership and control in initial Public offerings of equity securities in the UK [J]. Journal of Financial Economics, 1997, 45 (3): 391 -413.

[209] Bubna. A. & R. P. Nagpurnanand. IPOs with and without allocation discretion: empirical evidence [J]. Journal of Financial Intermediation, 2010, 20 (4): 530 -561.

[210] Carter R. , Dark F. , A. Singh. Underwriter reputation, initial returns and the long - run performance of IPO stocks [J]. Journal of Finance, 1998, 53: 285 -311.

[211] Carter. R. & S. Manaster. Initial public offerings and underwriter reputation [J]. The Journal of Finance, 1990, 45 (4): 1045 -1067.

[212] Castro. G. M. D. , López. J. E. N. , P. L. Sáez. Business and social reputation: exploring the concept and main dimensions of corporate reputation [J]. Journal of Business Ethics, 2006, 63 (4): 361 -370.

[213] Chan Y. On the positive role of financial intermediation in allocation of venture capitalin a market with imperfect information [J]. Journal of Finance,1983, 68 (5): 1543 - 1568.

[214] Chang, S. Employee stock ownership plans and shareholder wealth: An empirical investigation [J]. Financial Management, 1990, 19 (1): 48 - 58.

[215] Chemmanur. T. J. & K. Krishnan. Heterogeneous beliefs, IPO valuation, and the economic role of the underwriter in IPOs [J]. Financial Management, 2012, 41 (4): 769 - 811.

[216] Chemmanur. T. J. & P. Fulghieri. Investment bank reputation, information production, and financial intermediation [J]. Journal of Finance, 1994, 49 (1): 57 - 79.

[217] Chen. C. & Y. Zhao. Corporate bond ratings, underwriters' reputation and cost of bonds [J]. Asia - Pacific Journal of Accounting & Economics, 2019, 26 (1 - 2): 1 - 16.

[218] Chen. H. C. , Jhou. C. J. , H. C. Yeh. Signaling by underwriter retention rate in the IPO market [J]. Applied Economics, 2007, 39 (15): 1973 - 1983.

[219] Chua. Market conditions, underwriter reputation and first day return of IPOs [J]. Journal of Financial Markets, 2014, 19 (1): 131 - 153.

[220] Cooney. J. W. , Kato. H. K. , J. S. Schallheim. Underwriter certification and Japanese seasoned equity issues [J]. Review of Financial Studies, 2003, 16 (3): 949 - 982.

[221] Cornelli. F. & D. Goldreich. Bookbuilding: how informative is the order book? [J]. Journal of Finance, 2003, 58 (4): 1415 - 1443.

[222] Cornelli. F. , Goldreich. D. , A. Ljungqvist. Investor sentiment and Pre - IPO markets [J]. Journal of Finance, 2006, (3): 1187 - 1126.

[223] Corwin. S. A. & P. Schultz. The role of IPO underwriting syndicates: pricing, information production, and underwriter competition [J]. Journal of Finance, 2005, 60 (1): 443 - 486.

[224] Coval. J. D. & J. T. Moskowitz. The geography of investment: informed trading and asset prices [J]. Journal of Political Economy, 2001, 109

(4): 811 - 841.

[225] D. P. Baron. A model of the demand for investment banking advising and distribution services for new issues [J]. The Journal of Finance, 1982, 37 (4): 955 - 976.

[226] Dechow. P., Sloan. R., A. Sweeney. Detecting earnings management [J]. The Accounting Review. 1995, 70 (2): 193 - 225.

[227] Dechow. P. M., A. P. Hutton, R. G. Sloan. The relation between analysts' forecasts of long - term earnings growth and stock price performance following equity offerings [J]. Contemporary Accounting Research, 2000, 17: 1 - 32.

[228] Deephouse D. L. Part IV: How do reputations affect corporate performance: the effect of financial and media reputations on performance [J]. Corporate Reputation Review, 1997, 1 (1): 68 - 72.

[229] Derrien F. IPO pricing in "HOT" market conditions: who leaves money on the table? [J]. Journal of Finance, 2005, 60 (1): 487 - 521.

[230] Diamond D. Reputation acquisition in debt market [J]. Journal of Political Economy, 1989, 97 (4): 828 - 862.

[231] Diether K. B., Christopher. J. M., S. Anna. Differences of opinion and the cross section of stock returns [J]. Journal of Finance, 2002, 57 (5): 2113 - 2141.

[232] Dong. M, Michel. J, J. A. Pandes. Underwriter quality and long - run IPO performance [J]. Financial Management, 2011, 40 (1): 219 - 251.

[233] Dorn D. Does sentiment drive the retail demand for IPOs? [J]. Journal of Financial and Quantitative Analysis, 2009, 44 (1): 85 - 108.

[234] DuCharme, Larry. L., P. H. Malatesta, et al. Earnings management, stock issues and shareholder lawsuit [J]. Journal of Financial Economics, 2004, 71: 27 - 49.

[235] DuCharme, Larry. L., P. H. Malatesta, et al. Earnings management: IPO valuation and subsequent performance [J]. Journal of Accounting, Auditing & Finance, 2001, 16 (4): 369 - 396.

[236] Dunbar C. G. Factors affecting investment bank initial public offerings

market share [J]. Journal of Financial Economics, 2000, 55 (1): 3 -41.

[237] Dye R. A. Auditing standards, legal liability and auditor wealth [J]. Journal of Political Economy, 1993, 101 (5): 887 -914.

[238] Edelen. R. M. & G. B. Kadlec. Issuer surplus and the partial adjustment of IPO prices to public information [J]. Journal of Financial Economics, 2005, 77 (2): 347 -373.

[239] Fang L. H. Investment bank reputation and the price and quality of underwriting services [J]. Journal of Finance, 2005, 60 (6): 2729 -2761.

[240] Fernando. C. S. , S. Krishnamurthy, P. A. Spindt. Are share price levels informative? Evidence from the ownership, pricing, turnover and performance of IPO firms [J]. Journal of Financial Markets, 2004, 7 (4): 377 -403.

[241] Fombrun. C. & M. Shanley. What's in a name? reputation building and corporate strategy [J]. The Academy of Management Journal, 1990, 33 (2): 233 -258.

[242] Gao. J, Cong. L. M, J. Evans. Earnings management, IPO underpricing, and post - issue stock performance of Chinese SMEs [J]. Chinese Economy,2015, 48 (5): 351 -371.

[243] Gao. S. , Brockman. P. , Q. Meng, et al. Differences of opinion, institutional bids, and IPO underpricing [J]. Journal of Corporate Finance, 2020, 60: 101540.

[244] George. J Mailath & S. Larry. Your reputation is who you're not, not who you'd like to be [Z]. Caress Working Pager, 1998: 98 -11.

[245] Gompers P. A. Grandstanding in the venture capital industry [J]. Journal of Financial Economics, 1996, 42 (1): 133 -156.

[246] Gompers, Paul. A. , L. Josh. The really long - run performance of initial public offerings: the pre - NASDAQ evidence [J]. Journal of Finance, 2003, 58 (4): 1356 -1392.

[247] Gouldey B. K. Uncertain demand, heterogeneous expectations, and unintentional IPO underpricing [J]. Financial Review, 2006, 41 (1): 33 -54.

[248] Greif. Reputation and coalition in medieval traders [J]. The Journal of Economic History, 1989, XHLX (4): 857 -882.

[249] Grinblatt M. & C. Y. Hwang. Signalling and the pricing of new issues [J]. Journal of Finance, 1989, 44 (2): 393 -420.

[250] Groysberg. B. , Healy. P. , C. Chapman. Buy - side vs. sell - side analysts' earnings forecasts [J]. Financial Analysts Journal, 2008, 64 (4): 25 -39.

[251] Guo. R, Lev. B, N. Zhou. Competitive costs of disclosure by biotech IPOs [J]. Journal of Accounting Research, 2004, 42 (2): 319 -355.

[252] H. F. W. Lau. Regulations on IPO pricing, earnings management and earnings forecasts during the reform of state enterprises in China [J]. Advances in International Accounting, 2004 (17): 175 -198.

[253] Hanley K. W. The underpricing of initial public offerings and the partial adjustment phenomenon [J]. Journal of Financial Economics, 1993, 34 (3): 231 -250.

[254] Hao Q. Laddering in initial public offerings [J]. Journal of Financial Economics, 2007, 85 (1): 102 -122.

[255] Hellmann. T. , L. Laura, M. Puri. Building relationships early: banks in venture capital [J]. The Review of Financial Studies, 2007, 21 (2): 513 -541.

[256] Hirshleifer. D. & S. H. Teoh. Limited attention, information disclosure, and financial reporting [J]. Journal of Accounting and Economics, 2003, 36 (1): 337 -386.

[257] Hong. H & J. Stein. Disagreement and the stock market [J]. Journal of Economic Perspectives, 2007, 21 (2): 109 -128.

[258] Houge Todd, Tim Loughran, S. Gerry, et al. Divergence of opinion, uncertainty and the quality of initial public offerings [J]. Financial Management, 2001, 30 (4): 5 -23.

[259] Hunt M. J. , Koh S. C. , B. B. Francis. Testing for deliberate underpricing in the IPO pre - market: a stochastic frontier approach [J]. Review of Financial Studies, 1996, 9 (4): 1251 -1269.

[260] Iqbal. Z. & S. A. Hamid. Stock price and operating performance of ESOP firms: a time - Series analysis [J]. Quarterly Journal of Business & Eco-

nomics, 2000, 39 (3): 25 - 47.

[261] Ivkovic'. Z. & S. Weisbenner. Local does as local is: information content of the Geography of individual investors'common stock investments [J]. Journal of Finance, 2005, 60 (1): 267 - 306.

[262] Jegadeesh. N. , Weinstein. M. , I. Welch. An empirical investigation of IPO returns and subsequent equity offerings [J]. Journal of Financial Economics, 1993, 34 (2): 153 - 175.

[263] Jenkinson. T & H. Jones. IPO pricing and allocation: a survey of the views of institutional investors [J]. The Review of Financial Studies, 2009, 22 (4): 1477 - 1504.

[264] Jensen. K. , Kim. J. M. , H. Yi. The geography of US auditors: information quality and monitoring costs by local versus non - local auditors [J]. Review of Quantitative Finance and Accounting, 2015, 44 (3): 513 - 549.

[265] JÖrg R. A friend in need is a friend indeed: allocation and demand in IPO bookbuilding [J]. Journey of Finance Intermediation, 2009, 18 (2): 284 - 310.

[266] Kalnins, A. & F. Lafontaine. Too far away? The effect of distance to headquarters on business establishment performance [J]. The American Economic Journal: Microeconomics, 2013, 5 (3): 157 - 179.

[267] Kang. J. & J. Kim. The geography of block acquisitions [J]. The Journal of Finance, 2008, 63 (6): 2817 - 2858.

[268] Kerl. A. G & A. Walter. Never judge a book by its cover: what security analysts have to say beyond recommendations [J]. Financial Markets & Portfolio Management, 2008, 22 (4): 289 - 321.

[269] Kirkulak. B & C. Davis. Underwriter reputation and underpricing: evidence from the Japanese IPO market [J]. Pacific - Basin Finance Journal, 2005, 13 (4): 451 - 470.

[270] Koop G. & K. Li. The valuation of IPO and SEO firms [J]. Journal of Empirical Finance, 2001, 8 (4): 375 - 401.

[271] Kreps D. M. & R. Wilson. Reputation and imperfect information [J]. Journal of Economic Theory, 1982, 27 (2): 253 - 279.

[272] Kreps D. M. Corporate culture and economic theory in perspective on positive political Economy [M]. Cambridge University Press, Cambirdge, 1990: 90 - 143.

[273] Kutsuna. K, J. K. Smith, R. L. Smith. Banking relationships and access to equity capital markets: evidence from Japan's main bank system [J]. Journal of Banking & Finance. 2007, 31 (2): 335 - 360.

[274] Lerner J. Venture capitalists and the oversight of private firms [J]. Journal of Finance, 1995, 50 (1): 301 - 318.

[275] Lin. H. W. & M. McNichols. Underwriting relationships, analysts'earnings forecasts and investment recommendation [J]. Journal of Accounting and Economics, 1998, 25 (1): 101 - 127.

[276] Liu. X. & J. R. Ritter. Local underwriter oligopolies and IPO underpricing [J]. Journal of Financial Economics, 2011, 102 (3): 579 - 601.

[277] Ljungqvist. A. P. & W. J. Wilhelm. IPO allocations: discriminatory or discretionary? [J]. Journal of Financial Economics, 2002, 65 (2): 167 - 201.

[278] Ljungqvist. A. P. & W. J. Wilhelm. IPO pricing in the dot - com bubble [J]. The Journal of Finance, 2003, 58 (2): 723 - 752.

[279] Ljungqvist. A. P. , Nanda. V. , R. Singh. Hot markets, investor sentiment, and IPO pricing [J]. Journal of Business, 2006, 79 (4): 1667 - 1702.

[280] Ljungqvist. A. P. , V. Nanda, R. Singh. Ho markets, investor sentiment, and IPO pricing [J]. The Journal of Business, 2003, 79 (4): 1667 - 1702.

[281] Loughran, T. & B. Mcdonald. IPO first - day returns, offer price revisions, volatility, and form S - 1 language [J]. Journal of Financial Economics, 2013, 109 (2): 307 - 326.

[282] Loughran. T. & J. Ritter. Why don't issuers get upset about leaving money on the table in IPOs [J]. Review of Financial Studies, 2002, 15 (2): 413 - 444.

[283] Loughran. T. & J. Ritter. Why has IPO underpricing changed over time? [J]. Financial Management, 2004, 33 (3): 5 - 37.

[284] Lowry. M. & G. W. Schwert. Is the IPO pricing process efficient [J]. Journal of Financial Economics, 2004, 71 (1): 3 - 26.

[285] Lowry. M. & S. Shu. Litigation risk and IPO underpricing [J]. Journal of Financial Economics, 2002, 65 (3): 309 - 335.

[286] Lowry. M. & W. G. Schwert. IPO market cycles: bubbles or sequential learning? [J]. Journal of Finance, 2002, 57 (3): 1171 - 1200.

[287] Lowry. M., Officer M. S., G. W. Schwert. The variability of IPO initial returns [J]. Journal of Finance, 2010, 65 (2): 425 - 465.

[288] McDonald. J. G. & A. K. Fisher. New - issue stock price behavior [J]. The Journal of Finance, 1972, 27 (1): 97 - 102.

[289] Megginson. W. & K. Weiss. Venture capitalist certification in initial public offerings [J]. Journal of Finance, 1991, 46 (3): 29 - 48.

[290] Merton R. C. On the application of the continuous - time theory of finance to financial intermediation and insurance [J]. The Geneva Papers on Risk and Insurance, 1989, 14 (52): 225 - 261.

[291] Michaely R. & H. S. Wayne. The pricing of initial public offerings: tests of adverse - selection and signaling theories [J]. Review of Financial Studies, 1994, 7: 279 - 319.

[292] Michaely. R & W. H. Shaw. The pricing of initial public offerings: tests of adverse - selection and signaling theories [J]. Review of Financial Studies, 1994, 7 (2): 279 - 319.

[293] Michel. A., J. Oded, I. Shaked. Ownership structure and performance: evidence from the public float in IPOs [J]. Journal of Banking and Finance,2014, 40 (1): 54 - 61.

[294] Milgrom. P. R., North. D., B. R. Weingast. The role of institutions in the revival trade: the law merchant private judges, and the champagne fairs [J]. Economics and Politics, 1990, 2 (1): 1 - 23.

[295] Miller & E. Edward. Risk, uncertainty and divergence of opinion [J]. The Journal of Finance, 1977, 32 (4): 1151 - 1168.

[296] Muscaerlla. C. J. & M. R. Vetsuypens. A simple test of Baron's model of IPO underpricing [J]. The Journal of Finance Economics, 1989, 24 (1): 125 - 135.

[297] Nimalendran. M., Ritter. J. R., D. H. Zhang. Do today's trades affect

tomorrow's IPO allocation? [J]. Journal of Financial Economics, 2007, 84 (1): 87-109.

[298] Otchere. I., G. Owusu - Antwi, S. Mohsni. Why are stock exchange IPOs so underpriced and yet outperform in the long run [J]. Journal of International Financial Markets, Institutions and Money, 2013, 27 (1): 76-98.

[299] Pandes J. Bought deals: the value of underwriter certification in seasoned equity offerings [J]. Journal of Banking & Finance, 2010, 34 (7): 1576-1589.

[300] Peng. J & P. F. Brucato. An empirical analysis of market and institutional mechanisms for alleviating information asymmetry in the municipal bond market [J]. Journal of Economics and Finance, 2004, 28 (2): 226-238.

[301] Puri & Manju. Commercial banks as underwriters: Implications for the going public process [J]. Journal of Financial Economics, 1999, 54 (2): 133-163.

[302] Purnanandam. A. K & B. Swaminathan. Are IPOs really underpriced? [J]. The Review of Financial Studies, 2004, 17 (3): 811-848.

[303] Reuter J. Are IPO allocations for sale? Evidence from mutual funds [J]. Journal of Finance, 2006, 61 (5): 2289-2324.

[304] Ritter. J & I. Welch. A review of IPO activity, pricing, and allocations [J]. Journal of Finance, 2002, 57 (4): 1795-1828.

[305] Rock K. Why new issues are underpriced [J]. Journal of Financial Economics, 1986, 15 (1-2): 187-212.

[306] Roll R. A simple implicit measure of the effective bid - ask spread in an efficient market [J]. Journal of Finance, 1984, 39 (4): 1127-1139.

[307] Sahlman W. A. The structure and governance of venture capital organizations [J]. Journal of Financial Economics, 1990, 27 (2): 473-521.

[308] Scheinkman. J. A. & W. Xiong. Overconfidence and speculative bubbles [J]. Journal of Political Economy, 2003, 111 (6): 1183-1219.

[309] Schmeling M. Institutional and individual sentiment: smart money and noise trader risk? [J]. International Journal of Forecasting, 2008, 23 (1): 127-145.

[310] Sherman. Global Trends in IPO Methods: Bookbuilding versus auctions with endogenous entry [J]. Journal of Financial Economics, 2005, 78 (3): 615 -49.

[311] Sherman. A & S. Titman. Building the IPO order book: underpricing and participation limits with costly information [J]. Journal of Financial Economics, 2002, 65 (1): 3 -29.

[312] Song. S. L., Tan. J. S., Y. Yi. IPO initial returns in China: underpricing or overvaluation? [J]. China Journal of Accounting Research, 2014, 7 (1): 31 -49.

[313] Stephen M. Speculative investor behavior and learning [J]. Quarterly Journal of Economics, 1996, 111 (4): 1111 -1133.

[314] Stoll. H. R. & A. J. Curley. Small business and the new issues market for equities [J]. Journal of Financial and Quantitative Analysis, 1970, 5 (3): 309 -322.

[315] Su. C & K. Bangassa. Underpricing and long - run performance of Chinese IPOs: the role of underwriter reputation [J]. Financial Markets and Portfolio Management, 2011, 25 (1): 53 -74.

[316] T. Chuluun. The role of underwriter peer networks in IPOs [J]. Journal of Banking & Finance, 2015, 51: 62 -78.

[317] Teoh S. H. Wong T. J., G. R. Rao Are accrual during initial public offerings opportunistic [J]. Review of Accounting Studies, 1998b, 3: 175 -208.

[318] Teoh S. H., Welch I., T. J. Wong. Earnings management and long - run market performance of initial public offerings [J]. Journal of Finance, 1998a, 53 (6): 1935 -1974.

[319] Terry L. Campbell II and Melissa. B. Frye. Venture capitalist involvement and the long - run performance of IPOs [J]. The Journal of Private Equity, 2006, 10 (1): 35 -43.

[320] Thomas J., Chemmanur & P. Fulghieri. Investment bank reputation, information production, and financial intermediation [J]. The Journal of Finance, 1994, 49 (1): 57 -79.

[321] Thomsen. S & T. Pedersen. Ownership structure and economic per-

formance in the largest European companies [J]. Strategic Management Journal, 2000, 21 (6): 689 -705.

[322] Thouraya T & U R. Loredana. Stock options and firm performance: new evidence from the French market [J]. Journal of International Financial Management & Accounting, 2012, 23 (2): 144 -185.

[323] Titman. S & B. Trueman. Information quality and the valuation of new issues [J]. Journal of accounting and economics, 1986, 8 (2): 159 -172.

[324] Tore L. Bookbuilding with heterogeneous investors [J]. Journal of Finance Intermediation, 2006, 15 (2): 235 -253.

[325] Van Dyne. L. & J. L. Pierce. Psychological ownership and feelings of possession: three field studies predicting employee attitudes and organizational citizenship behavior [J]. Journal of Organizational Behavior, 2004, 25 (4): 439 -459.

[326] Weigelt. K & C. Camerer. Reputation and corporate strategy: a review of recent theory and applications [J]. Strategic Management Journal, 1988, 9 (5): 443 -454.

[327] Welch. Seasoned offerings, imitation costs, and the underpricing of initial public offerings [J]. Journal of Finance, 1989, 44 (2): 421 -499.

[328] Willenborg M. Empirical analysis of the economic demand for auditing in the initial public offering market [J]. Journal of Accounting Research, 1999, 37 (1): 225 ~238.

[329] Yu J. L. Disagreement and return predictability of stock portfolios [J]. Journal of Financial Economics, 2011, 99 (1): 162 -183.

[330] Yung. C & J. F. Zender. Moral Hazard. Asymmetric information and IPO lockups [J]. Journal of Corporate Finance, 2010, 16 (3): 320 -332.